KB168656

현대신서
61

고요함의 폭력

비비안느 포레스테

박은영 옮김

東文選

고요함의 폭력

VIVIANE FORRESTER

La violence du calme

This edition was published by arrangement
with Éditions du Seuil, Paris

차 례

내가 어제 했던 확인들은 오늘 무엇을 의미하는가? 어제라는 상황이다. 확인은 법의 커다란 돌 사이 푹 팬 홈 속으로 피가 한 방울 한 방울씩 흐르는 경우를 제외하고는 진실하다.

프란츠 카프카

1

지옥은 비어 있다

　냉랭한 얼굴의 군중들이 들리지 않게 목소리를 내며 일정한 걸음걸이로 무표정하게 걸어간다. 이들은 곧 죽을 것이다. 거리는 고요하다. 그들은 모두 유죄 판결을 받았다. 그렇지만 그들은 서두르지도 울부짖지도 않는다. 애원하지도 않는다. 다시 말해서 강압은 그들이 그렇게 알고 있는 바대로 쓸데없는 것이다. 그들은 지나간다.

　그런데 공포는 어디로 지나가는가? 망각은 어디에 틀어박혀 있는가? 외침은 어디에서 울부짖는가? 눈물은 어디에서 흐르고 있는가? 흥분은 어디에서 격노하는가? 격렬한 언쟁은 어디에서 일어나는가? 내부에서다. 마음속에서다. 우리 몸 속의 내장, 피처럼 솟아오르지 않는다.

　이 말없고 의연한 무리 밖에서, 수 세기에 걸친 어떤 강압이 이들을 같은 리듬, 같은 속삭임 속에서 움직이지 않도록 억제하는가? 비밀리에 이루어진다. 대중은 이타성의 총체가 아니라, 역사에 의해서 삼켜진 냉담한 행렬이다. 남자들과 여자들 모두 역사의 발현을 비난한다. 광활한 수용소 같은 밖에서, 각자는 인류가 있어 왔던 수만큼 필요한, 개성 없는 일개의 요소일 뿐이다. 이러한 도정은 교체될 수 있고, 힘으로 제한되며,

방향은 문제될 것이 없다. 즉 방향은 취소되고, 역사의 고의적 의미로 희생된다. 역사는 죽음을 관리하고, 죽음을 통해 삶을 다룬다. 과거에 대한 작업, 수상쩍은 고문서는 역사가 설명해 주었으면 하는 것을 알리고, 죽음에다가 삶의 영향력을 양보함으로써 죽음을 은폐하는 방식에 지나지 않는다. 일률적인 여정을 거치는 고요한 이 군중은 지구상의 무기력한 다른 군중과 유사하고, 고요의 시대에 평범한 군중이며, 그들이 알고 있듯이 죽게 될 것이다. 이러한 군중은 마치 이미 정해져 있는 스펙터클(군중은 결국 스펙터클의 씨앗이자 효모이며, 사실상 군중이 스펙터클을 구체화하고 있다)이 무대와 스크린·화포·책 페이지 위에 투영되듯이 의식, 즉 군중이 숨기고 있는 것에 틈새를 만드는 공간에서 탈연극화된다. 이 군중은 자신의 얼굴에 의해서 가리워진다. 이들의 공적인 유일한 활동이란 집단의 층위에서 구매하는 것이고, 어떤 제한과 어떤 코드——거의 초상화라고 할 수 있을——에 따라 비밀리에 개인이 되기 위해서 사적인 장소에서 분산되고 흩어진다. 사적인 삶…… 무엇으로?

그렇지만 내색하지 않아야 하는 것을 다 은밀하게 삭힌다——그들은 어디에서 절규하는가? 만약 강제적인 힘이 아무것도 표현되지 않고 표출되지 않게 한다면, 죽음의 감정이 너무나 억압되어 삶을 빼앗는다면, 그것은 바로 역사가 죽음에 책임이 있되 이를 은폐하지만 정확히 죽음을 분배함으로써 도처에서 포의 '도둑맞은 편지'(분명히 노출되어 그런 이유로 무시된)처럼 나타나, 그 결과 죽음이 거대한 양피지가 된 삶의 구조를 이루기 때문이다.

은폐되었지만 억제된 이 '죽음'이라는 말은, 이에 대한 강박관념을 다루는 권력의 특권화된 무기가 되고, 특히 이 강박관념을 억제하려고 타협한다. 대립이 위험하게 되어 즉각(그리고 뿐만 아니라 사전에) 삶의 모든 말이 폐지되고 어떠한 존재도 허용되지 않더라도 정서 불안자들, 취약한 집행 유예자들에 대한 약속은 허락된다――우리는 그 어떤 것을 사는 게 아니라 이러한 팁만을 얻을 뿐이다. 결코 공짜가 아니다. 우리는 존재함으로써 업무에 대해 언제나 '약속되어 있는' 이러한 삶을 지불하지만, 이에 대한 빚은 우리에게 되돌아온다. "너는 자연에게 죽음을 빚지고 있어." 야코브 프로이트 부인은 아들에게 이렇게 상기시켰다. 그러므로 삶이란! 그러나 어떤 삶? 어떤 상태로? 지크문트 프로이트는 작업을 통해 자연에다가, 때로는 별로 명확하지 않지만 그때까지 침묵되어 그렇기 때문에 은폐된 기본적인 약간의 표현을 검열하고, 어디엔가에서 어떤 제재를 제기하고 몇 가지 계약을 혼란케 하는 규약으로부터 해방된 삶을 본성에다 부여했다. 그렇다. 자연에다가 죽음을 주지만, 아마도 그 전에 약간의 자연을 삶에다 주는 것인가?

그런데 담화의 특성은 말을 하고 듣는 것이다. 다른 일체의 것을 배제하고 사전에 예정된 이야기의 말들이 될 뿐이라거나 말해지는 게 아니다. 세상, 삶은 우리에게 낯선 언어와 같다. 언어는 우리가 들어야 하고 실제로 사용해야 하는 언어에 낯선 채로 있다. 언어는 침묵케 하려고, 우리로 하여금 언어가 선별하는 것을 제외하고는 귀머거리가 되게 하려고 거기에 있는 것이다. 우리는 무엇에 귀가 먹는가? 왜 우리는 실어증인가? 우리는 영원토록 계급의 리듬으로, 전세대의 거장들에 의해 관현악으로 작곡된, 누구나 다 아는 오래 된 곡조를 항상 면밀히 조사한다. 우리는 하느님, 신들에게 인간의 말을 빌려주고는 신처럼 말하는 이들을 그다지 좋아하지 않는다. 우리는 과학을 통해 법칙 속에서 자연의 담화를 녹음한다. 또한 거울로부터 생겨난 우리들의 이미지를 반영하고, 다른 차원은 사양한다. 피난처가 무덤이나 수용소일지라도 아주 좋아한다. 우리의 마스크나 역할이 변화되더라도 동일한 채로 있는 역사의 반열에 들어간다. 엄청난 폭력이 행사되는 시대와 장소들이 드러난다. 폭력이 한데 묶여 지독해져서 모든 것이 제어되고, 절대적인 분명히 넘을 수 없는 테러리즘이 요구와 거부를 억압하여 냉혹한 평형 속에서는 무표정함만이 남게 된다.

개인과 사회는 이제는 필요치 않아 간과되는 폭력의 강제적인 힘으로 고요해진다. 그렇게 해서 방 안, 마음속 혹은 재앙 속에서 표출되는 열정이 억압당하고 고통의(혹은 사랑의) 외침, 비참한 하소연과 노인들의 탄식, 가난한 이들의 분노가 억제되고 삶이 지속하여 다른 이들에게 이익이 되도록 유지되는 삶마저 빼앗기고, "지옥은 비어 있고, 악마들은 여기에 다 있다"[1]──너무나 끔찍하게 오래 된, 어떤 혁명도 고려하지 않는 음성적인 법!의 진위성이 감춰진다. 동요, 정치적 투쟁은 정치적 '고요함'처럼 고정된 구조, 예전에 문제시된 행동에 의해서 조절된다. 진정한 법은 제정되지 않는다. 현상으로 변장된다. 그저 아주 평범하고 은근하며, 겉으로는 대수롭지 않은 미소한 소송에 꽤 교묘하게 통합되고 하부 단위로 흩어져 파괴되는 육체 속 도처에서 '합체된다.' 왜곡된 시대 속에서.

그 순간은 끝없이 갱신되는 사라짐 자체로 존재하고, 보이지 않는 법에 의해서 존재 모두를 고정시키는 날조된 영속적인 법에 이익이 되도록 부정되고 잊혀지고 소멸된다. 존재를 하나의 모델로 귀착시킨다면, 삶은 단지 죽음이란 모델의 서문으로만 보인다——죽음이 사라져 버린 수많은 다른 삶의 부가물을 상징하지 않는다면 말이다. 어떤 차이, 어떤 시작, 어떤 금지된 몸짓이 있을 장소는 없다. 아주 오래 된 하나의 세계를 통해 취득한 습관에 복종해야 한다. 고대에 살았던 이들에게 유리하도록 다수의 역할이 분배된 행성의 조직 속에서 생물학적으로 예정되고 꼼짝 못하게 되어, 반복하고 모방하고 복종할 수 있을 뿐이다. 죽은 이들이 대다수이다. 그들의 역사기간은 과거와 삶을 배제하지만 삶을 지배하는 미래에 의해 짓밟힐 진행중인 짧은 삶보다는 우세하며, 미래는 이를 배제하더라도 그 삶을 지배한다. '삶'이라는 말이 결코 존재할 수 없게 하는 폭력은 '죽음'이라는 말의 개입으로 조작된 것이다. 죽음이라는 이 말은 삶의 정지를 의미하는 게 아니라 삶이 아닌 것의 영원성을 의미한다. 죽음은 삶을 능가한다. 죽음은 또한 현행범으로서의 육체를 피함으로써 **유일한** 표시인 시체를 억압한다. 죽음이란 존재는 생경하다. 잉여분으로서의 육체에 대한 거부이다. 과잉에 대한 거부, 초과에 대한 거부, 특히 차이에 대한 거부이다. 죽은 육체와 살아 있는 육체의 차이에 대한 거부이다. 육체의 호의 혹은 과실, 겉으로 볼 때 결정적이고 경직되고 남근 숭배의 절대적인 중압 밖에서 드러난, 그리고 육체의 제의 자체인 듯한 어떤 '태도'의 맞은편에 있는 미친 육체의 해체를 오히려 앞서는 스캔들 속에서, 고요해진 육체에 가하는 폭력에 대한 비난이며, 이번에는 알리바이 없이도 지각할 수 있는 그 존재에 대한 비난이다. 광기에 차 뒤틀리고 괴롭힘을 당해 모든 호소와 욕구에 양보하고, 공간 속에서 넘쳐나 퍼지며 변화해 가면서 게걸스러움에 먹혀 버리는 외설적인 육체에 대한 망상이다. 육체 내의 장기의 체액, 무게와 가죽의 춤이다. 말하자면 그 요소들을 결합시키는 속박을 잠시 피하는 것이다. 정확하게 포위된 이 조직체의 순서를 바로잡는 법, 정확하고 거의 시간을 재는 듯한 규칙에 의해서가 아니라면 아무것도 달아나지 않는다.

만약 시체가 금기라면(만약 이 구절이 혐오스럽게 보인다면, 어떤 독자가 이 행을 시간증적(屍姦症的) 환상이라고 부른다면), 그것은 삶에 있어 불길하다고 판단된 증거이기 때문이다. 시체는 삶의 기호이자 육체의 기호이다. 이를 단언하고 인정하고, 그것이 죽음이라는 것과 죽음은 이 육체와 다른 것이 아니라는 것과 죽음은 이 육체가 아니라는 것, 이 육체와 이 시체는 죽음을 대신하고 가득 채운다는 것을 인정하는 것, 이는 현재의 존재——그리고 사후에 법적으로——삶의 존재를 인식하는 것이다. 이것은 이러한 대체가 삶 자체를 흡수한다는 점에서 출생이 삶의 초안일 뿐이고, 삶은 죽음을 향한 전이이며, 죽음이 삶의 대체가 되는 한 체제를 폐지하는 것이다. 죽음에다가 삶의 연장이라는 의미를 부여하는 것, 시체를 '죽은 남자' 혹은 '죽은 여자'로 변형시키는 것, 이것은 권력에 대한 환상과 일치하는 존재 형태를 고안하는 것이다. 즉 이름, 비물질적이고 소극적인 법규이다. 현실에다가 이 유토피아를 잡아내려야 할 필요가 있다. 즉 죽은 육체와 살아 있는 육체는 등가로 간주되고, 거기에는 꼭두각시들이 있게 된다. 즉 완벽한 시민들이다.

그러나 다른 단계, 미라의 단계에는 한데 묶이는 과정, 산 자로부터 저지된 유기체로의 이행이 있게 된다. 즉 영묘(靈廟)의 징후는 죽은 육체에 대한 인식이 아니라 반대로 끊임없이 유지되어 온 죽음에 대한 부정이며, '죽음'으로 가장된 시체, 삶의 이미지를 띤 죽음에 대한 거행이다. 차이에 대한 은폐이고 ——삶이 아니라 죽음을 영원케 하려는 시도이다.

그리스도의 십자가에 못박힌 육체에 의해 책임지어진 억압된 것으로부터의 회귀에 대해 말하자면, 거기에서는 이미 '도둑맞은 편지' 작업이 관측된다. 직립의 시체는 발가벗겨져 십자가에서 펼쳐지고, 그 표면과 버림받음 속에서 내보여지지만 여전히 의지, 아주 오래 된 의미, 갈망으로 가득 찬다——인간의 육체는 신의 생각으로, 그 육체를 지탱하는 십자가에 의해서 차단되고, 십자가의 상징적인 능력은 인간의 실루엣, 즉 눈길을 끄는 시체보다 우월하며 우리의 지리에 푯말을 세우고 충만해진다. 십자가의 명백함·무수함이 우리가 가질 수 없는 의식을 파기한다는 점에서이다. 십자가의 집중적인 분배는 그 내용물에 의해서 비워지고 검열되지만, 무의식 속에서 강력하게 특기화되는 만큼 더욱더 강박적인 이미지를 퍼뜨린다.

도로 네거리에서, 지성소의 움푹한 곳에서, 여자의 가슴 위에서, 침대 머리에서, 박물관·묘지에서, 기호의 기호 속에서 상징에 내던져져 생명이 없고 극심한 고통의 결과물이자 모든 영역에서 사망한 육체는 문명의 시대를 알리고, 그 체제의 신경을 분포시키면서, 시체는 아직 신선하지만 나머지로서는 반박되어 죽음과 사라짐, 비난의 순간, 스크린 속의 스크린에서 곧 정화될 것이다.

그러므로 고요하게 진행되는 미사와 교리 문답 강의에서, 그때까지 억압된 최초의 야만성이 드러날 수 있을 것이다. 부재중인 육체에 대한, 비밀스러운 육체의 초상화에 대한 쾌락이 시인될 것이다. 그러므로 거세에 대한 거부, 죽음에 대한 거부, 모든 단절에 대한 거부가 거세게 일 것이다. 폐지에 대한 폐지. 우리는 피를 마시게 될 것이고, 육체를 탐욕스럽게 먹을 것이며, 살을 찢는 못의 흔적을 따를 것이고, "나의 하느님, 나의 하느님, 어찌하여 나를 버리셨나이까?"라는 아버지 없는, 그리고 결국 보상받지 못한 아들의 외침을 잊어버릴 것이다.

대리석과 레이스, 향의 연기 속에서 우리는 이렇듯 가련한 이야기를 되풀이할 것이지만, 이 가련한 이야기는 우리의 약함에 감동을 주고 위안을 준다. 금과 숭고한 건축물이 고름·태반·악취·피를 대체할 것이다. 성스러움은 유보된 근친상간, 여성의 대륙, 임종에 대한 애착, 남성의 동정, 모성의 영원함, 사라지는 부성애를 안정시킬 것이다. 그리고 늘 대리석과 향기의 부재, 피난시킨 흔적을 통해 죽음을 면한 다른 육체들이 확인되는 세계 속에서 고대의 신비스러움 대신에 부재와 강박관념을 기념할 수 있을 것이다. 그러므로 소외된 육체는 음울하고 가혹하고 고요한 리듬에 구속되어, 공장·사무실·학교와 침대에서 죽은 체하면서 생산물, 강력하게 거세 콤플렉스를 일으키는 복제품이 될 것이다.

랭보에 의해 언급된 '경제적 공포'는 시대와 공간 각각의 단편에 기초가 되고, 체제를 창시하며, 언어를 독점하고, 언어 활동을 위장하며 태초부터 있었던 자연 현상이라고 자처한다. 종교와 융합되고, 환경 속으로 스며들고, 도덕을 체계화한다. 카테고리를 만든다. 경제적 공포는 불안을 쫓아내고 이동시키며, 보다 정확히 말해 있으면 더 좋을 것 같은 곳에 위치시킨다. 협상하는 것이다.

사물을 위하여 육체를, 상징을 위하여 사물을 잊는 것은 불안을 감추는 것이다. 죽음은 사물이나 상징보다는 육체를 더 목표로 한다. 만약 사물화를 상징하는 것이라고 한다면, 안심시키고 베푸는 것이다. 부적을 모으면 안전할 것이다. 그러나 결핍으로부터 잠시 벗어나게 하고 거세를 진정시키는 것이다. 이러한 축적을 금하고 분배하고 예고하는 것, 권력의 술수가 이러하다. 체제에 있어 근본적이고 위험한 욕구, 존재의 욕구를 견디기 힘든 단순함으로 이동시키려는, 거의 공유되지 않는 가장 파괴적인 세상에서 사물이 되는 것이다. 이러한 존재는 과거의 위협, 미래의 개방 상태를 배제하고 확인할 수 있게 한다.

신화 밖에서, 그리고 정확함 속에서 시각과 문제가 제기되고, 이제는 모든 코드가 멎는다. 지구의 한 거주자는 거기에 사는 데 만족하고 자신의 존재, 그 존재의 장소를 생각나게 한다. 그뿐이며 체제의 애교부리기가 모두 멸망한다. 체제의 폭력이 나타난다. 그러나 이 폭력이 불안하게 만들어 망각이 잔재하는 한 체제 속에 존재의 고요함을 부과하기 위해서는 어떤 난폭한 의지가 필요할 것이다.

기억, 기억만이 현재이다. 어떤 이들은 이를 추억하고 이를 생산한다. 창조자와 관찰자, 그들이 음악가이건 작가이건 화가이건 연구자이건 혹은 살아가는 데 만족하건, 정확성이 어떤 대가를 치르는지 안다. 그들은 어떤 파괴적인 폭력을 통해 자신들이 얼마나 대수롭지 않은지를 빠르게 알게 되고, 그들의 수당이 아주 하찮고 그들의 흔적이 매우 미세하고 대중이 아주 제한적일지라도, 어떤 강력한 폭력이 그들 쪽으로 움직인다는 것을 발견한다. 그들은 법에 반대하지도 위반하지도 않았다. 그 반대이다. 그들은 그것을 몰랐다. 더 위험한 것은 없다. 코드 속에 있는다면, 위험한 것은 없다. 우리는 찬성할 수도 있고 반대할 수도 있다. 양자 택일, 체제를 받아들이는 것이다. 우리는 '현실'이라고 자처하는 공식적인 편집광적 조직을 거부하지 않고는 '다른,' '다른 곳에' 있을 수 없다. 주어진 욕망을 거부하는 것보다 더 나쁜 범법 행위는 없다. 아담과 이브의 범죄? 지칭된 나무에 달려들지 않았다는 것이다. 신의 제안에 관심 없이 풀밭에 누워 곤충들을 바라보고, 지나가는 구름을 쳐다보며 남아 있기로 했다. 극작법이 끼어들고 권력이 조정할 사건이 일어나려면 더 나중에 가브리엘 같은 중재인이 필요했을 정도였다. 그러므로 천사가 등장하기 전에 뱀이 필요했다. 이 사건은 권력에 대한 대단한 경멸이며, 암시된 갈망이 분명하지 않았다는 것과 외부로부터 자극받지 않았기 때문에 아담과 이브는 성생활에 대한 공적인 인식, 공적인 관계를 무시했을 것임을 밝히고 있다. 물론 그들은 이에 대해 전혀 생각조차 하지 않았고, 천국 같은 교환은 그들이 피하는 법에 비추어 볼 때 충분할 수 없었을 것이다.

　법은 무시하지 않는다면 아무것도 금하지 않는다. 미래의 위협에, 과거에서 유래한 질서에 반발하지 않는다면 법을 위반하는 것은 코드에 속한다. 법이 제재되는 것은 불복종에 의해서이다. 법이 표현되는 것은 징벌에 의해서이다. 아담과 이브는 금지되고-제시된 사과를 거부할 어떤 권리도, 최소한의 가능성도 없었다.

파라다이스로부터 나오는 것, 그것은 법 속으로 들어가는 것이다. 거기로부터 나오는 것은 불가능하다. 벌써 도달해 있다. 이제 거기로부터 나오는 방법은 없다. 물질과 법의 두께 안으로 점점 더 깊이, 그 안말고 다른 곳에 이르는 것은 불가능하다. 배에서 태어나 치밀함 속으로 들어가는 것이다. 배에서 나와 다른 내벽 사이의 치밀함으로 들어가는 것이다. 도처에 모성적 모태의 지점이 있다. 다른 것은 없다. 차이도 없다. 정말로 어떻게 태어나고 무엇에 도달하는가? 뒤로는 피할 수도 도망칠 수도 없다. 출생이라는 것은 다시 말해 권리를 상실한 사건이다. 앞으로 도망칠 수도 가능한 출구도 없다. 죽음은 출구가 아니다. 출구가 있기는 하다. 우리들은 뒤얽힘 속에 가만히 틀어박혀 찾지 않는다. 출구를 찾아야 한다.

냉랭하고 생기 없는 얼굴, 알아들을 수 없는 목소리, 일률적인 걸음으로 군중 속에서 행진한다. 예기치 않은 일이지만, 이미 모두 벌어졌다. 나와 당신에게는 예상치 못한 일이었으나 군중에게는 아니다. 군중과 그렇게 다르지 않은 다른 이들과 걸어가는 것이다. 군중이 살아 있는 한, 살아 있는 이들을 위해서 죽은 자들에 의해 제작된 장식을 망가뜨리지 않으면서, 토지의 상대적이지만 평온한 무기력을 방해하는 살아 있는 것들의 실수 잦은 움직임을 완화하고자 모여서 걸어가는 것이다. 우리에게는 부적합한, 우리를 갈망하지 않는 무관심한 대지, 그렇지만 우리는 이것을 갈망한다. 우리를 바라지 않는 계층,

그러나 우리는 이를 바란다. 우리는 생명을 먹는다. 왜냐하면 기본적이기 때문이다. 성스러움을 원하고, 이를 말하는 생물계에서 생명이 생명을 먹는다. (성체의 빵? 살아 있는 것을 먹는 자연스러운 행위와의 화해이다. 긴 우회 후에 육체를, 그러나 고귀한 육체를 집어삼킨다. 그리고 지구 자신의 게걸스럽게 먹기를 신성화한다.)

우리의 의견을 펼치고 생각해 보라고 주장하기 위해서는 엄청난 망각이 필요하다. 이런 강압적인 세계에서 절대 권력은 각자의 초자아를 둘러싼다. 대체로 사태에 대해 독재권이 행사될 필요는 전혀 없다. 우리는 태어나기도 전에 죽는 데 길들여지고 이미 억압되어 있다. 얼마나 잘 포기하는가! 얼마나 고분고분한가!

또한 교대는 지체되지 않는다. 죽도록 길들여졌다. 그렇다. 그러나 아직 사는 데 길들여져 있지 않다. 그렇지만 모든 것이 준비되어 있다. 모든 것이 조직되어 있다. 아이는 태어나서 억압되고 이미 판단된다. 사전에 그 아이가 무엇에 누구에게 쓸모가 있을지 파악된다. (이러한 예측에 약간의 차이도 예상할 수 있다.) 요즘 어떤 지역에서는 예상하기 쉽고, 짧은 기한으로 충분하다. 말리와 방글라데시의 어린아이에게는 오랜 기한도 중간의 기한도 없다. 그 전에 아이는 죽을 것이다. 기아로 죽을 것이다. 하찮은 수이다. 결국 왜 아닌가! 삶은 신성한가? 아! 오늘 밤, 우리가 막심즈라는 식당 메뉴판에서 아프리카의 풀밭에서 갓 태어난 아기나 아시아의 카나페에 얹혀 불에 구워진 아기들, 상상할 수 없는 스캔들을 발견한다면! 동의하에, 그러나 굶주려서 (우리에 의해서) 그들이 죽는다면. 먹는다면 죽지 않을 텐데, 먹지조차 못한다. 젖을 안 뗀 어린 양, 소도 죽이기 전에 양육된다.

그렇다. 그런 식으로 해서 우리는 살고, 그들은 죽는다. 노인의 얼굴을 한 아이들, 아우슈비츠의 얼굴을 한 아이들은 시대에 대해 누구보다도 잘 안다. 그들은 마치 이미 모든 이야기를 들은 듯하고, 그들을 몰아내려는 장소 밖에서 이 장소들을 경험한 듯하며, 삶의 우여곡절을 겪지 않았으면서도 결핍이나 죽음에 대해 아주 잘 파악한 것 같다.

그들은 마치 비극적인 지역 멀리에서, 결핍과 기아가 상품시장, 영양물이 과잉한 가운데 역시 창궐하고 있다는 것을 아는 듯하다. 그런데 굶주린 남자와 여자, 그들이 만일 자신들을 살 수 있게 하는 것이 손닿는 범위에 있어 손을 뻗어 쥐고 '지불하지 않은 채' 이 음식물을 먹는다면, 이것은 절도 행위가 되는 것이다. 실제로 누가 누구에게서 훔치는 것인가? 여기서 스캔들은 기아가 아니라 기아를 그만두게 하는 것이며, 구매하지 않고는 소비할 것이 아무것도 없게 하는, 이 지구의 거주민이 자유롭게 취할 수 있는 것이 아무것도 없게 하는 비정상적인 분배·약탈이 아니다. 스캔들이란 모든 것이 고대의 강탈의 법칙에 따라 적응되고 재분배되는 것이고(반면에 아무도 그것의 질서를 부여하거나 어떤 질서를 부여할 권한을 가지고 있지 않았다), 살아남기 위해서는 가치 있거나——혹은 상속받아야 한다. 가치가 있다는 것은 상속자들을 섬긴다는 것을 의미한다.

이상하고 기이한 지방이다. 이 야릇한 거리에서는 아무에게도 과시될 만한 교만한 재산이나 손님을 끌 만한 제품이 없다. 이 무용한 하찮은 것들은 연장해 가는 데 근심스러운 삶의 기간보다 더 비싸게 숫자로 표시된다. 사물들은 창문 뒤에 안전하게 남아 있고, 생명력을 경멸한다. 기만적이고 세심하게 꾸며진 억압적인 장치는 극작술을 준수하도록 감시한다. 어떤 삶이 얼마나 값이 나가는가를 비교한다면 아연실색케 할 그 음식물들의 가격을 무시한 채, 병적 허기증의 메뉴판에서 그 음식물의 은유를 선택하려고, 이 과잉의 요리를 조용히 먹으려고 어느 누구도 어떤 식당에도 오지 않을 것이다. 즉 돈은 없고, 때때로 삶은 착복된다.

기아는 어떤 권리도 없다. 변덕·우연 모두 마찬가지이다. 왜 아닌가? 우연·변덕은 음모를 숨긴다. 그리고 군중·손님은 그들이 섬기는 상품 사이에서 걸어간다. 익명의 군중이 유명한 이름 가운데서 걸어간다. (사물들은 1백 년 훨씬 전부터 이름과 성을 가지고 있기 때문이다.) 화려함의 주변에서 억압되지만 보잘것없는 생산물들을 소비하도록 길들여진 극빈자의 무리가 걸어간다——이 하찮은 제품이 자본을 가장 많이 차지한다. 억눌리고 정보에서 제외된 무리들이다. 세상에 대한 그들 자신의 비전으로부터 지워진 무리들이다. 아프리카의 죽어가는 이들보다 훨씬 더 멀리 떨어져 있고, 인접한 단색화로 그려진 이들보다 더 무시되고 더 잊혀지며 더 죽임을 당하는 이들이다. 노동자의 무리는 박탈당했지만——거위처럼 살찌워지고 자신의 이름보다 더 영예로운 이름의 기름, 가루비누, 국수로 채워진다. 익명의 이름을 가진 남자들·여자들의 삶은 생산물을 생산하는 것으로 축소되고, 이익을 내는 제품을 위해서 바겐 세일된 자신의 생명·삶을 구매한다. 누구를 위해서인가?

유용한 이들의 무리는 아주 빨리 무용하게 되고, 실업자가 되며 자신들이 과잉이라는 것을 알아차린다. 왜냐하면 기만은 체험된 삶——삶을 드러내는 그들의 육체와 육체 속의 생이 아니라, '살아가게 하는' 것이 더 높은 가치를 부여받기 원하도록 만들기 때문이다. 지불되는 것만이 가치가 있다. 우리는 소외를 지불한다. 당신에게 부여되는 삶은 비싸지 않다. 성스러운 선에 찬성하는 경제라는 이름으로 동요는 축복받고 인정되고 보상된다. (선한가 악한가는 중요하지 않다.) 중요한 것은 이웃과 마찬가지로 이웃과 함께, 이웃 가까이에서 제거된다는 것이다. 군중, 이 군중의 일원 각자는 할당된 역할을 수행한다. 즉 자신의 역할을 하지 않는 것이다. 방대한 음모이다. 후한 기획이다. 여러분은 서로 파기하시오. 우리의 차이점으로 스스로 지키시오. 현재를 없애시오.

2

군중의 서사시

나치 밀집 지역의 수용소에 관한 것이든, 동쪽의 강제 수용소들에 관한 것이든, 라틴 아메리카와 칠레에서의 고문들에 관계되었든, 개인적인 범죄(와 너무나 빨리 세례를 받은 엄청난 죄인들)에 관련되었든간에, 우리는 모순적인 일이라며 확신하고 싶어한다. 비극에 대해서도 드라마에 대해서도 마찬가지이다. 그런데 드라마나 비극에는 모순이 없다는 것이 확실하다. 모델이 될 만한 것은 대다수의 침묵을 통해 분개와 억압 속에서 내면화되고 받아들여지며 겪어지고 퍼뜨려진다. 일상으로부터 격화되고 공공연한 형태일 뿐인 것이 예외적이고 파렴치한 것으로 지적된다.

스캔들, 그것이 없기 때문이다. 혹은 오히려 주위의 고요함과 섞이게 된다는 점에서 시·공간 도처에 확산된 것을, 드물고 아연실색케 하는 것(그러나 그다지 눈길을 끌지 않고, 축소되지 않으며, 때때로 그다지 난폭하지 않은)이라고 지적할 스캔들이 있다. 고요함? 주의를 끌지 않는 폭력, 스캔들——그것은 스캔들이다——은 항구적이고 식별할 수 없는 진짜 스캔들로부터 방향을 바꾼다. 결국 근본적이다. 왕은 결코 발가벗지 않는다. 스캔들은 바로 이것이다. 왕의 의복들이다. 아무도 결코,

특히 아이조차도 "왕이 옷을 입고 있다. 왕이 왕차림을 한다"라고 외치지 않는다.

잊기·모르기, 인간의 꿈이 그러하다. 면병과 사과를 먹고 배설한다. 십자가를 박고 거기에다 뭔가, 누군가를 고정시킨다. 시간이 멈추어지게 하기 위해서, 그 시간이 영원히 계속되게 하기 위해서이다. 신은 암살자가 아니다. 게다가 그는 죽었으며, 우리는 우리끼리 더 잘 지낸다고 확신한다. 그러나 최악으로 끝나는 이 프로그램을 구현하고 완전케 하여, 이것이 존재한다는 것을 어떻게 용납할 수 있는가? 죽음의 절박함, 절박함의 진부함을 어떻게 잊을 수 있는가?

특권을 가지면 가질수록 어떤 이들은 불멸에 이르게 되는가? 다른 이들보다 덜 죽게 되는가? 아주 조금 더 살 것이다.

안정된 관리자들은 프롤레타리아들보다 오래 산다. 확실성은 불변적이 아니라서 생명이 단축될 수 있고, 폭력을 가하지 않고도 약간 조작될 수 있다. 우리는 사태를 알고 있다. 다음과 같다. (다음 표 참조)

그렇지만 희생자들이 통계표를 보고 보복에 찬 격분으로, 무능하다는 비탄으로 울부짖지조차 못하다니! 그다지 눈길을 끌지도 않는 희생자들이다.

사람들은 죽을 테고, 필요 이상으로 더 일찍 수용소에서 죽어간다. 장엄한 스캔들의 비장한 희생자들이다. 그러나 우리 가운데서 기와공·광부·선반공·용접공이 되어 죽게 될 이들의 고요함이(아주 분명한 자유·평등, 그리고 박애 속에서) 떠돈다. 누가 우리에게 그들을 맡겼는가? 아연공도 포함해야 한다. 삶은 죽음을 당한다. 생의 매초·매시간 동안 삶은 고요하게

사회 직업 범주에 따른 남성의 연령별 사망률

사회 직업 범주	35세의 예상 잔존 수명	60세의 예상 잔존 수명	75세까지의 생존자수 (35세 1천 명 중)
초등학교 교사들	40.9	18.6	574
간부와 자유직들	40.5	18.3	551
가톨릭 성직자	39.5	17.7	524
중간 간부들(공기업)	39.3	17.6	518
기술자들	39	17.6	507
중간 간부들(사기업)	38.5	17.3	489
경영 영농가	38	16.9	473
감독들(십장들)	37.8	16.8	472
기능사들(공기업)	37.3	16.4	446
사무원(종업원)들(공기업)	37.2	16.3	448
장인들과 상인들	37.6	16.9	460
사무원(종업원)들(사기업)	37.4	16.9	448
단순 기능공들(공기업)	36	15.7	406
기능사들(사기업)	35.6	15.3	380
농업 임금 노동자들	34.8	14.7	356
단순 기능공돌(사기업)	34.7	14.9	362
수공 노동자들	32.9	14.4	310
프랑스 전체	36.1	16	412

자료: G. 데스플랑크, 《사회 계층에 따른 성인의 사망률 1955-77》, 국립통계경제연구소 총서 44D권, 1976년.

살해된다. 만약 우리 인생의 매초·매시간이 이 삶에 반대되더라도, 그들 생의 매초·매분·매시간은 이러한 모순을 증가시키고 더욱 단축된다.

이렇게 암암리에 행해지는 암살의 고요한 폭력은 이에 무관심한 당사자들에게 가해지고, 아주 보다 직접적이고 유형적인 혹은 현실적인 질문에 답한다. 하여튼 우리는 죽는다.

잊어버린다. 비어 있음을 메운다. 가득 채운다. 여성을 엄마로 만든다. 구멍들을 남겨두지 않는다. 벌어진 상태를 피한다. 상실을 치유하는 대신 메운다. 매우 있음직하지만 공허한 미래를 잠식할 욕망을 구상한다. 여기에 권력이 개입한다. 그리고 언어가 개입한다. 위협을 유지하고 조직하며 조절하기 위해서이다——미래를 계획하고, 목적을 조작하기 위해서이다. 아르토가 "사실은 존재한다고 생각하며 사는 것이다"라고 항의했던 것처럼, 자유의 토대가 될 것이고 최악으로 갈지도 모를 것을 반드시 미리 앞서 표현하고 대조하기 위해서이다. "존재한다는 것은 누군가의 의도를 실행한다는 것이지만 어떠한 지식도 이 의도를 파악하지 못했으며, 어떠한 의지로 이 의도를 선택한 것도 아니다"[2]라고 한 프랑수아 자코브의 의견을 인정할 수 있을 것인가. 귀환케 하는 쪽에 아버지가 없다는 것을, 우리가 욕망의 표현이 아니라는 것을, 궁극적으로는 아마도 어떤 욕망도 없다는 것을 누가 인정할 것인가? 혹은 욕망이 있더라도 끝없는 욕망의 대상이 없다는 것을 누가 인정할 것인가?

바로 이러한 추락, 이러한 궁지가 있을 가능성, 이 공허의 가능성, 주체와 잠재적인 허무 사이에서 스크린이 사라지는 것 같은 위험을 담화와 언어·역사가 감추고 있다. 이 위협을 토대로 권력이 창출된다. 항상 도처에 있는 암암리의 이러한 위협에 처해 각자는 욕망 대신 충만과 대상을, 욕망할 것을 주는 강제적인 시스템에 의해서 부여된 피난처를 택한다. 그리고 이 체제는 문명을 재앙으로 이끈다.

정확성을 우려하는 어떤 삶들과 텍스트들·목소리들이 이에 반대한다. 반드시 잔혹한 자유를 얻게 되더라도 위험을 무릅쓰는 편이 낫다. 공허함, 대답은 없고 고작 울림이 있다. 욕망한다는 것이 강제적으로 열리거나 혹은 닫히는 모성에만 해당한다는 것을 받아들일 바에는 차라리 욕망이 없어지는 위험을 무릅쓰는 것이 더 낫다. 출생의 권리를 상실한 근친상간으로의 회귀, 금지된 도정이다. 무분별한 친밀함이다. 역행이다. 잘못된 출구이다. '바깥'은 없다. 귀환 역시 없다. 모든 것은 도처에서 두께로 가득 차고 차단된다.

그러나 적어도 우리는 우리가 있는 곳을 알 수 있다. 언어에는 낯선 공간 속의 공간들이자 사고의 공간들이다. 질서와 명령·정의의 언어이다. 항상 언제까지나 이미 그랬던 것을 더듬거리도록 하는 결합이다. 우리로 하여금 자폐증적 행동 속에 있게 하는 결합이다. 자폐증, 우리의 운명! 그 운명에서 벗어난다고? 망각을 잊는다고? 역사를 잊는다고? 요염한 요정들의 이야기를 잊고, 리비도의 다원적이고 순수하며, 그것 자체로 위험한——왜냐하면 법칙에서 벗어나므로——분야를 되찾는다고? 망각을 잊는다는 것은 기억을 되찾아 역사가 비난하는 현재에 대한 기억을 얻기 위함이다.

역사? 과거를 휩쓸고, 미래를 물리게 하며, 당장을 억압하는 변조된 이야기이다. 과거를 기록하지 않지만 왜곡하고 일부를 삭제한다. 이것으로부터 야기된 사기는 삶의 개요가 된다. 은폐이자 이성을 잃고 하는 유도이며, 수상쩍은 요약인 이 술책 덕분에 역사는 그때부터 망각의 마그마로 변형된 과도한 정보 덩어리를 임의로(그러나 역시 순수하지 않다) 절단한다. 그리고는 몇 가지의 요소만을 명백히 드러낸다. 과거를 회고하고 과거에 대한 고문서들, 기억을 형성하기는커녕 기억 상실을 조직하며, 오랫동안 지속하고 있는 수많은 세계에 현존의 충격적인 총체를 배출한다. 인위적으로 부과된 프로그램 형성에 특권을 부여하기 위해서이다. 프로그램이 냉혹한 만큼 더욱 시대의 밤에서 유래되는 것 같다. 그러므로 치명적인 것으로서 체제들에 의해 창출되고 계속되는 재앙을 제기할 수 있다. 죽음과 죽은 이들의 역사는 언젠가 살아서 태어나는 존재들을 예고한다. 아기들 각자는 즉시 죽어가는 이들의 행로를 형성하고, 죽어가는 이의 전생애는 자신의 장례에 따르게 될 것이며──유죄 선고를 받고──그 사실을 알기 때문에 자신이 잠재적으로 죽은 자라는 것을 결코 망각할 수 없다. 자신이 배설되리라는 사실을 잊을 수 없다. 조상·묘지·비명 가운데서 아기를 앞섰던 시체들의 군중을 그전에 흉내냈다. 그리고 항상 시작하기에는 너무 늦을 것이다. 이야기의 영향력은 이야기의 짜임을 뒤쫓도록 지시할 것이다. 가족 소설에 대한 단호한 보고서를 한없이 폭로하도록 만들 것이다. 전설이 그러하듯이 물론 남녀 양성, 인류에 관한 소설이다.

전쟁에 의해 드러난 횡령, 공증인들과 토지 대장들의 역사는 왕조에 의해 분류된다. 이데올로기의 위조이며 도덕을 속이고, 시간을 폐지하고 삶을 거세하는 날들로 무장된다. 새로운 역사가들은 비사실적인 것에 관해 어떤 자각을 하건 '죽은 시대,' 가장 어울리지 않는 대상들, 풍습·침묵·단절·분절에 대해서 같은 연대기, 편집광적인 일관성을 택하는 취향을 가지고 있으며, 집단적이고 제약받는 연구 보고서가 여전히 이를 참조한다. 우리는 항상 이러한 역사를 가르치고, 쉽게 소비자들을 떨게 하는 빗댐을 끌어낸다. 세기초에 우리가 컴퓨터를 마음대로 했던 것과 마찬가지로 역사는 거장의 손으로 조작된다.

역사? 교육의 역사이다. 역사 교육은 사람들에게 죽은 이들을 죽게 하는 것을 가르치고, 그 죽은 이들에 의해 살아가는 것을 가르치며, 죽은 이들과 이름·텍스트·기념물·법을 섞는 것을 가르친다. 그들의 시체와 향기는 부재한다. 부재의 역사이다——우리는 여기서 여자들에게 그들의 존재가 영원히 부재한다는 것이 상처가 된다는 점을 알게 된다. 그러나 정말로 부재하는가? 그러면 무엇에 의해서인가? 부재의 역사에 의해서? 혹은 잉여에 의해서? 모든 작품에서 꾸며지고, 애써서 두 요소로 이루어진 내레이션에 의해 부재하는 삶과 죽음이 여기에서 유래하고, 시작과 끝 사이에 존재를 고정하는가? 이 내레이션이 발작적이고 혼란스러운 이러한 입구·출구, 모두에다가 고요하게 계속되는 동일한 전개의 특징을 부여하는가?

프로이트는 유령 아이들에 대해 말했다. 그렇다. 우리는 유령의 인류이다. 우리는 결코 죽은 이들도, 살아 있는 이들도 아닌 되돌아오는 타자들이다. 우리는 죽어 버린 이들의 모방자들일 뿐이다. 나는 지난 세대들을 말하는 것이 아니다. 몰상식한 표현이다. 연속은 없다. 그러나 혼돈된 죽음과 출생의 알 수 없는 얽힘은 삶에 의해서 활기를 띠고, 결코 죽음이 아니라 삶으로 남는 이러한 조직을 형성한다. 최초로 죽은 사람 이래로(또는 최초로 죽은 여자)——최초로 죽은 남자 혹은 죽은 여자는 누구였을까?——사람은 죽고 뒤죽박죽 솟아오르지만, 이것은 살기를 그만두는 것도 결코 죽은 것도 아니다. 살아 있는 자들의 무리 속에는 어떤 빈 자리도 없다. 다원적이고 삶에 의해 활성화된 이 조직은 뒤섞여서 존속한다. 일정한 조각으로 자른다는 것은 농담 같은 것이다. 다리와 시선, 지칠되지 않은 같은 감정을 겪은 바로 이와 같은 육체들의 집단이 항상 같은 행성을 차지하는데, 거주자들에게는 적합치 않다. 이 장소는 독특하다. 여러 세기 전부터 같은 지리이다. 같은 영토이자 납골당에 있는 정원이다.

약동하는 조직의 무기력함을 얻기 위해서, 이러한 요소들의 어떤 것도 벗어나지 않도록 하기 위해서, 온화함이 유지되게 하기 위해서이다. 즉 차이를 만드는 모든 것을 피하기 위해서이다. 낯섦이 아니다. 친숙함, 대중적인 것이다. 아름다운 조화이다. 결핍과 판에 박힌 드라마 속에서 노래하는 미래의 성가대이다. 남자·여자, 이들이 인류를 배출한다. 인류, 이들은 짝짓기를 하고, 분화되지 않은 위대한 성적(性的)인 목적으로 유일한 움직임을 재현한다. 아주 조작적이다. 경제적인 이야기이다. 몇 가지 본보기, 약간의 전형, 수많은 연대기와 사건, 도처에서 사건은 제자리에서 전체를 꼼짝 못하게 만든다. 그리고 출구를 막는다. 죽음을 보장한다. 유일한 보장이다.

이와 같은 장례난에 모든 역할을 던져넣기 위해서이다. 즉 차이를 없애는 것이다. 남자·여자라는 두 요소를 제안하는 것이다. 이 용어 중에서 하나를 제거해야 한다면 여자가 적당한 동시에 두번째 용어가 없어지는 것이다. 여자도 남자도 없다. 이름은 법에 복종할 것이다. 유일한 정체성으로 살아야 한다고 주장할 때, 이름은 감옥 같지만 삶은 무한한 전기·죽음·해결의 연속으로 이루어지고, 반면에 육체는 다수 행위자들의 연극이 된다. 더 이상 다수성은 없다. 무수한 정체성, 미묘한 문제는 잊혀진다. 곤경도 불타는 지옥도 없다. 그러나 애매모호함이 꾸며진다. 이것을 덩어리 없이 매끈하게 만들기 위해서, 더 이상은 여성의(복수적인) 정체성이 아닌 것을 이제 남성의(복수적인) 정체성이 아닌 것에 양식으로 준다. 제국주의 시대에 영국의 노동자 계급이 자본주의에 의해서 삼켜진 인도의 나머지 인부들을 이용했던 것처럼, '남자들'은 그들에게 분산되는 '여자들'에게서 위로를 받는다. 역사로 인해 삶이 귀착되는 옹색한 책략으로 착취된 그들 자신은 소수의 약탈된 그룹인 여자들을 식민지로 만들고 소외시킨다. 그리고 완전히 그들의 거주자 자리를 강탈한다. 그렇다고 해서 그들이 거주자가——여자들에 의해서 섬김을 받는——되는 게 아니라 피고용자가 되는 것이다. 종복들에 의해 여자들이 짓밟혀지는, 이것은 참으로 제국주의의 그림이다.

역사의 장벽 밖의 여자들? 그러나 어떤 역사의? 가면 무도회의? 여기서 남자 옷차림을 한 인물들은 지칠 줄 모르는——프레골리〔60여 개의 역을 맡았던 이탈리아 배우를 빗대어 말한다〕·왕·판사·전사·연대기작가와 악역을 연기하고, 또한 어떤 역할도 하는데, 이 역에 약간의 흥을 돋우기 위해 여자 옷을 입은 인물과 함께 주인공 역을 한다. 예를 들면 왕을 만드는 것이다. 크리스티나 여왕, 엘리자베스 여왕, 여자들의 장신구들을 대비하여 훨씬 더 많은 왕을 만드는 것이다. 그녀들은 축축한 침대 속에서 법이 될 몇 가지 욕망을 군주의 귀에다가 속삭였을 때, 역사(어떤 역사?) 속에 있었다고 주장되는 여자들이다. 유니폼·메달들·직위들, 남성들의 배지들을 착용할 때, 역사(어떤 역사?) 속에 있다고 주장되는 여자들이다.

그러므로 여자들은 벽 속에 있다. 그러나 어떤 역사에 의해서인가? 여자도 남자도 없는 역사, 가장의 역사, 그런 가장된 역사에 의해서인가? 의복이 관건인가? "의복이 수도사를 만든다"라는 속담이 있다. 여기서도 여자 수도사는 없다. 그리고 수도사 복장은 대부분 남자들의 수탄〔신부의 길고 검은 평상복〕을 말할 뿐 여자는 수도원장에 한한다. 종교 화집이나 판화를 보라. 아기·시체·엄마의 판화를 보라. 거기에는 서양의 신화들이 있다. 출간물, 연대기(혹은 전설)에서 엄마는 때때로 남자 옷차림을 하고 시민이나 군인이 되고, 지배받는 자가 되거나 통치자가 되며, 혹은 '남자'의 욕망을 위해서 '여자'로 가장한 남자로 변장한다. 즉 매춘부로 가장한 엄마는 아주 바쁘다. 아빠는 결코 거기에 없다. 그는 항상 아래에 있다. 호전적으로 경제적인 것들을 하기 위해서이다. 역사의 빛, 아기는 전쟁놀이를 하고 시체들을 만들며, 엄마는 한 손으로 그것들을 파묻고, 다른 손으로 아빠와 함께 전쟁의 계약, 결혼 선언, 평화의 보증에 서명한다. 그들은 죽은 아기들에 대한 기념물들을 세운다. 둘의 언약 사이에서 다른 아기들을 창조한다: 다른 아기들을 만들게 될 테지만, 역시 여자·남자, 살아 있는 자들이 되지 못할 것이다.

그러나 어떤 대가를 치르고 그들이 빠져 나오지 않는 한! 역사라는 그러한 종교에 의해서이다. 광란적이고 도처에서 모순되지만 언어, 같은 언어 속에 새겨지고, 이 언어를 침묵케 하며, 자폐적인 침묵을 요구하는 다른 언어들에 귀멀게 되는 연속성 속에서 생겨난 그러한 믿음에 의해서이다. 충만함과 사건·에피소드·일화·원인과 결과 및 의미를 이루고, 항상 영원히 모든 의미 속에 있는 이 열정을 벗어나지 않는 한. 육감적인 것을 제외하고 감각의 의미, 차단된 감정을 제외하고 우리들을 허위의 과거 속에서 속여진 미래를 향해 유출시키고, 우리에게 순간이며 새롭고 즉각적인 삶을 금하는 역사로부터 빠져 나와 현재에 도달하지 않는 한.

언어 밖, 역사, 여자들의 장소 밖으로? 그렇게 간단치 않다. 부차성의 장소(예를 들면 텍스트의 장소), 여자들은 항상 부차화되지만 그렇다고 해서 부차적이지는 않다. 남자들로서 부차화된 적이 없는 남자들은 부차화될 수 있다.

역사, 오늘날 남자들에 의해서 이야기되고 그들의 것으로서 말해지지만 역사가 바로 그것은 아니다. 역사는 또한 여자들이 부재하는 역사가 아니다. 역사는 개인과 무의 역사가 아니다. 역사가 사기가 아니라면 말이다. 남자들을 계층에 대해 자유로운 주인으로 상상하는 것은 바로 남자들을 이상화하고 사실을 단순화하며, 체제들에 의해서 팽팽해진 핑계 속으로 들어가는 것이다. 힘의 관계를 동등화하자는 게 아니라, 역사로부터——역사에 의해서 비켜 간 분야를 추출하자는 것이다. 남자들은 미래를 코드화하지 않는 만큼 과거도 지배하지 않는 역사와 언어를 포함하는 체제에 의해서, 여자들처럼 세상에 명백히 존재하면서도 소멸당하는 것을 감내한다. 여자들의 부재는 역사의 거세 작업의 결과이지 작업의 원인이 아니다. 그리고 여자들의 부재는 남자들의 부재를 초래한다. 아무도 없다. 등장 인물이 있을 뿐이다.

'남자들'은 '여자들'의 압제자들이지만 억압된 상태로 억압한다. "영국의 역사는 남자의 혈통의 역사이다"라고 버지니아 울프는 말했다. 사실이다. 그러나 남자의 혈통은 거세법과 싸우고 있었다. 여자들이 비록 법 밖에서 남자들의 적당한 쾌락을 감내했더라도 남자들은 법에 복종……해야 했다. 그들에 의해서 역량에 따라 이 법들은 창조되었고, 남자들은 이것에 그들 자신이 구속되었다. 이 구속이 아무리 잘 조절되었다 할지라도, 그들이 여자들을 다시 결부시키는 부차성에 들어가지 않고서는 그 법들로부터 빠져 나오지 못한다. 사전에 부차적이 되고, 법·역·벽 밖에 있는 여자들이 남자들의 지배하에 있지만, 남자들만이 이러한 법들(그들에게 여자들을 넘겨 주는)에 의해 겨냥되어진다. 체제들로부터 배척된 여자들은 체제의 포로가 아니라 남자들, 체제의 포로 자신들의 포로들이다.

역사는 남자들을 과거의 무게와 미래의 위협 사이에서 꼼짝 못하게 만든다. 그들은 애송이 마법사가 되는 경제적 놀이에서, 공유한다고 생각하는 권력에 속아서 이로부터 팁(특히 여자들에 의해서 상징되는)을 받는 종이 되어 결코 현재에 적합치 않다. 여자들은 적합할 수 있겠지만 과거 속에서 자신들의 흔적을 찾지 못해 능동적인 투기의 세계에서 인정받지 못한다. 그러나 남자들보다 더 정체성을 체험하지 못한다. 그녀들은 문법 주어가 남성이 되는 체제로부터 버려져 바퀴 장치로서 살아간다. 거기로부터 나오는 것은 남성의 중성성에 대항하여 여성의 중성성을 교환하기 위해서이거나 스스로 '여성'이라고 말하기 위해서이고, 구별되지 않은 세계에서 자신을 차별화시키기 위해서이다. 남성의 제복만큼이나 아주 기괴하고 허위적인 여성의 제복을 입기 위해서이다. 아니다. 변형해야 하는 것은 힘의 관계가 아니라, 다시 문제시되고 있는 역사에 의해 교묘하게 회피되고 왜곡된 삶의 전분야이다.

이상하게 바로 책(문학·조형·음악·학문의) 속에 체험의 존재가 있다. 현재에 대한 기억이 있다. 죽음, 모든 연대기가 파괴된 뒤에도 현재에 대한 기억은 살아남는다. 거기에 차이가 계속해서 나타난다. 전형적으로 남성적이거나 여성적인 글쓰기는 없으며, 훨씬 그렇지 않은 텍스트도 없다. 왜냐하면 정확히 텍스트는 차이의 장소이고 다양성 속에서 흡수되기 때문이다. 아마도 거기에 역사, 우리의 역사의 장소가 있을 것이다. 거기에서 욕망의 충동들, 해방된 충동들이 더 이상 체제적인 모델·이득·성과에 동조하지 않고, 권력들에 의해서 위반되면서조차 코드화된 두툼한 성 본능에 대해 더는 초점이 모아지지 않지만, 다양하고 정말로 금지된 공간, 리비도의 그 공간들에 접근한다. 이제 이 공간에서 성적 문제는 혈족 관계를 의미하지 않고, 종(種)은 규약을 물리친다. 욕망 속에 있도록 강요하지 않는 공간이고, 욕망을 생각도록 강제하지 않는 공간이며, 곤경이나 붕괴를 피하도록 요구하지 않는 공간이다.

곤경과 붕괴는 역사적인 무대의 배경에 있다. 항상 언술되고 늘 함축적이고 위협적이며 정치적 담론에 기초가 된다. 비관론과 욕구 충족, 약속과 징벌, 위협과 위로는 '죽음'이라는 말에 의해서 보장되고 역사가 관리하는 공적인 담론의 근거가 된다. 그리고 사실에 있어서가 아니라 그것을 해석하는 데 있어서 권력에 의해 다루어지는 것이 수상쩍다. 프로이트는 "만일 죽음이 살아 있는 모든 것에 내재하고, 필연적인 숙명성이거나 계속적이지만 아마도 피할 수 있는 우연일 뿐이라면" 하고 자문하며 덧붙인다. "더 나은 내세에 의해 징계된 지상의 삶을 보기를 거부해야 할지라도, 공권력이 살아 있는 자들 가운데서 도덕적 질서를 유지할 수 있다고 생각지 않는다." 그러나 죽음을 사용하는 다른 많은 방식들이 있다. 그리고 역사는 죽음에 대해 생각할 수밖에 없지만 가장 공포로 떨게 하는 것에서 피할 수 없다는 유죄성에 대한 생각으로, 두렵고 화가 나서 울부짖지도 못하면서 이러한 공포를 어리석은 기분 전환, 헛되고 즉각적인 이익으로 대체되며 살아간 이들, 즉 특별한 살해들에 대해서는 망설이지만 일반적이고 영속적인, 실제로 '우리의' '그' 자연에 의해 행해지는 살해를 체념하고 받아들이며, 집단 학살에 대해 관대한 죽은 이들의 리스트와 끝없는 죽음의 역사를 연출한다.

이와 같이 엄격한 협박과 권위주의는 감히 현재를 사는——위험이 크다——즉 사고를 하는 남자들·여자들에 의해서 만들어진 모든 학과 텍스트에 의해 드러나고 과감히 맞서고 반박된다. 이 텍스트들 중에서 수많은 역사가들의 텍스트들이 의미가 있다. 역사를 공격하는 것은 역사가의 실제를 공격하는 것이 아니다. 반대로 역사에 대해 위조된 상상적인 것, 독재적인 관점, 역사적 종교심에 역사의 학문이 대립되는 것이며, 이것이 역사의 시학이다. 그러나 민족들의 상상적인 것 속에 퍼지지 않는다. 그 점에서 페이소스 없는 역사와 관계되고, 역사는 즉시 밝혀진 다른 대상들을 분석하며 상세히 검토하고 대조한다. 틈, 호소적인 종종 발표되지 않는 공간, 사고의 새로운 영역들에 접근할 수 있게 되고, 익숙해진 분야들이 명확해지며 기묘함을 드러낸다.

그러나 역사를 만드는 것은 역사가들이 아니다. 역사책은 역사를 이루는 부차적인 대상일 뿐이다. 우리는 이 텍스트들을 마르크스주의의 분석으로 행했던 것처럼 사용하고, 이 책들이 어떤 석화 작용에 귀착되었는지를 알게 된다. 그러나 그런 식으로 쓸모없는 역사책들은 문학 텍스트와 함께 사고의 유대인 거류지로 추방되어, 그 책들이 합의에 의한 장광설들을 왜곡해 오지 않도록 조심할 것이다. 역사는 우리 삶의 현실이 되고, 그 이야기와 어떠한 거리도 없으며, 화자가 끼어들 수 있을 거리조차 두지 않는다. 권력의 역사가 되는 역사는 권력을 이야기하지 않고 퍼뜨리며 함께 섞인다. 역사는 권력이 종교가 되는 도처에서 배열되고, 권력에 의해 이미 분류된 물질을 생산하기 위해서 갖은 수단과 방법을 모두 사용한다.

매스 미디어들은 지금 공명정대하게 드러나고, 예로부터 언제나 다양한 형태로 존재했다. 우리는 오늘날 아주 분명하게 정보가 어떻게 검열되고 한 방향으로 유도되는지, 어떻게 다양한 항목들로 분배되고 정치적 선전·분석으로부터 광고나 여가 활동으로, '문화'로 교육 등등 '문명'을 마비시키는 데까지 이르는지 알고 있다. 사정은 항상 그래 왔다. 《성서》는 본보기일 뿐이다. 역사 자료는 상징 목록과 결코 다른 적이 없었다. 즉 권력의 상징들과 권력에 의해 분배된 상징들이다. 작가들이 언어 활동을 하기 위해서 언어에 대항하여 언어와 투쟁하는 것처럼, 역사가들은 역사에 의해 은폐된 기억의 언어들을 되찾으려고, 현재의 의미를 연결하려고 애쓴다. 그러나 한 번 더 그들의 작업은 체제에 의해서 보충되거나 밀어넣어져서, 역사를 만드는 상상적인 것을 지닌 독재주의자의 영향력을 전혀 뒤흔들지 않는다.

우리는 무기력이 유지되기 위해 어떻게 이항이 필요했는지, 여자를 제거하고 남자들의 자격을 박탈하기 위해 어떻게 여성을 규정하는지 알게 되었다. 역사의 기억은 제한적이며, 예정된 목적에 따라 입력된 컴퓨터의 메모리와 아주 비슷하다. 핵

심은 정보——여기서는 적응시키기·착취·생산에 대해 갑자기 방향을 돌려 공격하는 자료의 선별에 있다. 서양의 역사는——서양의 방식은 신랄하다로 알려져 있는데——담론의 유일한 형태에 의한 오랜 수련에 지나지 않는다. 즉 전문어이다.

이러한 역사의 안팎에(컴퓨터 안에서든 아니든) 있는 것은 가짜 문제를 제기한다. 이 역사를 개혁하는 것이 (여자들을 위해) 역사 속으로 파고드는 것과 혹은 익숙해지는 것과도 관계없는 듯하지만, 남자든 여자든 역사의 배우 모두를 위해 기억이 말하는 장소와 현재에 대한 기억, 특히 현재, 잊혀진 영원을 발견하는 것과 관계 있는 듯하다. 역사의 바로 이러한 분야들, 이는 아마도 (미래에) 오필리어가 언급하는 것이다. 그녀는 햄릿의 "사느냐 죽느냐"라는 유명한 말 중에서 어느 하나의 대답을 요구하는 이항의 명제에 대답하지 않는 듯하다. 그녀가 미쳐서 왕에게 말한다. "폐하, 우리가 누구인지 알고 있습니다. 그러나 무엇이 될 수 있는지는 모릅니다." 오필리어는 햄릿이 감추고 있는(그리고 틀어박혀 있는) 옹색한 공간의 '존재한다'라는 말을 제거한다. 법의 공간이다.

그러나 이전에 누가 오필리어의 말을 들은 적이 있는가? 그녀가 미친 후로 궁신들이 그녀의 말을 듣고, 이번에는 그녀가 표현된 분명한 허무에 사로잡혀 허무를 흉내내며(그러나 계획이 없는), 이들은 "생각에 덧붙여지는 말로써 이러한 허무를 대충 수리한다." 페트리스 역시 역사·담론, 예정된 언어로 빚어진다. 그리고 법이 되는 것만을 듣는다. 오필리어의 언어는 ('눈의 깜박거림, 머리 끄덕이기, 몸짓'과 노래를 포함하는) "나쁜 생각 속에 위험한 억측을 뿌릴 위험이 있고," 호라티우스는 이를 두려워한다. 오필리어는 '진흙투성이로 죽음을 향한 선율의 아름다운 곡조'에 이끌려 '자신의 요소 속으로 들어가 듯이' 물에 빠져서(어떻게 버지니아 울프를 생각지 않겠는가!) '옛 가곡의 단편'을 흥얼거리며 노래하면서 죽는다. 그러나 위험에 처해 죽는다. 햄릿은 표결하면서 죽는다. 그가 원치 않았고 될 수 없었던 아버지·왕권을 배출하면서 죽는다. 다시 말해 "포틴브라는 나의 사그러져 가는 투표권을 갖고 있다……. 이젠 침묵뿐이로구나"라고 그에 대해 말한다.

나머지는 미래의 충격적인 부재, 햄릿의 종말이다. 그는 "오 내게 시간이 있다면…… 이라고, 내가 당신에게 말할 텐데"라는 정도까지 말해야 했다. 햄릿이 여기서 말하지 않은 그 나머지 역시 그런 유령이 된 왕 혹은 죽은 왕들 이후에 포틴브라에 대한, 이 다른 왕에 대한 선출이 아니다. 그리고 아마도 바로 거기, 그 나머지, 그 침묵 속에서 우리가 발견하게 되는 것은 바로 역사일 것이다. 죽음의 침묵에서가 아니라 침묵의 죽음 그 이상의 것에서 언어, 수많은 아우성, 역사가 침묵케 했던 것들이 터져 나올 것이다. 역사에 대한, 우리의 역사에 대한, '우리가 앞으로 될 수 있는 것에 대한 언어가.' 사고의 언어들이.

창조적인 사고, 이 현재의 영원성이 역사를 만들지 않는 한, 역사가 되지 않는 한 특정성이 남게 될 것이고, 여자들처럼 남자들은 주체자들이 바꾸는 강제적인 시스템의 대상이 될 것이며, 그 체계의 구조가 되지 못할 것이다.

정치적 담론이 기술적이고/이거나 철학적인 담론이 될 수 없는 한, 가장 어렵겠지만 각자가 이러한 담론을 듣고 이해하고 취할 수 없는 한 역사는 없을 것이고 사기가 있을 것이다. 정치적 담론이 가장 나쁜 것을 말하지 않는 한, 그 가장 나쁜 것이 모두에 의해서 말해질 수 없고 지지될 수도 인정될 수도 없고, 설명되지 않고 제거되지 않는 한, 대중들을 잘 다루기 위해서 정확성을 피하는 한, 대중이 존재하는 한 정체성들은 없을 것이다. 죽음이 이용되어 체험되는 동안 각자의 삶은 폐기될 것이다. 말한다는 것이 속박하기 위해서 감추고 귀먹게 하고 둔하게 만드는 것을 의미하는 한, 더 잘 조직된 노예로 만들기 위해서 사고에 대해, 사고의 어렵고 위험하고 뿌리 깊은 훈련에 대해 인간 조직체를 왜곡하는 한, 시대의 글쓰기·텍스트들이 이러한 것을 듣는 데 무장되지 않은 동시대인들에게 읽힐 수 없고, 들리지 않는 것이 자연스러운 한, 그리고 역사——역사들——의 지리적 장소가 각자의 육체·삶·정체성이 되지 않는 한 역사도 남자도 여자도 없을 것이며, 무리의 서사시만 있을 것이다.

3

말라르메는 기관총이다

10월, 오스트리아의 환하고 차분한 그라츠라는 도시에서 '문학과 쾌락의 원칙'이라는 주제의 심포지엄이 있었다. 홀은 날마다 시간에 따라 다양하고 항상 열정적인 청중들로 아침부터 저녁까지 꽉차 웃고 소곤거리고 발언을 나누곤 했는데 활발한 만큼 나를 더 실망스럽게 했다. 나는 독일어를 한 마디도 할 줄 몰랐기 때문이다. 독일어가 아닌 언어를 사용한 참석자는 우리 셋뿐이었다. 그렇지만 내가 발표한 바로 다음 '연설자'는 영어로 발제를 한 이탈리아인이었다. 이번에서야 나는 이해할 수 있었다. 그는 전날 강연중에 다음의 질문을 해서 모두 웃음을 터뜨렸다는 것을 상기시켰다. "물론 여러분은 프랑스 시인, 말라르메의 이름을 알 것입니다." 우려는 청중에 의해서 완전히 불필요한 것으로 증명되었다. 우려는 그렇게 지나친 것은 아니었다. 혹은 우려가 적어도 그렇게 지나친 것이 아닌 징후임을 우리의 친구는 주목했다. "여러분은 X라는 이름을 아십니까?" 홀에는 알고 있는 사람이 없었다. "그러면 또 다른 X라는 이름은요?" 훨씬 더했다. "그것은 기관총 상표들입니다. 제가 오랫동안 머물렀던 아프리카의 여러 나라에서는 말라르메의 이름은 모르고, 이 기관총들의 이름과 기능을 알고 있습니다. 그 기관총들을 사용하고 있습니다. 여러분은 그 무기들의 이름도 조작할 줄도 모르지만, 말라르메의 이름은 알고 있습니다. 이 지구상의 99.99퍼센트의 사람들은 그것을 모릅니다. 말라르메를 읽고, 말라르메를 생각하는 일은 비난받아 마땅한 무의미함에 속합니다. 해야 할 다른 일, 이끌어야 할 투쟁들, 행해야 할 실제적인 것들과 긴급함들이 있습니다."

홀에는 갈채가 쏟아졌다. 전적인 찬동이 있었다. 늦었지만 나는 말라르메가 지구상의 99.99퍼센트의 사람들에게 알려지지 않았는지 말하고 싶었다. 그냥 해본 생각이 아니라 이것에 계속 신경이 쓰였다. 아프리카의 농민들, 칠레의 광부들, 유럽 양성공(養成工)들 대부분이 말라르메를 읽을 수 없다는 사실(또한 그 징후도)이 우둔한 일은 아니다. 하지만 이런 현실이 아주 '당연스럽다'면 아마도 바로 그게 전적인 문제일 것이다! 우리는 모두 지식인이다. 그리고 아프리카의 농민들, 칠레의 광부들, 유럽의 양성공들은 훈련받는다면 분명히 텍스트 모두를 읽을 수 있다. 게다가 사정을 잘 알고 텍스트를 거부하고 감상하지 않을 수도 있다. 선택할 수 있고 좋아할 수도 있다. 그러나 우리는 이러한 능력이 개발되지 않았다는 것에 주목해야 한다. 즉 그들이 소지한 기관총·망치·낫들에 주의한다. 권력은 말라르메가 읽힐 수 있다면 더욱 무한히, 더 심각하게 그리고 언제나 위협받을 것이다. (권력은 이를 알고 있다.) 강경한 체제가 인정된다면, 거의 독자가 없을지라도 무엇보다 먼저 말라르메의 작품들이 찾아내어져 멀리 치워지고 제거될 것이다. 위험이 어디에 존재하는지 권력은 알고 있다. 말라르메가 읽혀질 수 있다면 혁명과 대중의 움직임은 배후에서 조정되지 않을 것이고, 조작되기 어려울 것이며, 매번 즉시 회유될 것이다. 권력은 현실적인 형태로는 실행될 수 없을 것이다. 누군가 홀에서 외쳤다. "말라르메는 기관총이다!"

말라르메를 제외시키는 것, 그것은 권력놀이를 하는 것이고, 그들의 중대하고 비밀스러운 무기를 받아들이는 것이다. 왜냐하면 그 무기는 도처에 퍼뜨려져 있고 너무나 명백하기 때문이다. 또 한 번 도둑맞은 편지이다! 그들이 숨기려고 하는 것에 눈멀게 되는 것이다. 언어의 절대적 권력——그들의 담화만을 말하는——과 모든 것은 그들에 의해서 말해지고 조립되며, 그렇게 믿도록 하기 때문에 책임이 없다는 것이다.

언어가 발산하는 것만이 합법하다. 언어가 무시하거나 거부하는 것은 어떠한 위상도 지니지 못한다. 모든 것은 언어에 의해서 시행되고 전파된다. 언어만이 유일하다. 우리가 근본적이고 전반적이며 피할 수 없는, 말하자면 성스러운 현실로써 살고, 우리에게 부과된 세계의, 감옥 같은 이러한 차원은 이것이 이르는 공예적인 질서에 따라 임의적으로 관계되고 그 차원에 의해서 시행되어 잘라내어지는 것이다. 모든 지식은 비난받고 더 나쁘게 침묵·광기·비합리성이라는 이름으로 폐지되는 고통 속에서 언어를 창조하며, 언어로 표현될 수 있어야 한다. 이와 같은 독특한 변장이 강탈하는 원래의 차원, 아니 더 정확히 말하자면 원래의 차원들로 가는 것은 금지된다. 언어가 접근하지 못하는 어떤 체제(그 분야 모두 이 체제에 관계되어 있다)가 영향력을 가지고 있지 않는 그 분야들에 대해 개방할 위험이 있을 모든 언어에 대항해 망을 본다. 이것은 사고의 언어들이다. 차단되어 있다.

사고보다 더 전복적인 활동성은 없다. 사고·정치 분야? 정치가들의 악몽, 명령과 슬로건의 그런 언어의 무녀들. 주인/노예라고 반복되는 말의 악몽. 불길은 약해지는가? 그들은 불꽃을 되살아나게 하고 관계의 말을 뒤흔들고 변형시키며, 축소시키거나 뒤죽박죽이 되게 한다. 담론이 문제이다. 언어가 담론을 부담한다. 이러한 횡설수설들이 체제의 어린아이들에게 필요한 자장가와 그 멜로디가 되지 않는다면, 숫자들이 유리하게 케케묵은 담론들을 대체할 것이다. 후렴을 참지 못한다. 다른 것은 아무것도 듣지 못한다. 공포는 견딜 수 없는 정확성을 검열할 것이다. 검열의 기관들이 이러한 위협·공포를 책임지고 체계화하고 변장시키며, 우리의 관심을 흩뜨리고 불온한 것은 삭제했다고 이야기하게끔 만들라! 장려금·벌·위협, 보장된 위로를 합의에 따라 우리에게 분배하게끔 만들라! 우리들 사이에서 중재하게끔 하라! 우리를 감시하고 조직하고 억압하고 압제하게끔 하라! 하지만 요람에서 무덤까지 아무것도 탄생되지 않을 것임을 보증하시오. 아무도 노출된 상태, 노골성, 외설적인 것에 직면하지 않을 것이다. 즉 자치권·죽음·정체성. 그것에 대비하기 위해서 얼마나 많은 발명품이 있는가. 엄마들로 가장한 기구와 엄마의 배를 은유화한 지리들이 얼마나 많은가. 아빠들은 또아리를 틀고 장기간에 걸친 정자들 역시 나아갈 필요가 없도록 하기 위해서 동요한다. 그들은 난자의 이러한 역사를 바꾸어 놓고 속여먹고 뒤바꾸지만 이것이 끝장나지 않기를, 시작하지 않기를 기도한다! 아르토는 이 지구상의 99.99999퍼센트가 그의 이름을 모르지만 다음과 같이 외쳤다. "나는 내 속에 매몰된 태아가 아니다. 나는 나, 나이다." 그는 갇혔고 정신병자의 의복을 입어야 했다. 우리는 그를 '미쳤다'고 평가했다. 태아들만이 시민권이 있다.

말라르메를 읽는다는 것은 또 다른 권리의 획득과, 세계의 광란 차원에 지구상의 인구 존재를 고정하고 있는 것 ——후진국이건 아니건간에 ——을 추월한다고 가정하는 것이고, 권력에 관한 많은 것을 알고 있는 마담 베르뒤렝, 그녀의 작품에서 '씨족'을 이루었던 이러한 개인들이 형성할 수 있는 '대중'을 추월한다고 가정하는 것이다. 마담 베르뒤렝은 저기에 …… '있다' 혹은 '없다'고 정의되는 이들과, '우리가 존재할 수 있을 곳'을 다른 곳으로 찾으러 가는 것을 보고 싶어하지 않는 이들이 볼 때 그러하다. 정치가들에게 있어 친애하는 대중들은 적어도 겉보기에는 동일시된다.

말라르메를 읽는다면, 기관총 사수는 모든 모순을 폐지하는 체제라는 용어의 체제에 부응하지 않을 수 있을 것이다. 게다가 그는 현실적으로 빼앗겼던 것을 소유할 것이다. 지도자들·해설자들이나 적대자들의 지도자들 같은 언어 기본형(물론 인위적이고 위조된)을! 만약 그가 오늘날 말라르메를 모른다 하더라도, 그것은 그의 의사가 아니다. 그는 말라르메의 이름을 가까이하지 못했고, 다만 기관총에 접근하게 된 것이다. 지식의 대상이 그의 선택으로 이루어질 때, 그가 행할 방법들을 가지게 될 때 어떤 것이 변화할 것이다. 지금으로서 우리는 그와 관련이 있지만 그가 모르는 문제에 대해 비난하고 있다. 만약 그것이 말라르메의 이름을 알지 못하도록 하는 특성이라면, 누가 이것을 결정하는가? 우리이다. 그가 아니다. 그는 그러한 권력을 가지고 있지 않다. 그가 그것을 결정할 수 있기 전에, 그가 발언권이 있었는지 모르게 지금부터 그가 그것을 보유하게 된다면, 우리가 분말 세제나 식욕 증진제, 혹은 기관총의 상표로 그것을 선택하지 않는 한 말라르메의 이름은 사라질 것이다.

기관총은 무엇인가? 긴급시에 필요 불가결한 도구이다. 즉 무기이다. 가장 나쁜 것을 배설하는 것이다. (게다가 그것을 창설하거나 그것을 위해서이다.) 그러나 유희에 속한다. 그것의 폭력은 예견된다. 우리는 폭력을 영원히 반복하면서 변화 없이 사용하려고 신경쓸 것이고, 방정식을 바꾸지 않고 용어들을 다르게 하려고 유의할 것이다. 역사는 이러한 소스라침으로 이루어진다. 계급은 잘 지탱된다.

무기 뒤에서 '포수'는 갈등하며 진정한 좌표들(혹은 그렇게 가정되는)의 흐름에 놓이는가? 몇몇 경제학자들·군인들, 대세에 있는 정치가들, '그의 지도자들' ──결국 그의 주인들이 이것에 대해 한 분석들은 어떠한가? 그것은 말라르메를 읽는 것과 마찬가지로 그의 일이 아니다. 작동이 끝나고 그는 자신에게 단지 빌려 주었던 제작된 그 물건을 그들에게(혹은 만약 그들이 권력을 가지고 있다면 국가에) 돌려 줄 것이다. '그들의' 기계를 노동자들에게, 광산의 광맥을 광부들에게, 컴퓨터들을 정보과학자들에게 주는 것과 같다. 그는 '대중'으로 되돌아올 것이고, 게다가 양성공의 폭동은 결코 이들을 떠나지 않을 것이다. 그리고 그는 제어하지 않을 질서를 항상 맹목적으로, 따라서 그런 일을 행하지 않는 이들로부터 매우 경탄받는 그런 하급 일자리 하나를 찾게 될 것이다. 그리고 행복한 남자의 셔츠를, 결국 해어지지 않는 바로 그 셔츠를!

우리는 그것이 인생이라고 말할 것이다. 아니다. 그러면 당신은 어떤 해결책을 가지고 있는가? 아니다. 아마도 해결책이란 없을 것이다. 그러나 그것은 인생이 **아니다**. 그리고 그것은 '문제'가 아니라 허위이자 술책이며 낡고 확고한 음모이다. '해결책'은 이를 강화할 수 있을 뿐이고, 그들에게 지위를 줄수 있을 뿐이다. 그러면? 그러면 이 장례의 놀이 속으로 들어가는 대신에 이를 전부 거절한다. 이것이 모두에게는 불가능할지라도 몇몇에게는 가능하다. '엘리트주의'라는 말의 공감속으로 들어가지 말라. 다른 이들에게 없는 할 수 있는 방법들을 하라. 언어 활동을 준비하라. 상호 의존 관계를 통해서 속박하게 놓아두라. 대중을 구속하는 온순함에 동조하라. 누가이 혜택을 받을 것인가, 아니면 그들이 대중을 착취하는가? 그때부터 반대자들이라고 하더라도 조절될 수 있는 이들뿐일 것이다. 그리고 언어, 모든 방송, 주파수의 지배자들이 남을 것이다. 문법과 성 본능의 열쇠들을 보유하는 것, 그것이 권력의 열쇠를 보유하는 것임을 그들은 알고 있다. 이러한 수작은 대중을 대중으로 유지하면서, 주변인들을 대중으로부터 갈라 놓으면서, 혹은 그들을 비난하면서 대중이 행하는 것을 방해하는 기본적인 탐색이다. 언어 주변에서 말라르메라는 작가의 작업은 엘리트주의가 아니지만, 우리가 죄수로 있게 되는 틀을 깨뜨리는 경향이 있다——어쨌든 그들의 꿈을 가른다. 그러면? 그렇지만 생각하라. 당장의 순간, 부패한 이야기 외에 모든 단계에 대해 생각하라. 독자들·표현들, 부여된 의미들을 고려하지 말고, 이러한 확인된 사실 속에서 지속하라. 다음과 같은 협박의 레퍼토리를 걱정하지 말라. 즉 유토피아, 이상주의, 소에서 영원히 박탈된 쟁기, 반대자의 역할. 그리고 최악으로 가는 문턱인 '더 작은 악'에 해끼치기를 두려워하지 말라.

생각하는 것은 음울한 포기가 아니라 자치적인 활동이자 사고를 배제하는 질서, 강요된 방향에 완전히 부차적인 활동이다. 왜냐하면 사고는 흡혈귀에게 십자가·물·마늘이 되는 권한이기 때문이다. 은유는 모든 신화를 문자 그대로 감싼다. 우리가 죽일 수 있고 죽음을 당한 죽은 이들은 성대함을 모두 잃고, 노화·추함에 굴복하여 갑자기 주름지고 수척해지며 드러나는 누더기들을 잃어버린다. 게다가 거기에서 쇠퇴·추악함에 대한 우리 인종 차별의 반사적 행동들이 활동한다. 그것들은 소녀가 스스로 창문을 열어 주지 않는다면, 저택에 침투할 수 없는 흡혈귀에게 필요 불가결한 매력을 준다. 소녀가 문을 열어 준다. 우리가 문을 연다. 흡혈귀들의 매력과 타락한 희생자들! 그들이 욕망했던 것은 그런 것에 대한 취향이다. 어떤 피에 대한 취향이다. 피에 대한——숨겨진 혈관 속에 고요하게 보이지 않는, 폭풍우의 거대한 소리로 순환하는 바로 그것. 있을 수 있는 폭력들, 고요함에서 뽑힌 드러남에 대한 취향이다. 모든 향수를 없애면서, 서툴게 흉내내면서 사드가 갑자기 솟아오르게 하라. 벗겨진, 즐기는 법 속에서, 우리가 살고 있는 한계 속에서.

28세에 구속된 사드는 얼마나 많은 체제하에 있었던가? 혁명 전과 혁명 동안과 특히 혁명 後에. 사람들은 자유로워지게 되면 될수록 더욱 그를 가두었다. 그는 작품을 썼다. "격노하는 성의 사슬이 희생자인 모든 대중에게서 풀렸다." 그는 법 아래 숨겨진 법을 썼다. 어떤 대가에도 쓰여져서는 안 되는 것을 썼다. 성은 무상이라고, 돈이 드는 게 아니며 욕망 없이 즐기는 것은 기계라고 적었다. 자유로움이고 솔직함이다. 고독하다. 심판은 없다. 그런데 카라마조프 같은 인물은 만약 "모든 것이 허락된다면?" 하고 물었다. 아니다. "모든 것은 금지된다." 더 나쁜 자유이다. 어떤 재미있는 서부 영화에서처럼 죽음은 제한된다. 정확하게 더도 아니다. 통찰력·외침이 있다면 금지는 더 이상 없다. 무기력함이다.

사람들이 바스티유를 '점령할' 때, 사드 후작은 그때 그곳이 아니라 샤랑트의 피난처에 7월 4일 전부터 있었다! 사람들이 감옥들을 여는가? 작가들은 피난처에 있다──이미. 희한하게 독특한 사드는 낭송하는 대신 언어를 말했기 때문이다. 언어, 그것의 모든 가능성들의 막 저쪽에 아무것도 없다고 표현했을 정도로 기이하게 독특한 사드. 다른 사람들이 철저하고 가혹한 방법으로 동일하거나 적어도 유사한 전기적인 재앙을 겪었다면, 언어를 통하여 이해되지 않게 하는 언어들을 거론했기 때문이다. 그러나 도처에서 억압을 촉발시키는 것, 그것은 혼합된 사고와 향유의 표현이다.

그것은 잠재된 것으로부터 이해력을 분리시키는 체제의 술수이다. 그러나 그들이 향유하더라도 자치적인 육체들을 어떻게 관리하는가? 만약 그들이 결핍 상태가 아니라면? 그러면 교환과 구매-계약 기간은 어디에 끼어드는가? 성적인 장면이 나타나고 확산되고 대체되거나 무상으로 이루어져 거래는 붕괴된다. 그렇기 때문에 리비도의 열쇠들을 보유하고 있는 사고에 딱딱한 특성을 초래하고자 열중한다. 사고 작용들은 리비도적이고 극도의, 성욕이 순리적·관능적 쾌락인 만큼 성욕의 승화이기도 한 쾌락을 요구한다. 육체의 동일한 분야에 관계된다. 이것을 나타내지 않도록 아주 조심한다. 우리는 이 승화를 오히려 거세 콤플렉스를 일으키는 방식, 육신을 떠난 열의를 식히는 작용으로 서둘러 간주한다. 이것은 중대한 관능적인 잠재력을 박탈하고 행위에서 빗나가게 한다. 그 점에서 영역의 주변에서 이것을 바꾸고 제거할 수조차 있을 유일한 것에 대항하여 사회가 목숨을 걸고 투쟁하는 것이다. '우리들이될 수 있는 것을 시도하는 것,' 혹은 카프카가 다음과 같이 요구하는 것에 대항해 투쟁하는 것이다. "들어오시오, 들어오시오, 당신들 모두. 밖에 있는 모두 다." 창조자들은 이러한 금지된 지역에 접근했기 때문에 너무 이른 죽음, 광기, 혹은 이 두가지 속에서 부서졌다. 그들은——아주 정확히 사드처럼 금기를 위반하고 금지를 제거했기 때문이 아니라, 오히려 금기를무시했고 이를 어기는 것이 더 이상 문제되지 않는 그런 점으로 접근했다는 것 때문이다. 그러나 리비도의 공개되지 않는그러한 영역, 성 본능이라고 불리는 것에 의해서 결정된 제한을 넘어서 현실적으로 금지된 영역 쪽으로까지 감으로써 금기를 폐지하는 것이 더는 문제되지 않는 그러한 지점으로 이동되었다. 사드에 의해서 드러나고 고정되어 권력들이 관리하는 그 공간의 벽들 밖에서 행동하는 것이 더 이상 문제되지않는 그러한 지점으로. 외설이 되는 쪽으로 가는 것이 더 이상 문제되지 않는 그러한 지점, 즉 죽음·정체성으로.

누군가는 부서지고 부서져 버린 이러한 길들을 택한다. 작가들만을 인용해 보자면, 니체·네르발·횔덜린·포·보들레르·울프·아르토를 생각할 수 있다. 그들의 운명·형벌·질병·태도가 불길하고 병적임을 의미하는 게 아니라 정확함, 삶이 존재의 질병임을 시사한다. 산다는 것? 파괴 중에서 가장 나쁜 것, 즉 사고하는 것, 무의식이 순환하게 놔두는 것이다. 그것은 고요하게 거의 기계적으로 증가를, 폭력의 원리 자체를 손상시키는 것이다. 그러므로 누군가는 외부와/혹은 내부에서 자신에 대항해 폭발한다. 내부로부터도 마찬가지이다. 왜냐하면 궁지에 몰린 익숙해진 사회적 인물은 항상 앙토냉 아르토·버지니아 울프 같은 삶을 겪기 때문이다. 그리고 잔인한 초자아는 감독하고 투쟁하고 공격하고 여전히 도처에서 그들의 것에 속하는 법으로 몹시 위험하며, 완전히 드러나 버린 정체성에 의해서 당황케 된다. 그리고 벌한다. 내성적이고 냉혹한 저항이다. 초자아를 어떤 외부의 도움이나 원조 없이 수용하고 극복하거나 설득해야 하지만, 반면에 이를 극단적이고 매력적인 연약함이 법과 적대감 및 주변의 판단으로 이중화시킨다. 종종 광기만이 갈등들을 해결할 수 있다. 혹은 죽음이.

매번 같은 갈등이 다양화된다. 질서의 발음 장애와는 반대되는 발음 장애 속에서 지속한다. 살아남아서 살아감에도 불구하고, 삶은 시체화를 목표로 하는 사회에서만 적법하다. 숨을 쉰다? 질식과 호흡 곤란, 교살은 익사한 울프의 정확한 사인(死因)이었다. 목을 맨 네르발, 천식으로 쇠약해진 프루스트, 결핵으로 목에 장애를 겪는 카프카, 후두 경련으로 인한 질식은 말라르메의 사인이었다.

모든 이들에 반대되는 한 명의 호흡에 대한 폭력, 리듬 장애, 사용해야만 하는 언어의 모순. 변호인 단체는 침묵들·틈들로 방해받지만, 또한 남용과 불협화음을 요구한다. 호흡은 순간을 엿보기 위해서 억압된다. 대상은 힘이 빠진다. 호흡은 현재를 분산되는 것으로 끌어모으기 위해, 사라짐을 그 존재 자체로 덥석 붙잡기 위해 거칠어진다. 그 존재의 흐름과 이를 변질시키지 않는 변화. 마르셀 프루스트의 육체는 반어적으로 질식하는 진정한 호흡을 찾는다.

공격하는 것 사이에 끼여 호흡하는 데 어려움이 있다. 포괄적이고 꾸며진 이야기는 매순간 각 이야기 속에서, 각각의 몸짓(프루스트는 이러한 이야기의 견자 혹은 성자로서의 거리두기로써 이야기로부터 자신을 보호할 수 없었는데, 사실 그는 엿보기 취미, 대화들에 자신을 바쳤기 때문이다)과 숨막히게 하는 것에 의해서 타격을 입는다. 삶, 금지된, 살의를 품은 동시에 자기 자신과 동일한 삶이다. 은둔, 코르크, 그러나 투과시킬 수 있는 벽이 필요하다. 내벽이 없다. 사망한 마들렌 어셔 부인은 신경이 예민한 그녀의 형제, 그녀와 비슷한 사람, 그녀의 쌍둥이 로드릭을 질식시키기 위해 모든 위험을 뚫고 금기로 나아간다.

자신의 고유한 리듬들을 결합시키지 않는 게 아니라, 오히려 무감각한 상태 속에 가벼운 욕망을 매장하는 사악한 자장가의 활기 없는 리듬으로 진정되기보다는 오히려 숨막힌다. '속지 않도록 적응된 가련하고 무지한 이들'과 같이 일깨워진다면, 우리는 죽을 위험이 있다. 그러나 산 채로서이다. 그리고 "만일 우리가 스스로의 질식 상태의 원인이었다면?" 죽기 전에 두 해 동안 아팠던 카프카는 생각한다. 카프카에게 "인간 육체의 확고한 경계선은 끔찍한 것이다." 이 육체는 정말 유순함이 없는 냉혹한 희생자이다. 그 형태, 그 불투명함, 그 막의 나약함, 고통으로 현기증을 일으키는 그 능력의 속박 상태이다. 기이한 대상. 이상한 육체. 그것의 폭력. 평평한 무정형의 세포 밑에서 이루어지는 순환의 내부적인, 인간의 이해를 초월하는 동요이다. 죽고 싶지 않다면 우리는 어쩔 수 없이 존재해야 하는 기계이다. 육체는 우리도 모르는 사이에 찰랑거리고 울부짖고 두근거리고 충돌하고 교차하며, 미끄러지고 축축케 하고 혈액을 보내고 억압하고 공기를 불어넣고 새로 씌우고 가득 채우고 비우고 신호로 알리고 진동한다. 우리는 바로 그것으로 평온하고 바삐 움직인다.

또한 다른 형태에는 적절치 않다. 냉혹한 숫자들, 결코 일곱 개의 팔, 다섯 개의 눈, 세 개의 귀·입이 없다는 예전에 공개되지 않은 조직들에는 부적격하다. 단 하나의 모델이 있을 뿐이다. 만약 괴상망측함들이 없다면, 흡혈귀들·용들이 없다면, 변태들이 없다면 유일한 것이다.

우리는 어느 날 저녁, 한쪽 혹은 양쪽 가슴을 절제한 여인들에 대한 슬라이드를 보았다. 그때는 나무르에서 '사고의 미성년들'에 관한 심포지엄(여전히!)중이었다. 나는 놀랍게도 다른 사람들이 표출한 무서움과, 특히 스스로 동일시하는 여자들의 공포를 느끼지 않았다. 우리는 수술 전과 후의 같은 육체들을 보았다. 나에게 차이(다름)는 차이일 뿐이었다. 같은 육체의 다른 두 가지 모습이다. 그러나 현재의 육체가 항상 분명하다. 두번째 명제는 첫번째만큼이나 매우 긍정적이다. '그 후에,' 그것 역시 대체로 아름다운 육체였다. 다른 아름다운 육체였다. 왜 그러한 서열이 생기는가? 이 준엄하고 확고부동한 코드? 왜 '한쪽 가슴이 없거나' '양쪽 가슴이 없는 것'이

(바로 그래서 훨씬 더 비대칭이다) 타격을 주는가? 색다름·차이는 무엇에 있어 끔찍한가? 매우 일반적인 '확고한 경계'보다 더 끔찍한가? 미학적이고 육체적인 면에서 우리는 평평하고 평평하게 깎이고 상처 자국조차 있으며, 그래서 기형이 예사롭지 않은 이러한 돌출을 얻음으로써 여자의 육체가 된 모델을 상상할 수 있을 것이다. 에로티시즘으로 말하자면, 왜 파블로프(러시아의 생물학자)의 노쇠한 서투른 배우는 그것으로 항상 힘들게 목숨을 부지하는가?

화가 난 여자들은 그후로 중재하는 벽보를 통해서 '괴물들'의 세계에 데리고 가겠다고 위협했다. 우리는 괴물에 대해 어떻게 정의하는가? 만약 다름에 의해서 그리고 사전에 구분된 괴물들이 있다면, 양상이 다르고 새로운 특이성이 혐오감을 불러일으킨다면, 그러면 모두들 다른 이와 다르지 않는가? 그리고 바로 여자가 그러하다. 어떤 기성 질서 비판자는 제거된 스캔들이라는 개념들, 예측 불능의 것을 고려함에 있어 '뚫어지게 쳐다보려고' 하지 않고서 변화를 바랄 것이다. 모르는 스캔들인데도!

사드가 "모든 체제하에 억류되었다"는 것은 사실이다. 미친 사람으로 유배된 아르토, 불감증으로 배제된 버지니아 울프, 그들은 어떻게 빨리 다른 이들로 되어가는지, 다른 괴물이 되어가는지를 알고 있었다. 불굴의 자기 자신이 되는 것으로 충분하다.

4

"여기!"

이제까지 살아온 이들 중에서 가장 박식하고 가장 주의 깊고 가장 명석한 두 사람이 한 명은 인생의 9년을, 다른 한 명은 28년을 감금되어 지냈다. 자유를 빼앗기고 유죄 선고를 받았다. 아르토는 미친 사람으로 취급되었고, 사드는 가족의 의사에 따라 루이 16세에서 루이 18세에 이르는 모든 체제들(왕권, 대혁명, 공포 정치, 총재 정부, 집정 정부, 제정, 왕정 복고)에 의해 연달아 부양받았다. 왕의 봉인장(이것이 발부되면 재판 없이 가두거나 유폐시키는 일이 가능했다). 국가의 죄인. 도나티엥 알퐁스 프랑수아 드 사드라는 금지된 존재는 루이 왕들의 영속을 보장한다. 사드의 존재가 국가의 계속성을 최종적으로 확인한 것 같고, 근본적인 몇몇 차이로 체제의 전주장을 무효화한 듯하며, 그들 공통의 설득 수단을 드러낸 것 같다. 그들의 부를 보장한 듯하다.

아르토에 대해서 바타유 역시 '미친 사람'으로 분류하여 낙오시킨다. 아르토의 편지들(특히 파트리키우스의 지팡이, 혹은 마술과 연관이 있는 편지들)은 아마도 치유될(혹은 사람들이 치료하는 것보다 오히려 더) '환자'에서 유래하지만, 출간되지 않아야 하는 것이다. 즉 "원칙적으로 미친 사람의 작품을 출간하려는 생각을 어떻게 우려하지 않겠는가, 치유될 수 있더라도 그의 저서들은 항상 광기를 나타낼 것이다." 단순 논리로써 즉각적으로 인지된 세계를 덥석 붙잡는 거친 학문의 페이지들이 문제이다. 게다가 과학이 확증하려 할 것이다. 그런데 누가 아르토를 믿는가? 아니면 아르토 그 자신이? 그리고 바로 그것이 그의 재능이다. "나는 모든 것이 아니라 나라는 이것이 정말 나라는 증거를 가질 때까지 자멸한다."

감금된 앙토냉 아르토, 그는 의사 페르디에에게 자신에게 남아 있는 치아들을 잘 닦는다는 것을 증명하기 위해서 편지를 쓴다. 때때로 그가 혼자 의성어들을 노래했다면, 그것은 그가 연출자·배우의 자격을 아직 누리고 있을 때까지 허락되었던 주술 제식 같은 것이고, 방언 같은 것이다. 정신병원에서 아르토는 항상 의사에게 편지를 써서, 텍스트들 속에서 '어떤 과장된 표현들을 억제할 것'이라 약속하고, "몇몇 이미지 혹은 몇몇 그림의 폭력에 대해서는 나를 믿으시오. 거기에다 적절한 질서를 부여할 것이고, 비속한 것, 혐오감을 주는 것, 어설프게 대담한 것, 망상의 형태처럼 보이는 것을 내 의식에서 쫓아낼 것이오. 날 믿어 주시오"라고 애원하지만 소용이 없고, 그 대신 '끔찍한 고통을 일으키는' 전기 충격 요법을 면한다.

삶의 애호가 버지니아 울프는 미치고 물에 빠져 자살한다. 자신의 주머니에 무거운 돌을 넣고, 조용히 우즈 강의 가장 깊은 곳으로 내려간다. 그녀를 감금할 필요가 없다. 그녀의 상태는 자신의 영역 밖으로까지 몰아내기에 충분하다. 그리고 사실 그녀가 담론을 통해 말해야 하는 것은, 여자는 "아무것도 아니다"라는 것이다 —— 왕이자 아버지에게 "아무것도 없어요"라고 대답해서 내쫓긴 코델리아와 같다. 이 아무것도 아니라는 것은 그녀가 말해야 하는 것 전부이다. 그리고 누군가 버지니아 울프를 코델리아(목매어 죽게 될)처럼 질식시킨다. 무(無)는 자폐증, 담론의 실어증과는 반대로 고요의 표시이다. 그러나 추잡함 자체인 '무'이다. 버지니아를 질식케 했던 것은 관례적인 추잡함을 표현할 수 없었던 것 혹은 그녀를 억압했던 것이 아니라, 그녀가 말해야 했던 이 '무'를 아마 자신도 이해하지 못했고 이해하게 할 수도 없었던 것 때문이다. 무언증이라고 생각지 않고는 표현할 수 없었기 때문이다. "여자에게 표현하는 것이 부적당한 육체와 정열들에 관한 이 어떤 것," 남자들의 감정을 상하게 할 이 어떤 것, 그것은 자율성 속에서 아직 탐구되지 않고, 아직 발표되지 않은 특수한 교환 속에서, 특히 성적인 전통을 비판하고 무시하거나 거부하는 권리이다.

코델리아의 "아무 할 말이 없어요"라는 것을 리어 왕이 이해하지 못한 게 아니었다. 그녀로서 말해야 했던 것이고, 아무것도 말하지 않는 게 아니었다.

사드와 아르토·울프·니체·포·네르발·보들레르·파솔리니, 몇몇 다른 이들, 같은 희생의 주체들, 정확함의 희생자들과 '속지 않도록 적응된 이와 같은 무지한 존재'의 희생자들은 아르토에 의해 언급된다. 거의 같은 목록으로 강조한다. "그들이 죽은 것은 분노·병·절망·비참에 의해서가 아니라 사람들이 그들을 죽이고자 했기 때문이다." 지나친 '정확한' 지식의 희생자들이다. 그러나 무엇에 대한 지식인가? 사드가 도전하고 흉내냈던 그 '가득 차 있음'에 대한 것인가? "모든 것은 초과이다. 모든 것은 존재를 끊임없이 가득 채우는 과잉이다"라고 아르토가 표현했던 그 과잉에 대해서인가? 울프가 구체화했던 '무'에 대해서인가? 세 명 모두 언어의 역할에 무관심하다. 문학을 '구원하는,' 강박관념의 중심지인, 제도적인 '가족소설'로 원상복구가 안 되는 그들을 유배할 만큼 금기와 코드를 무시하면서, 각자 자신의 리비도의 영역으로 곧장 갔다. 문학은 모든 충동을 오로지 이러한 목표의 울타리 쪽으로 돌아오게 하고, 이를 바로잡고 장려하느라 분주하다. 그리고 근친상간의 금지에 의해서 성교는 둘러싸인 독방에서 이루어지기 때문에, 이를 행하는 생식기에 부여되는 '수치스러움'에 성교의 신성화, 성교의 위계상의 우위를 희생했다.

금지는 단지 허락치 않는 것만이 아니라 부과한다. 그리고 특히 금하는 것으로 제한한다.

그래서 버지니아 울프는 불감증으로 비난받고, 사람들이 육체로 생활하듯이 세상을 살아갔다. 그녀에게 모든 것은 성적인 그러나 어떤 장소들, 어떤 제어할 수 없는 시간들에 역시 제한된 시간과 공간 속으로 추방되고, 복수적이고 확장된 장면을 지닌다. 자폐증이나 포르노물 혹은 재생산·계약·가족과는 다른 곳으로 연장되고 기록될 수 있다. 즉 삶의 모든 시간들·공간들에 에로티시즘을 부여하고 스며들 수 있다. '무상의' 쾌락이다. 울프의 작품에서 모든 것은 보통 모면된 현재와의 에로틱한 폭력의 관계에서 나온다. 이것에 특권화되지 않은 인간의 존재는 다른 요소들(바로 이것들은——시간·문법·비·욕망·부모의, 사회적 지위들, 거리들, 살해의 충동들, 시간들·도취·양식·권태 그리고 물——세분화된다)로부터 분리되지 않는다.

'버지니아의 어떤 작품에 있는 성교의 한 장면은' 친구이자 경쟁자인 리턴 스트레이치를 비탄에 잠기게 했다. 그러나 페이지를 넘기면 모든 것은 금지된 언어·무언증, 곤란하여 그런 식으로 거부된 텍스트와 언어의 성교이다. 기표가 어떤 것이든 거기에서 기의는 항상 욕망이다. 이 텍스트에서 육체가 다른 것, 다공질의 것과 가치가 같은 기표라면, 그리고 육체가 항상 성교만을 위해서 즉각적이고 자발적이며 경쾌한 환희의 성질을 띠는 게 아니라면, 각각의 육체가 성적인 정체성을 가지고 있기 때문이고, 항상 성적인 것으로서(그리고 유일한) 분류된 충동에 대해 감정과 동등한 강력함, 다른 감정, 다른 충동의 성질을 띠기 때문이다. 권력에 의해 처박히지 않고, 담론에 의해 분류되지 않은, 그러므로 '침묵'·'무'로 내쫓긴 성적 모델들이 파악된 후에 버지니아 울프는 결정적으로 '불감증적'이라고 분류될 것이다.

우리는 '불감증'이라는 말이 오류인 동시에 허위와 공격적인 위선을 전달한다고 결코 말하지 않을 것이다. 강압을 전달한다고도 말하지 않을 것이다. 부정적인 것으로 이해된 이 말은 여성을 성적인 주체로서 무효화한다. 그런데 육체의 응답이 거부일지라도 단지 긍정적일 수 있다. 그렇지만 받아들일 수 없는 것으로 판단된 이러한 거부는 선택이고(물론 비판적인!), 그러므로 참여이다. 육체의 무효화는 있을 수 없다. 즉 다른 체험만이 있을 수 있다. 이러한 '불감증'은 진행중인 성 본능 방식에 대한 거부, 성 본능의 그럴듯한 접근 그 자체로 성 본능 방식을 표현할 수 있다. 육체들에까지 규칙을 정할 수 있고 규칙을 정한 질서를 창시하는 독단적인 서열들, 코드화된 장면들·순환들에 리비도를 제한하지 않도록 또한 제안할 수 있다. '변태적인' 차원으로까지 상술되고 미리 좌절된 그런 장면으로 밀려나지 않고 퍼뜨려져, 영속적인 수많은 성욕이 시행되는 의사 소통들·교환들을 살아 있는 인체로부터 자각하도록 제안할 수 있다.

'불감증'은 이런 식으로 하라, 하지 말라 같은 규범적인 섹스에 대해서, 즉 도그마에 대해 거부하고 성욕에 대해 부정적으로 말하는 여자들을 비록 원하지 않는다 하더라도 그들이 있어야 하는 영역에서 몰아내려고 고안된 용어이다. 버지니아 울프는 정말로 금지된 전영역과 함께 성의 전분야를 고려했다. 최고의 성관계에 대한 환상이 지배하지 않는 영역들을. 그녀는 공식적인 분야와 그 위계들 속에 은둔하지 않고, 성적 슬로건들을 무시하면서 앙토냉 아르토가 언급하는 '성의 난해한 탐욕스러움'을, '여자로부터 잊혀진 여성성'을, "우리가 마음대로 잘못 처분했던 사물들의 자연스러운 저항"을 의식했다. 아르토처럼 그녀는 권력이 어디에서 굴복하는지 알고 있었다.

그녀는 그것을 너무나 잘 알았다. 지나치게 성적인? 성적인 **그리고** 여자? 우리는 그녀에게 아주 직접 성욕을 부정한다. 우리는 그녀를 비난하지도, 사드처럼 혹은 아르토처럼 감금하지도 않는다. 그녀가 미쳤다고 말하지도 않는데, 왜냐하면 그 광기를 통해서 과시하지 않았기 때문이다. (하지만 더 안심이 되었을 텐데.) 더 잘 생각해 보자. 불감증이라고 선언된 그녀는 비웃음 속에서 사라진다. 그녀는 '작가가 되지만……'; 그러나 성적인 영역에 대해 말하는 것을 박탈당한다. 그녀는 헛되이 관능성이 넘치는 페이지들과 책들을 썼다. 여기엔 성적인 잠재력이 결핍되지도 않았고, 단어에는 목소리와 몸짓, 성적 특성이 없지도 않다. 우리는 그녀의 작품과 전기에서 부재한다고 발표되는 성욕에 대해 공식적인 장광설이 없음만을 고려해야 한다. 이를 그녀 자신의 모델로서 받아들이는 것이 문제가 아니다. 오늘날 아직도 우리는 그녀에게 학술적인 도식을 대조시키려 하고, 그녀가 이에 부응하지 않는다는 것에 놀란다. 그녀 자신의 작업을 통해서, 그녀 자신의 가치들, 그녀가 가진 위계들·감각들을 고려할 수 없다면, 그녀의 삶은 무엇인가? 그러나 '차이'에 대해서, 리비도의 분배에 대해서, 성적인 구조에 대해서 그녀가 가지고 있던 이러한 새로운 인식, 우리는 이것을 발생하지 않은 것으로 생각할 것이다. 당나귀 모자(공부하지 않는 학생에게 씌워 주던 것이다)를 쓴 그녀는 교훈을 배우지 않았고, 암송하지도 않았다. 그녀는 예상된 곳에 강세를 두지 않았다. 어떤 성욕에 대해 담론의 질서를 혼란시킨 것인가? 그렇기 때문에 그녀는 냉정하다. 그녀는 이항의 분류를 거부하고, 혹은 오히려 무한한 자신의 방식들을 선택한 것인가? 내가 여러분에게 불감증이라고 말한다. 불감증이라고! 그녀는 '가족 소설'을 그런 담론을 취하지 않고 이야기했는가? 그녀는 진정한 여자가 아니다. 왜냐하면 그녀는 위에 언급된 소설에서 비현실적인 여자를 구현하지 않았기 때문이다!

"그것은 아이들에 대한 교육만이 아니라 따귀맞기에 익숙한 시인들에 대한 교육이다"라고 프루스트는 말한다. 금기의 힘은 울프가 알고 있는 것을 자신이 감히 이해하지 못하고, 그녀가 체험하고 있는 것을 자신이 감히 알지 못하는 것과 같은 것이다. 그녀는 언어들과 순환들을, 공개되지 않은 교류들을 감지하고 눈에 띄게 하지만, 그녀가 특히 말하지 않는 것 내에서이다. 그녀는 침묵을 나타내고 둘러싼다. 아아! 지식, 모든 지식은 언어를 거치고, 언어는 우리가 보았듯이 순수한 게 아니라 원초적인 순수한 사물에 대해 거의 알지 못한다. 아르토는 저항한다. "친애하는 피터 윗슨 씨, 왜냐하면 삶이란 때때로 갑작스러운 변화를 하기 때문이죠. 하지만 이것은 역사에 기록되지 않지요. 나는 이러한 단절·분열·파열, 갑작스럽고 끝모르는 추락의 기억을 고정시키고 영속시키기 위해서 글을 썼을 뿐이오."

미친 사람으로 취급된 아르토는 구금되고, 정신병자 의복을 입고 추방되고, 고발되어 벌받고 고문받았다. 그러나 그는 그 점에 관해서 그가 말한 그대로이다. 한 가지 더 있다. 그가 그렇다고 생각하기 때문이다. 미친 여자로 취급된 버지니아 울프는 감금되지 않았고, 그녀의 광기는 가족과 아주 가까운 친구들을 제외하곤 생존시에는 알려지지 않고 지나갔다. 그러나 그녀가 말하는 것은 무시된다. 그리고 어느 정도까지 그녀에 대해서도 무시된다. 우리는 다르게 이해한다. 우리는 이해하지 못한다. 그녀는 자신을 신뢰하는 데 주저한다. 그녀는 자신의 눈에 합법적이지 않다. 아르토는 자신의 합법성을 믿는다.

광기에 의해서 생산된 이러한 차이, 혹은 이것을 생산하는 차이 ——니체·아르토·네르발·횔덜린은 이를 받아들였고 텍스트 차원에서 다듬었다. 어떻게 보면 협상된 것이다. '미친'

버지니아 울프는 '치유되어' 작품을 쓰기만 한다. 그녀는 자신의 광기에 관심을 가지지 않고 그것으로부터 분리된다. 모든 한계 상황이 그녀의 차이 원칙에 덧붙여지기 때문이다. 여자, 그녀는 차이로서가 아니면 존재하지 않는다. 그녀는 남성 질서 체제에서 과오이자 실패·일탈의 모델이다. 본래의 차이에 다른 차이가 덧붙여지는 것은 무의미하게 된다. 결국 (이 체제에서) 그녀의 특성이 되는 이러한 최초의 차이가 제거된다. 차이와 특성은 부정성·무효화이지만, 이러한 것으로부터 여자는 아무것에도 새겨지지 않는 독창성을 휘두르기 전에 명확히 되어야 한다. 이제 소수는 문제가 되지 않는다. 무가치가 문제이다. 그러나 그들에게 법률적 지위와 '말,' 그러나 단지 공적인 담론의 말을 준다 할지라도 최초 원시의 정체성, 남자들을 또한 제거하는 체제 속에 있는 무가치가 관건이다. 우리는 남자들이 자유롭진 않지만, 다만 법에 복종하는 데 허용된다고 말한다.

남자건 여자건 모든 창조자, 모든 사상가는 화가이건 음악가이건 작가이건 과학자이건, 혹은 그가 단지 살아 있기를 욕망하건, 우선 언어들을 침해하는 담론에 대항하여 맞서야 한다. 그러기 위해 부차적이 되어야 한다. 이러한 부차성·남자·여자는 이에 다르게 도달한다. 담론들의 체제, 체제들의 담론에서 배제된 여자들은 결코 그들의 것이었던 적이 없는 영역을 떠나서는 안 된다. 그녀들은 너무나 바라던 시인들·창조자들·남자들에 의해서 신성화된 그러한 '남자의 땅이 아닌 곳'에 즉시 있게 된다. 다른 장소에 접근한다는 사실이 작용하지 않을 테니까. 아마도 그래서 오랫동안 활동하려는 작은 동기가 생기고, '다른 곳'으로서 진정한 창조자들에 의해서 도피된 학문의 세계를 실행함에 있어서 소위 남성적이라고 말하는 것보다 여성들이 더 적합하다고 종종 연관짓는 그런 경향이 나타나게 된다. 남성들의 체제에서, 하지만 그 체제가 모든 사고, 여성들의 사고와 마찬가지로 그들의 사고를 억압하는 체제에서 그들의 작품 속에 있는 이 남성들은, 그러므로 부차화되고 어떻게 보면 창조하기 위해 여성이 된다.

전복시키는 남자들은 부차적인 기호를 주장하고 나타낸다. (그것에 의해 그 기호를 사회화한다.) 왜냐하면 합법성은 그들의 지위이고, 종종 그들을 당황케 하며, 짓누르고 그들이 규탄코자 하는 것에 그들을 통합시키기 때문이다. 그들의 부차성은 거부와 함께 시작한다. 여자는 자신에게 결코 제안된 적이 없지만 항상 부인되는 것을 거부할 수 없다. 여자는 부정만을, 남자들에 의해서 요구된 바로 부정 자체만을 거부할 수 있다. 광기에 의해서 제공된 간격은 그가 속한 법의 세계, 그에 의해서 이루어진 그러한 법들, 자기 자신의 척도에 따른 그러한 속박으로부터 남자를 떼어 놓는다. 그러나 이러한 간격을 여자들은 태어나면서 지니게 된다. 여자들은 **먼저** 부차화되고, **이미** 무관하고 **사전에** 미친다. 니체 · 횔덜린 · 아르토는 처음엔 적법했다. 사회 세계의 거주자들로서 처음에는 받아들여졌다. 버지니아 울프는 그녀가 받아들이지 않는 그 세계에 의해서 거부되었다. 비합법적인 법을 어떻게 거부하는가?

버지니아 울프는 '검은 대륙'의 지역들을 탐험하면서 여자로서 자리한다. 이 대륙은 다른 한편으로 여자들의 것이 아니라 남자들이 똑같이 참여하는, 그들이 설령 이를 '알기' 거부할지라도 여성의 것으로 추측되는 대륙이다. 왜냐하면 남자들이 (그리고 여자들) 여자들에게 금지해 온 것, 그들이 아주 오랫동안 여자들과 마찬가지로 정력적이지 않다고 비난받아 왔던 것은 여자들에게 특정되는 게 아니기 때문이다. 금지 사항, 이와 같은 주요한 금지 사항, 여자의 금지 사항은 혼란케 하는 것, 남자들과 여자들을 혼란케 하는 모든 것을 목표로 한다. 혼란케 하는 것, 다시 말해서 '다른 것,' '다르게'이다. 그래서 '다른' 혹은 '다르게' 되는 모든 것이 '여성적'이라는 것은 환상이다. 혹은 여자는 그 자체로 '다르다'라는 환상이 있다. 부족한 것, 결핍된 것은 '여자'에게 있다. '여자'는 '남자'의 '타자'라는 환상이 있다. 하지만 그 반대이다. 남자들은 인류를 만들기 때문에, 여자는 이와 같이 실패한 인류에 대한 잠재적인 보상이라는 것은 환상이다⋯⋯.

글쓰기 차원에서 특히 민감한 과정이다. 그렇지만 또한 아주 자의적인 '여성성'의 테러리즘에 의해서, 게다가 완전히 자의적으로 정의된 성 기능이 오늘날 테러리즘을 대체하는 것과 관계 없으며, 관계되지 않아야 할 것이다. 작가는 언어가 말하기 위해서 만들어진 것이 아니라는 것, 그러한 가혹한 수단이라는 것을 발견하기 위해서만 언어를 가지고 쓸 수 있다고 한다. 작가는 자신을 관통하고, 그가 관통하는 것의 모든 다발을 그에게서 순환하게 내버려두는 사람이다. (혹은 여자이다.) 정확한 것, 비난하지 않고 비난받지 않는 것, 특권을 주지 않는 것, 어떤 흐름을 억압하지 않는 것이 중요하다──그리고 그들의 결합, 그들의 교체들을 무시하지 않는 것──그리고 사전에 남자·여자로 정의된 범주들을 결코 사용하지 않는 것이 중요하다. 이들의 조정은 그 자체에서 찾아내야 하지만, '외부의 것'에 개방적인 '자체'를 찾아야 한다. 글을 쓴다는 것은 우리가 이미 알고 있다고 믿는 것을 해설하는 것이 아니라, 우리가 아직 알지 못하는 것과 말하는 것이 뜻하는 바를 찾는 것이다.

그러므로 생산된 텍스트는 모든 차이의 자유로운 순환을 내포한다. 결코 남성적인 혹은 여성적이지 않은 모든 구성 요소를 양도하고 다듬음으로써, 특히 여성적인 것이라고 남성적인 것이라고도 속단하지 않음으로써 이러한 에너지, 텍스트 — 아직 실행되지 않은 차이의 장소를 생산하게 된 것이다. 그 차이 자체에 있어서의 차이이다.

그러나 울프는 말하고자 하는 것, 광기를 말하려는 것으로부터 무관심해질 수 있을 뿐이었다. 그녀는 남자와 여자가 전제된 여성성을 거부하는 것뿐만 아니라 스스로에게 금지하는 것(그래서 더 한층 스스로에게 금지했던)에 대해 아무것도(혹은 가능한 한 최소로, 그러므로 숨막히는) 비난하지 않았다. 그러나 광기는 이러한 금지 사항에까지 동요케 했다. 여성과 광기 중에서 하나를 무효화하지 않고 어떻게 이러한 부차성(여자와 광기)에 의해서 부차적이 될 수 있는가? 울프는 언어에 이르려고 시도하지만 자신의 광기의 언어를 배출한다. 그녀는 거세된다. 그리고 광기 앞에서 자살한다. 아르토는 아니다. 오필리어, 버지니아는 흡혈귀들에게 금지된 그런 장소, 즉 물에 잠긴다. 그러나 죽음과 그 연속은 여자·남자에게 다른 것이다. 포의 단편 소설에서 M. 발드머는 그 자신이 즉각 "혐오감을 주고 거의 투명한 덩어리 —고약한 부패"가 된다. 반면에 여성의 '불편'(무관심의 재앙과 재앙들의 차이)에 대한 학문 속에서 몹시 방황하는 에드거 포의 작품에서 리지아·모렐라, 그들의 이름 속에 구현된 영원한 유령들은 늘 사라짐 없이 소멸한다. 리지아의 서술을 따르자면 그녀들은 '정복자,' 이 경우에는 시체에 집착하는 벌레 같은 자를 '정복하려는' 히스테릭한 계획 속에서 지속하고 이 시체에 동화되지 않는다. 기만적인 그녀들은 이러한 모호하고 야릇한 상태로 전개되어, 마치 살아가는 데 자신하지 못하는 여성이 생존 속에서 근원을 발견하는 것과 같다. 포는 기껏해야 여성이라는 이름의 흔적이 있는 지하에 가서 육체보다는 남성을 추가한다. 남자에게 여자는 죽은 사람이므로 죽은 시체를 무효화할 것이다. 깜짝 놀란 그는 육체를 죽음으로 만들면서, 죽음을 북돋우면서, 일시적인 것을 울타리로 둘러싸지 않고 이제는 정신적인 것의 토대가 되지 않지만 두 질서 사이에서 망설이는 것의 틈을 벌이면서, 아마도 여자들의 본성인 듯한 것, 즉 잉여를 희생하면서 죽음을 발견한다. 거기에서 거세할 것은 아무것도 없다. 모든 것이 남는다. 넘어선다. 여자들은 사는 것만큼이나 죽기가 어렵다. 그리고 삶/죽음의 심급이 그들에게 적합치 않은 듯이 그녀들은 포의 작품에, 그러나 그녀들을 가장 적게 포함하고, 단지 그들의 완전한 부재로서 그녀들을 가리키는 작품 속에 잔존한다. 그들의 이름. 이름의 잔존이 잔존의 이름이 되는 듯한 정도로 말이다.

앙토냉 아르토는 최후의 순간까지 자신을 드러내고 외친다. 아플 때에도. 그는 '광기'라는 말은, 한 인간의 즉각적이고 단순화된 여정이 자신의 정체성과의 만남에 이르는 재앙의 이름들 가운데 하나일 뿐이라는 것을 알고 있다. 그러나 이러한 여정은 출발점이 존재했을 가능성이 있다. 즉 거절할 장소들이 있었을 것이다. 버지니아 울프에게 이러한 것은 전혀 없다. 아르토가 도망치는 지점, 그것이 울프의 목적지 자체이다. 그녀가 거부하는 것이 그녀에게는 그 전부터 가로채어졌다.

버지니아 울프에게는 자살, 앙토넹 아르토에게는 광기, 사드에게는 감금. 좋지 않은 멜로물인가? 그러나 역사가 생산하고 이야기하지 않는 것이 역사라는 장르이다. 역사는 이로부터 방향을 바꾸고, 대중과 우두머리들에게, 커다란 한 무리들에게 아주 순풍이 된다. 용량에 있어. 양에 있어서.

종종 삶으로부터 야기된, 거의 내면적인 적어도 상대적으로 출발에서 특권화된 본능으로 향한 개별성들, 선호와 선택(역시 어떤 정주성에 대한, 어떤 전기적인 고요함에 대한), 이러한 재난을 많이 겪기까지 한 운명들은 엘리트들로 인정되고 그들의 대재앙은——그리 주목할 만하지 않다. 왜냐하면 집단학살, 기아들, 심지어 실업에 비해 그다지 집단적이지 않기 때문이다——정신적인 전설로 인정된다. 그렇지만 이것들에 대해서 삶을 소모시키는 아주 날카로운 징후들이 일어난다. 무시무시한 능력이 동원되고 위태로운 망의 급작스러운 보복의 끔찍한 능력이 두드러진다. 또한 우리들 모두라는 잠재적인 적의 육체 자체를 둘러싸는 권력의 지표들과 방어들이 나타난다. 이와 같이 고독한 적, 겉으로 보기에 하찮고 대중에 의해서 그렇게 간주되는 개인의 내·외부에서 이루어지는 파괴는 고요함에 대한 폭력이 탐지될 뿐일 때, 하물며 위협될 때부터 동요하는 것과 목적의 중요성을 잘 지적한다.

억압은 너무나 비장한 허구와 아주 빨리 섞이게 되어 매우 무의미해진다. 작품은 각각의 전기적인 대재앙을 겪은 후에 정신적인 다른 자료집과 합류될 수 있어서 그후로부터 작가의 삶이 전설적인 운명이 되고, 그런 것이 각인된 이미지·이름이 기표가 된 작가의 결을 따르게 되어 '그들의 특성' 때문에 낭만적으로 공격받는 '아름다운 사람들,' 매력적인 탐미주의자들의 불가피한 파랑돌[프로방스 지방의 시골춤]을 되찾는다. 그러나 그때부터 그들의 이름의 폭력이 마침내 누그러지는 아름다운 덮개에 의해서 보호되고, 입문서들의 보완 속에서 휴식을 취한다.

그렇지만 시간이 흐르고 하루가 가고, 희망과 실망 속에서 실패를 체험하고 그러한 의기양양한 작품들이 그 실패에서 생겨난다. 사드의 벽은 돌·피부·피로 이루어졌고, 그의 주먹이 이 벽을 향한다. 보들레르는 매일 후견인의 감시에 있어야 한다. 텍스트에 대해서는 모성에 관한 설명이 영향을 미친다. 의지할 데 없이 아프리카에 있는 랭보의 혼란. 즉 "나는 아직 살라고 강요받고 있다. 아마도 지금 알려지지 않은 내가, 영원히 일을 찾게 될 바로 이 부근들에서. 반면에 프랑스에서 나는 이방인이 될 것이고, 아무것도 찾지 못할 것이다…… 나는 충분한 소득도 일도 지지나 지식·직업도 어떤 종류의 재원도 없다." 랭보는 마르세유의 호텔에서 한쪽 다리가 절단된 채로 죽어가면서 알려지지 않았다. "나는 움직이지 못하는 토막에 불과하다." 랭보는 그의 이름에 붙어 있는 시인이라는 말을 잊어버렸다. 파솔리니의 소송, 프루스트가 속박되었던 병, 카프카의 병, 포의 비참함과 알코올 중독, 울프의 격리 등은 각자에게 있어 분명한 어떤 것도 아니었다. 그들은 우려하여 몸부림쳤고, 결코 벗어나지도 못하면서 무턱대고 흔들거렸다.

비록 영웅주의가 말하고자, 혼자 말하고자 하는 것——혹은 침묵——방·침대·감옥·정원의 평평한 잎 위에 쓰고 싶어 하는 것으로 이루어져 종종 하찮게 보일지라도, 이것이 몇 명의 목구멍에서 숨막히고 거부된 각자 모두의 침묵들이고, 언어라는 것을 잊지 말아야 한다.

아르토는 그들이 '죽는다면, 그들을 죽이고자 했기 때문'임을, "세상이 그렇게는 살 수 없기 때문이라는 것을, 세상이 결코 그 고통들을 알고자 하지도 검토하고자 하지도 않았고, 항상 고통 속으로 들어가지 않기 위해서 내 견해로 볼 때 범죄들을 행해 왔다는 것"을 알고 있다. 담론은 약속(그것이 벌에 대한 약속일지라도), 무한히 냉랭하기조차 한 정당화를 마련해 두어야 한다. 말은 어떤 보상, 혹은 어떤 치유의 양피지가 되어야 한다. 그래서 틈 속에 준비되어야 할 필요한 조건들이 강요된다. 그것이 정치적 담론의 원칙 자체이다. 어떤 대가를 치르더라도 금지 사항 혹은 약속으로 성과 죽음, 즉 무한한 교환의 대상을 아끼고 신성화해야 한다.

최초의 폭력으로 기교의 단순성을 과시하고 수많은 종교심이 결합되는 시장——성의 시장, 죄과의 시장을 드러내는 작가에 대해 무엇을 할 것인가. 어떤 작가는 인위적인 광란의 무의미함과 매번 연장되는 결핍으로 반복된 빈틈채우기만을 제공하는 그러한 약속들의 한계, 사건을 대신하는 반복을 보여준다. 사드 같은 작가는 '모든' 언어, 언어가 말하고자 하는 모든 것과 그 너머로는 아무것도 없다는 것을 말한다. 어떤 작가는 포화 상태를, 울타리들을 지나치게 말한다. 누가 최악의 발광 상태들과 발광 상태들의 최악을 만족시키는가. 그렇지만 우리는 같은 논리, 같은 담론, 같은 수사학, 항상 같은 장소에서 아무것도 움직이지 않을 리 없으리라는 것, 지옥은 열리지 않을 것이라는, 혹은 하늘이 떨어질 리 없으리라는 것을 다시 알게 된다. 이미 파멸되지 않은 것은 아무것도 없다. 완전 무결하고 냉정한 언어, 손대지 않은 담론의 덧없음과 입에 담을 수 없는 그러한 계획과의 동등함. 동등함 그 이상은 어떤 것도 없다. 울프는 거울 다른 편의 사드에게 반사를 한다——반향의 반대이지만 자유사상가들 각자가 자신의 계산을 통해 취할 것이다. 즉 "셰익스피어가 인류를 증오했던 것처럼. 입어야 하는 의복들, 어린아이들의 생산, 입과 배의 불결. 각 세대를 통해 은밀함 속에서 전달된 비밀의 표시, 그것은 미움·증오·절망……이다. 남녀간의 사랑은 셰익스피어에게 혐오감을 준다. 이러한 결합 문제는 그에게 더러운 듯하다. 인간이라는 존재들은 무리지어 사냥하고, 사막을 가로질러 달리고 울부짖으면서 야생의 광대함 속으로 자취를 감춘다."

금지된, 금기의 고통의 외침. 이 고통에 대해 아르토가 대답한다. "아주 살지고 구체적인 성욕이 납골당의 에로티시즘이라는 학문만을 체험했다면, 고통은 깨끗한 표면만을 드러내는 비열한 세상의 위선적 행위이고 단절이며 그 세상과의 접합점이다. 그것 없이는 죽음은 결코 시작하지 않았을 것이다." 그리고 프랑수아 자코브의 시적이고 과학적인 시각을 결합한다. "모든 기관이 복잡해짐에 따라 생산 또한 복잡해진다. 일련의 구조들이 나타나고, 항상 우연에 기초를 두면서 다시 계획을 갖추는 데에 협력하고 억지로 변화하게 만든다……. 그러나 가장 중요한 두 가지 발견은 성과 죽음[3]이다." 하나가 다른 하나를 야기한다. "핵분열에 의해 생산되는 기관들에 있어서 성장 속도로 인해 약화된 개인은 과거를 잊어버리게 된다. 다세포의 기관들, 신체적이고 생식적 계통에 있어서의 분화, 성 본능에 의한 생식으로 오히려 개인들이 사라져야 한다."[4]

이것은 성(城)에서 성(城)으로 이동하는 사드의 등장 인물들이 빠져드는 사건을 엄격하게 생물학적으로 점령하는 것이다. 블랑지가(家) 사람들, 클레르빌가 사람들, 누아르쇠이유가 사람들은 그러한 공허함을 알고 있는 듯하다. 부재하므로 무관심해짐으로써 그러한 지성, 그러한 의지를 대신한다. 존재의 절대적인 고독이다.

본능적인 교환들, 신경 다발들의, (체액의) 관류들의, 구체적인 비밀에 대한 근심, 그 모든 상태들과 기관으로 귀착된 상태에서 찌푸린 얼굴, 외침, 육체가 떠오르는 것을 보는 초초한 태도. 아직 초월적이지만 인위적인 초월의 흔적이 있다. 저쪽에 있는 것에 대한, 여기저기에 있는 **모든 것**에 대한 갈망이다. 현실을 '사디즘적으로' 토막내어 자르고 분할하는 담론의 흔적이 있다. 결코 아무것도 교묘하게 얻으려 하지 않고 모면하면서 둘 다 교체하기 위해서 낚아채는 자유사상가처럼, 절취하기 위해 교대하는 담론의 흔적이 있다. 그러나 당장 사드 작품에서는 소비이다——계획, 이익을 위한 담론 속에서 사드는 무엇인가를 파괴한다. 혹은 적어도 그는——아르토 혹은 울프처럼——숭고한 금지 사항(금치산자?), 위협의 공간과 마찬가지로 약속의 공간을 제거한다. 우리는 설탕, 교반기로 아름다움을 만들게 한다. 그때 대중이 입맞춘다……. 그러나 군중은 이에 대해 생각해야 한다!

사드 작품에서 스캔들을 일으키는 것은 '사디즘'이 아니라 퇴폐의 부재이다. 또한 그가 권력의 중대한 무기인 담론을 나타내는 데 있어서의 투명성이다. 그는 엄청나게 명명하지만 이름들의 권한을 박탈한다. 위반이 더 이상 명백한 대상을 가지고 있지 않다는 점에서이다. 말들은 더 이상 아무것도 부여하지 않는다. 아버지·어머니·누이·형·아들·딸이라는 우선 특권화된 말들은 같은 조직체, 같은 수동성만을 지적하기 위해서 빠져 나가고 뒤섞이게 된다. 양친의 복잡한 혼합물은 즉시로 상연된 알파벳이 되고, 여기서 육체는 단지 문자들이고 문자의 육체이며 어떤 말도 담당하거나 금하지 않는다. 살갗이 벗겨지고 껍질이 벗겨지고 기의들, 빼앗긴 단어(살, 무게, 구체성의 부재)는 피부가 방해할 수 없는, 더 이상 피·장기들을 유지하지 않는 자유가 허용된 분야를 내버려둔다. '사물'은 이제 방어물을 가지고 있지 않다. 의미는 드러나고 노출된다. 살은 익명의 실체이고 아무것도 제한하지 않는다. 욕망은 이제 지표가 없고 악도 지위가 없으며 말들은 말해야 하는 모든 것, 즉 무를 가득 채운다. 더 많은 변태가 있다. 최악보다 훨씬 더 나쁘다. 우리가 종류별로 나누어진 역할에 훨씬 유사한 역할들을 망설일 수도 있고, 연기할 수도 있는 그런 변태적인 공간들보다 더 나쁘다. 여기에 향유 외에 쓸쓸하기조차 한 욕망이 들어갈 수 있을 것이다. 반면에 여기에서 글쓰기가 자신의 말을 차지한다.

더 이상 공간은 없다. 사드를 위한 것도 없다. 사드는 1만 2

백20일 이상을 갇혔다. 《소돔의 120일》이 아니다. "우리가 무덤으로 오기를 기다리는 날들과 비슷한 하루하루만이 이어지고, 언제나 그의 욕망이 네 개의 벽에 부서지는 것을 지켜보는" 종속·고독·결핍·감시의 1만 2백20일 낮과 1만 2백20일 밤 그 이상이다. 그리고 시간의 제한도 없다. 언급된 말이 없다. 소송도 없다. 재판도 없다. 단 한번 판결을 파기한 것을 제외하고는 그러나 효과도 없다──왕의 봉인장 때문이다. 후에는 국가범이 된다. 모든 체제와 재판권을 행하는 전지전능함 속에서 가족이 하는 단순한 맹세. 때때로 가족이 생각을 바꾸는 시간, 자유의 몇몇 단편들. 사드는 까다롭고 "오만하며 화내고──성을 잘 내며, 모든 면에서 극단적이고 무절제한 상상력으로 유래를 찾아볼 수 없는 풍습을 그리는 데 광신적이며 무신론적인 삶을 산다. 자, 내게 두 마디로 그리고 한방 더쳐서 나를 죽이시오. 혹은 그렇게 해서 나를 체포하시오. 나는 변화하지 않을 테니까." 사드는 그렇지만 가혹 행위들에 적합한, 태어나면서 희생자가 된 쥐스틴!을 생각하게 만든다. 사드는 한순간(짧을 테지만) 자유롭게 지내고, 지하 독방들에 의해서 육체적으로 박탈당하고 쇠약해지며, 아내에 의해 육필 원고들을 몰수당하고 버림받는다. 사드는 생계를 이어 가는 데 필요한 약간의 수입을 보내지 않는 변호사, 고프리디에게 침해당해 추위와 배고픔으로 쇠약해지고, 가난한 아내와 헤어지지 않을 수 없게 되자 극빈자로서 호텔에 들어가기 위해 변호사에게 글을 쓴다. "도대체 당신은 어느 정도로 잔인한 것이오?" 우리는 이런 외침을 잘 듣고 있는가? 사드 후작의 외침을? 그리고 그는 우리를 향해 신랄하게 빈정거린다. 폭력은 어디로부터 유래하는가? 그것의 중계는 어떤 것인가? 언젠가 혹은 드물게 형태들이 전방에 놓이게 된다.

문학의 역사는 사드의 육필 원고가 바스티유에서 불타고 지하 감옥들에서 사라지고, 아내에 의해서 제거되며, 그가 죽은 후 아들에 의해서 파괴된, 적어도 문학의 역사에 있어서의 대재앙에 영원히 근거를 두고 있는가? 우리는 사드의 작업에 대해 프루스트나 플로베르 같은 작가처럼 아주 열중하고 부지런한 작가라고 예전에 생각했는가? "나의 육필 원고들은 내가 피눈물을 쏟은 상실에 대한 것이오! (…) 사람들은 침대·탁자·서랍장을 찾아내지만 생각을 찾아내지는 못한다오. (…) 아니오 친구여, 아니지 당신에게 이러한 상실에 대한 나의 절망을 결코 그려내지 않을 것이오. 이러한 상실은 내게 있어서 돌이킬 수 없는 것이오. (…) 원고들은 내가 은둔하는 동안 위로를 주었고, 고독을 달래 주면서 내게 말하도록 했소. "적어도 나는 내 시간을 잃지 않을 것이다!"(…) 그렇지만 나는 바스티유의 종이들이 던져졌던 구역들에서 뭔가를 발견하오. 중요한 것은 아니지만 (…) 비참함과 하나가 아닌 여러 상당한 작품을. 오! 나는 포기한다. 나는 포기한다네! 정의로운 신을! 가장 큰 불행은 내게 하늘을 남겨둘 수 있었다는 것이지!"

그러나 누가 사드를 원했는가? 누가 사드를 '창조'했는가? 물론 사드는 아니다. 그는 그렇게 할 아무런 필요도 없었다. 오히려 사람들은 성적 질서란 명명될 수 있고 국한되며, 특히 '제재'될 수 있지만 결코 읽히지 않게 될 언어 속에 고정되었다는 데 관심을 가졌다. 성적 질서 속에서 어떤 자리도 찾지 못하는 이러한 작용을 이끌 것이다. 여자의 어머니는 더 이상 여자이기를 희망하지 않게 되고, 결코 '여자를 가지지' 않지만 여자를 생산한다. 사드 후작 부인의 어머니, 몽트뢰이 여사가 바로 사위를 투옥시키고 그를 감옥에 있게 한다.

또한 나이든 여자는 젊은 남자의 육체를 지배하면서, 그의 불알·배변·사정을 보유한다. 그녀에게 적절한 쾌락인 '그' 지배와 모든 체제하의 쾌락을 위해서 가지고 태어날 수 있는 이 남자를, 그리고 그녀를 고려해서 즐길 수 없는 이 남자를 보유한다. 그녀가 반대의 것이 없어서 이 남자를 즐기지 못한다. 그러나 그 남자는 **그녀 때문에** 그녀가 규정하는 범위와 조건 속에 그러한 쾌락을 투영하면서 여사에 의해 부여된, 마치 준비된 것 같은 유일한 공간인 한 텍스트에서 그 쾌락을 **승화시키지 않고서도** 그녀를 즐길 수 있다.

이번에는 남자를 통해서 그녀는 법의 이름으로 거세되는 딸의 육체를 관리한다. 그녀는 사드에 의해서, 텍스트에 의해서, 사이에 놓인 자유사상가들에 의해서 열광적으로 영속적으로 즐긴다. 몽트뢰이 부인 곁에서 블랑지가(家) 사람들, 클레르빌가 사람들은 소심하기 때문에······.

사드는 그 책을 **써서** 투옥되고 갇혔다. 이렇게 해서 충동·육체·산물은 국한되고 몰아내어진다. 텍스트는 가장 깊숙한 부분에서 나온 것이지만, 다른 것의 내부에 머물며 항상 그것을 창조한 육체의 위성이 된다. 생체의 탄생과 유사한 탄생이다. 그러나 사이에 놓인 아버지에 의한 것이다. 딸의 어머니는 계속해서 낳는다.

여사는 사실상 아버지를 원한다. 사드는 아버지를 애도하고, 그녀는 측은히 여긴다. 그는 자신의 어머니를 애도하는가? 그녀는 그에게 멈추게 한다. 기사는 그녀를 사로잡지 않는다. 게다가 여자의 아들은 경솔한 어떤 것을 가지고 있다. 그것은 그의 할 일이 아니다. 그는 '요구된' 의무로 느낀다. 여사는 사드를 매혹한다. 기사는 돈 주앙을 유인한다. 돈 주앙은 엽색꾼이 되기는커녕 영구히 유혹당한다. 그리고 항상 혼자이거나, 혹은 추격당하고 영원히 추종된다. 비록 시간은 없지만 제를린에 의한 경우는 제외다.

아무도 돈 주앙의 사랑에 결코 부응하지 않는다. 왜냐하면 그가 사랑하기 때문이다. 그는 봉헌물 속에서 상호성 없이 현재를 사랑하는 유일한 자이다. 그는 그가 주는 만큼 요구한다. 그러나 아무것도 받지 못한다. 그렇다. 거절에 의해서이다. 그렇지만 '손을 놔줘' 속에서, 절정에서 사랑의 **소리**조차 듣지 못하는 귀머거리이다. 사랑, 거기에, 현재? 도나 아나·도나 엘비라·제를린조차 겁을 먹고 있다. 돈 주앙은 즐길 수 있을 사람이다! 만약 그녀들이 허용했다면. 그녀들에게 사랑받게 되고 접촉했으리라는 가능성보다 더 겁나는 것은 없다. 여기서, 즉시. 현재에는 즉 금지 사항은 보통 빚과 계획의 막에 의해서 억압된다. 쾌락과 그것의 이야기가 아니라 쾌락의 몸짓을 경험하는 것은 위험하다. 남근(팔뤼스)을 상상하는 대신에 음경(페니스)을 보는 것은 위험하다.

아나·엘비라는 사랑하고 싶어하지 않는다. 그녀들은 계약들을 좋아한다. 그녀들은 계획·보장·구매를 좋아한다. 이익이 필요하다. 정열에 열중한다. 타협에 대한 정열에 열중한다.

돈 주아네스크는 다른 이들처럼 그것을 모르고, 엘비라는 레포렐로 같은 이를 있는 그대로 받아들인다. 그녀는 그에게 남편에게서와 같은 맹세를 하게 만든다. 맹세를 한다. 레포렐로는 그녀에게 아주 적합하다. 항상 그녀로 하여금 신의 없는 그를 계속해서 쫓아다니도록 하는 황홀을 잘 표현한다. 그녀에게는 어느 누구라도 아주 충분하다. 어느 육체이건 어떤 남자의 냄새건 충분하다. 그러나 어떤 이름도 아니다. 그녀는 서명에 애착을 갖는다. 돈 주앙의 서명, 그것은 계약의 서명이다. 그녀에게 있어 여인의 향기는 남자의 냄새에 의해서 유혹되지만, 그녀는 자신이 좋아하는 것을 주었다. 그것은 계약이다. 남자가 아니다. 그 어떤 경우에도 돈 주앙이 아니다.

　돈 주앙은 즐길 수 있을까? 그녀들은 허락하는가? 여기에 몽트뢰이 여사가 나타난다. 그러나 돈 주앙은 사드보다 더 잘 난관을 벗어난다. 어느 누구를 위한 이익도 없다. 왜냐하면 도나 아나는 일격을 가하지 못하기 때문이다. 그녀는 진정될 것이고 잔잔해지고 한 번 더 주앙은 사슬로 덮여 시체조차 흔적조차 얻지 못할 것이다. 시체도 무덤도 입상도 얻지 못할 것이다. 아무것도 물신을, 미라를 만들 수 없다. 사드, 그는 예전에 비어 있는 무덤에 한가로이 갇히고 속박되어 이익을 생산한다. 한 작품은 배척 속에 보존된다.

　심문하기 위해서가 아니라면 어느 누구도 결코 돈 주앙을 부르지 않을지라도, 모두가 귀족을 무시하는 점에서 교환을 계산한다면 제를린뿐만 아니라 어느 누구도 그에게 '손을 내밀지' 않더라도, 이번에 누군가 그를 부르고 찾으며 요구하고 선동하는 것은 기사이다. 제를린이 솔직하게 '손을 놔줘'에 주저하고, 기사 돈 주앙의 '내게 손을 내밀어'라는 말에 주저하더라도 즉 '여기', 여기에 그녀가 있다. 그리고 기사는 허물 없이 그녀와 사라진다.

우리는 그들이 도나 아나와 그녀의 무리를 결국 떨쳐 버렸기 때문에 저승에서 호탕하고 당당하게 웃을 거라고 상상할 수 있다. 돈 주앙의 마지막 계략? 기사(공범?)가 결코 오지 않는 한 돈 주앙이 '흰 말 여인숙'이라는 문장 조금 후에, 게다가 겨우 식사와 혼례에서 이제 막 사라진 것을 알아차린 작은 패거리를 쫓아 버리기 위해, 한 번 더 레포렐로에 의해서 퍼뜨려진 그러한 사기를 꾸미지 않는 한 말이다. (이 경우에 기사는 여사를 위해 한가로이 있다. 굉장한 커플이다!)

여사는 그와 함께 한 시간에 돈을 지불한다. 사드에게 시간은 돈과 같은 것이기 때문이다. 비만하고 거의 눈멀고, 샤랑통 피난처의 복도에서 더듬거리는 후작이 있다. "혼자 산책하면서 무거운 걸음을 질질 끄는, 아주 허술하게 차려입은 노인이 있다…… 나는 어느 누구와 이야기하는 그를 결코 현장에서 본 적이 없다. 그의 곁을 지나가면서 나는 그에게 인사했고, 그는 대화하겠다는 의사가 없는 그런 냉정한 예의로 내 인사에 응했다…… 그는 늙고 오만하고 침울한 신사라는 인상만을 주었다."[5] 그는 74세의 나이로 가족에게 필요한 서류에 서명하기 위해서말고는 죽기까지 13년 동안 피난처를 떠나지 않았다. 가족은 그의 재산을 누렸고, 결코 읽히지 않게 하라고 설득한 작가의 마지막 의지를 무시했으며——거의 실수하지 않았다. "일단 한 번 구덩이가 완전히 뒤덮이면, 그 위에는 도토리 모양의 나무·금속·유리 조각들이 흩뿌려질 것이다. 그 후에 전에 사용된 구덩이의 토지가 이전에 그랬던 모양으로 다시 보수되고 잡목이 쑤셔넣어지게 되고, 내 무덤의 흔적은 내 기억이 인간들의 기억에서 사라지는 것을 은근히 기대하는 듯이 지표면 그 위에서 사라진다."[6]

이렇게 몽트뢰이가의 여자들은 침묵한다. 우선 그녀들은 피난처들을 가득 메우면서, 항상 바스티유 사람들이라고 간주될 것이다. 하지만 이번에는 그녀들의 딸이 잉크와 정액으로 재창조된다. 그녀들이 딸을 파묻을 수 없도록, 그녀들 스스로 '여성에 대한 망각'을 감시할 수 있도록 하기 위해서이다.

사드가 피난처에서말고는, 그가 되고 싶었던 연극인이 될 수 없었다는 것은 놀라운 일이 아니다. 장면은 여사에게서 다른 곳으로 벗어났다. 여자는 아마도 그때 말해야 했다. 그리고 무(無), 침묵하지 않는 여자들이 말하는 것이 기억되었을 터이다. 침묵이 침입한다.

5

"아무 할 말이 없어요"

침묵이 감돈다.

코델리아의 침묵.

왕이자 아버지, 리어의 질문에 그녀는 "아무 할 말이 없어요"라고 대답한다.

그는 그녀에게 근본적인 것을 묻는다. 그를 어떻게 생각하고 사랑하는지를. **어디로부터** 그가 욕망되었는지를. 그를 적법케 하는 것이다. 그는 권력을 가지고 있다. 그는 왕이다. 그는 원함을 받고자 한다. 누가 그를 생각하는가? 아무것도 없다. 의지로 하는 게 아니다. 지성도 아니다. 에로스는 없다. 그러나 그래도? 육체? 육체의 일부?

그는 더 이상 소리에 대해서도, 의미에 대해서도, 감정에 대해서조차도 묻지 않는다. 그는 사물에 대해, 대상에 대해서 묻는다. 그는 보기를 원한다. 담론의 대상, 욕망의 육체를 보고자 한다. 육체에 대한 욕망으로. 역시 지배할 것에 대해서가 아니다. 지배한다? 남자에게, 아버지에게는 쉽다. 그는 왕이다. "도처에 왕이 있다." 그는 미쳤음에도 폭풍우 속에서 외칠 것이다. 그러나 "왕은 사물이야"라고 햄릿이 말했다. 그러므로 역시 사물에 대해 무엇을 억제하는 게 아니라 무엇에 대해서 욕망하는가, **어디로부터** 욕망되는가라고 우리는 말하곤 한다. 결국 그렇기 때문에 출생된다. 그리고 역시 사물이 되는 게 아니다. 그리고 이러한 초기의 장소가 욕망의 장소, 교환된 욕망의 장, 한 방향과 귀환의 장소가 된다. 그러나 의식적이고 두 가지 부분에서 욕망된 회귀이다. 그러므로 향수에 젖은 성이고, 배척하는 게 아니라 회상하면서 맞이하는 성이다. 그리고 바로 이번에는 그것을 본다.

그런데 리어에게 있어 듣는다는 것은 보는 것이다. 그는 눈 먼 글로스터에게 조금 후에 폭풍우 속에서 말할 것이다. "사람은 눈 없이 세상이 어떻게 돌아가는지 볼 수 있다. **너의 귀로 보아라.**" 이것이 리어(ear〔영어〕=oreille〔프랑스어〕) 왕이 바로 하고자 하는 것이다. 그는 딸들에게 귀 기울이면서 목소리를 통해서 완전한 그들의 육체를 보길 바란다. 대상, 담론의 주체, 사랑에 대한 담론을 보고 싶어한다. 그래서 왕의 사랑에 대해서 여전하다. 욕망의 주체이다. 도처에 왕이 있다.

두 살 많은 리건과 고네릴은 성욕을 자극하는 음화의 괴상한 옷차림으로 남근으로 변장을 하고, 인공 음경으로 담론을 이끌고 진부한 구조를 즐긴다. 그녀들 집에서 근친상간은 이미 너무나 한계를 넘어서, 그것에 대한 거부를 흉내낼 필요도 없고 사랑한다고 표현하는 것에 아무런 위험도 없다. 남자로서 말하는 것으로 충분하고, 리어가 그들의 의도에 대해 불평할 것이므로 '약속을 지키는 남자들'이 되지 않는 것으로 충분하다. 그러나 이러한 해부학에 의해 실망하지 않는다. 그는 기껏해야 모욕감으로 강하게 외칠 것이다. "리건을 해부하게 하라!" 변장한 창자들을 드러나게 하라.

코델리아는 아무 할 말이 없다고 말한다. 줄 것도 볼 것도 없다고 말한다. 그녀가 제시해야 하는 것, 그것은 아무것도 아니다. 정말로 그녀가 화가 나서 외면하는 리어의 거부된 시선에 제공하는 것은? 거세이다.

그런데 그는 "아무 할 말이 없어요"라는 그 대상, 그것이 실제의, 진정한 대상이라는 것을 아주 잘 안다. 그리고 총애하는 딸, 코델리아에 의해서 그에게 주어진다. 모든 텍스트는 패배인 듯한 도주가 아니라 그러한 대상이 '없음'에 대한 입문을 표현할 것이다.

이러한 침묵, 여기에 육체·언어가 있게 된다. 그러나 두렵고 치명적인 것들이다. 그리고 아주 **다른** 것들이다. 코델리아가 제공하는 것, 그것은 다름이다. 아무것도 아니라고 하는 다름은 아무것도 아닌 게 아니다!

미친 사람(코델리아에 대해서가 아니다)은 농담할 것이다. "아무 할 말이 없다고?" 그러나 여전히 리어는 대항할 것이다. "아무 할 말이 없다면, 아무것도 받을 수 없다." 코델리아의 말과 무의미하지만 권유조의 대화 사이에서 꼼짝할 수 없게 된 리어 왕은 고네릴과 리건에 의해 강제적인 모습으로 드러난다. 그것이 체제와 대중 매체의 담론이다. 코델리아는 욕망의 대상을 제거하고 욕망 대신에 아무 할 말이 없다고 말한다. 혹은 아마도 그녀는 욕망을 그러한 무(無) 쪽으로 이동시키는데, 이 무는 그녀에게 있어 어떤 것이다. 금지된 담론이다.

만약 고네릴·리건이 리어에게 가짜 대상, 위조된 충만함, 대용품과 거친 매력을 준다면, 그에게 그러한 것에 대한 충만한 시선을 준다면, 그녀들은 그에게 죽은, 석화된 담론을 지루하게 되풀이하는 것이다. 그는 그것을 알고 있다. 그녀들은 그에게 그가 가지고 있고 그녀들이 취하는 것을 그에게 준다. 그는 그것을 안다. 청을 들어 주게 되기보다는 오히려 빼앗기게 되고 추방된다. 그가 원하는 것은 그가 바라는 것이 아니다. 그가 원하는 것은 그가 지탱하지 못하는 욕망을 잊는 것이다. 즉 코델리아의 무. 그는 잠들기 위해 리건·고네릴의 말을 듣고 무감각해져 기분을 달랜다. 침묵토록 하기 위해서이다. 그는 우리가 텔레비전을 보듯이 그들의 말을 듣는다. 그리고 그녀들은 이미 말한 것을 늘어놓는다. 구매하도록, 그들을 사도록, 그녀들에 의해 마음이 가벼워지도록 하기 위해서이다. 그래서 그는 전통적인 물물 교환으로 자위한다. "나는 네가 가지고 있지 않은 것을 잊는 대가로 네가 그것을 가질 수 있도록 준다." 여성성에 대한 망각이다.

　그러나 코델리아, 그녀가 말하면서 표현하는 것, 그것은 아무것도 아닌 게 아니라 그녀의 존재 자체이고, 그녀의 올바름이다. 그리고 프로이트도 리어와 마찬가지로 이를 듣거나 볼 수 없었다. 리어는 부정을, 아무것도 없음을 듣는다. 프로이트 자신은 아무것도 듣지 못한다. 프로이트는 리어의 나이가, 예를 들면 파리스처럼 세 자매와 대적할 수 없을 것임을 고려하여 이 세 자매가 그의 딸들이라고(《세 개의 상자의 주제》 속에서) 결론을 내린 후에——그렇기 때문에 그의 딸들이 딸이자 아내가 될 수 없을 것이라고 결론을 내린 후에——코델리아의 **침묵**(침묵은 죽음을 의미한다)에 대해 말한다. 그러나 코델리아는 벙어리가 **아니다**. 그녀는 **아무것도** 말하지 않은 게 아니다. 그녀는 "아무 할 말이 없어요"라고 **말했다**. 프로이트가

들을 수 없고, 듣고자 하지 않는 아무것도 없음이다. 무는 결정적으로 무가 아니다.

코델리아의 무언은 침묵이 아니며 폭력에 이르지 않는다. 그러나 그 침묵 주변에서 이루어지는 공범, 그러한 모든 것은 이러한 침묵 위에서 침묵을 만들기 위해, 이 침묵을 침묵케 하기 위해서 폭력을 생산한다. 그리고 우선 두 자매는 거짓 대화를 한다. 겉보기에 그들의 담론은 중성적이고 관습적이다. 아주 나쁜 무관심, 이해 관계가 얽힌 담론은 권력을 대가로 꾸며낸 것을 주고 진정시킨다. 강제적인 언어의 담론이다. 역사를 만드는 담론이다. 그리고 역사 속에서 리어는 자신의 권력에서 해방되어 추격된다.

리어, 미친 이들의 무리, 가짜로 미친 이들. 적출된 이들은 리어의 대재앙 속에 솟아오른, 담론에 의해 추격된 세계에 의해서 혼잡하게 표류한다. 이것은 모성 ·지성당 밖으로의 출생이다. 출생에 의해서 폐쇄된 왕국 밖으로 갈 수 있다. 권력에 의해서, 권력을 위해 분할된 성적인 다른 영토로 둘러싸인 지역 밖으로 가는 리비도 지역의 여정이고, 그 '아무것도 아닌 것'이 폐지하는 것이다.

그래서 코델리아는 '사직'의 길로 더 멀리 리어를 데려가게만 했고, 프랑스의 왕비인 그녀는 텅 빈 자연 속에서, 비가 내리고 천둥이 치는 폭풍우 속에서 광란하는 무리와 자연스럽게 서로 만나게 될 것이다. 상실을 찾는 표류이다. 다른 것이 결합되는 상실의 표류이다. 다른 것 속으로, 도중에 아버지의 육체 속으로, 딸의 육체와 섞인 어머니의 육체 속으로, 사드적 주신제와 유사한 아주 다른 '배열' 속으로 사라지는 상실을 찾는 표류이다.

어머니 육체의 지성소 밖에서, 어머니 육체(그러므로 보고, 즉 다시 말해서 들을 필요 없는)와의 동일시 밖에서 이러한 오랜 출생, 그것은 '무'에 대한 동일시이다. 코델리아의 무에 대한 동일시이다. 포기로부터 상실이라는 존재에 이르는 체험이다. 현존하게 되는 상실에 대한, 상실 없는 현존에 대한 체험이다.

리어는 무수한 충동이 그의 육체를 소유하는 모든 육체들이 파도처럼 밀려드는 것에 직면하여 진실의 공포에 사로잡힌다——리어는 아주 약해지고 궁핍하여 아주 탐욕스럽게, 그리고 너무 늦게 울프의 말처럼 "바라고 원하고 가지지 않는다." 리어는 울부짖는다. "오 내가 미치지 않기를! 미치지 않기를! 공정하신 신이여! 나의 정신적 균형을 지켜 주소서! 나는 미치지 않기를 원하나이다." 리어는 무의 폭력에 시달린다. 모든 변화에 시달린다. 모두 발기하여 차례로 그가 바라고 두려워하는 모든 것, 즉 딸·어머니가 된다. ('네가 너의 딸들을 어머니들로 만든 이래로' 딸들은 어머니들이 된다고 미친 이가 말한다. 딸들과 어머니들은 '약속을 지키는 남자들'이 되지 않는다.)

리어는 여자의 무를 받아들이기 전에 극도로 흥분한 여자에게 사로잡혔다. "오, 정말 이 어머니는 부풀어 내 가슴 쪽으로 오른다. **미칠 정도의 정열로**." 발기 상태의 어머니. 남근의, 괴로운 그는 싸운다. "내려와, 고통스러워. 너의 것은 더 아래에 있어." 거의 극도로 흥분한 급격한 표시라고 진단된다. 분석을 함으로써 그 여정을 인식할 수 있다. 리어의 여정은 분석된다. 그는 '대단원'에 이른다. 리어는 소유권이 박탈되어 그를 만족시켰던 것, 지상권·권력을 크게 벌어진 채로 놔두었고, 여기에서 지금은 더 이상 존속하지 않는 이름이 순환한다. 특권이 아니다. 매료되고 유도된 리어는 아버지, 왕의 특권의 상실을 통해 무언가에 입문한다. "오 내가 누구라고 말할 수 있는 자는 누구인가?" 미친 자가 그것을 더 나중에 말할 것이다. "지금, 너는 어떤 숫자도 아닌 제로이다." 하나의 숫자이다. (혹은 '주위에 윤곽 없는 제로.') 아마도 미친 자는 외칠 것이다. 구멍이다. 없음이지, 그리고 게다가 그는 덧붙인다. "나는 미친 사람이고, 너는 무이다." 그래서 리어는 알고자 하지 않았던 무가 된다. 그는 코델리아가 말한 것이 된다. 여성성에 대한 망각이다.

리어의 충복들이 무엇인가를 목격했다고 생각하는 것을 리어가 본 것이 아니라 오히려 그는 '다른 장면'을 본다. 리어는 '즐거움 없는 어두운 사망의' 세계에서 죽은 게 아니라 오르가슴 속에서, 거세와의 근친상간 속에서 죽는다. 그는 마지막 장면에 대비한다. "여기 내 단추를 끄르시오." 그는 옷을 잡아뜯기 전에 외쳤다. 그리고 며칠, 몇 장면 더 후에 딸의 시체 앞에서——여기서 무는 망각에 대한 기억일 뿐이다——딸을 가리키면서. "이 단추를 풀어 주시오." (어떤 것인지 알 수 없다.) 그리고 그는 정신을 잃도록 황홀해진다. "당신은 이것이 보이시오? 그녀를 보시오——보시오——그녀의 입술을." (어느것인지 말하지 않는다.) "보시오! 저기를! 보시오! 저기를!" 리어의 마지막 말이다. 최악의 상황에서 죽는다. 그 '저기' 앞에서, 코델리아의 입술은 결국 그가 볼 수 있고 바라볼 수 있는 그러한 '무'를 말하고 제시한다. 존재의 정확성이다. 정체성을 이루는 부재이다.

'그래서?' 이러한 이야기 속에 어떤 이득이 있는가? 그러면 결론이 없는가? 바로 이러한 이야기의 의미 속에는 결론이 없다. 이러한 무상성조차 없다면 그렇다. 역사의 담론, 담론들의 역사와 가짜 돈들에도 불구하고. 바로 그렇다. 무료이다. 가치도 없다. 왜냐하면 **그것이** 가치이기 때문이다. 다른 것은 없다——그리고 그 가치는 어떤 대가도 없다.

어떤 왕국과 함께 보아야 할 없음이다. 그러나 시선——엿듣기와의 상호성이 없는 어떤 교환이다.

저기를 봐. 저기를. 아무것도 없다. 그리고 그는 죽는다. 달리 어떻게 할 수 있는가?

그렇다. 그러나 어떻게 죽을 수 있을까?

노인들의 양로원을 좀 보러 가자.

양로원, 당신은 알고 있는가?

만약 당신이 적어도 양로원의 방을 지나가지 않았다면, 알 수 없다. 그리고 바로 그 방들을 건너가면서 그들을 본다 하더라도 어떻게 그들을 상상할 수 있는가? 그러면 본다고 어떻게 생각할 수 있는가!

당신은 사람이 부자도 아니고 더 바라는 것도 없을 때(이익이 될 수 없을 때) '자신의' 삶을 어떻게 마치는지 보게 될 것이다. 당신은 사람들이 어떻게 당신을 사랑하고, 왜 사랑하는지 알고 싶은가? 우리가 삶에 대해 존중하고 있는 것을 보러 가시오. 매번 유일하고 '성스러운 것'이라고 말하시오.

이러한 (성스럽고) 유일하고, 저기에서 처분된 삶을 수많은 본보기들을 통해 보러 가시오. 그러한 시민들, 그러한 '노동자들.' 그러한 납세자들, 인구통계학 통계표의 그러한 원래 종축들, 시대의 배우들, 정치 담론의 은유들을 보러 가시오. 그들의 삶이 다른 이들에게 이로운 법, 그들의 순화된 상태를 관리하는 모든 법 가운데에서 어떻게 그때까지 흔들려 끝마쳐지는지가 여기에 있다. 이러한 삶을 통해 그들은 태어나기 전부터 자신들이 죄가 있다고 느끼고, 잉여라고 생각하도록 배웠다. 자신이 허용되고 사용되는 것을 받아들이면서 여기저기에서 몇 가지 프리미엄을 주워 모으면서. 즉 약간의 품위, 몇 가지 쾌락들. 그들이 반영이라는 것, 확실히 힘들게 얻어져 비싸게 대가를 지불한 역할들을 한다고 그들에게 주장하는 싱거운 소설 이야기에 의해 정신이 딴 데로 쏠리게 된다. 그들은 그러한 역할들을 했다. 투쟁에 대한 환상이다. 항상 회복된다. 양로원에는 옛 조합운동가, 옛 시위자가 얼마나 많은가? 현재는 시위하는 시대가 되었을 정도이다. 그러나 어떻게? 아무런 힘도 없이, 저기 함정에 빠져 있다. 끝이다. 마지막이다. 그게 맞았다. 이 이야기는 그것에 대한 은유이다.

그러므로 포기·고요함의 정점을 보러 가시오. 억압된 욕망의 마지막 합창, 체제의 무기력함, 그것의 파렴치한 비열함이 제 구실을 다하는지 보러 가시오. 짐승이다. 사드의 작품에서 자유사상가들의 잔인성은 쾌락도 없이 음흉한 수치와 함께 한다. 그들이 이것을 드러내었다.

1974년, 아직 죽음이 '유행'은 아니었다. 나는 갑자기 죽음에 대한, 그러나 유기적인 죽음에 관해 라디오 방송을 하려는 생각을 하게 되었다. 문화적인 것이 아니라 금기된 죽음을 말한다. 창작실의 책임자 알랭 트뤼타는 즉시 4시간짜리 방송에 동의했다. 내가 '음성을 녹음하러' 갔던 장소 중에서 이브리의 크레뮬렝 비세트르에 양로원이 두 곳 있다.

나는 늙고 혼자이거나 그룹으로 지내는 여자들 혹은 남자들을 불시에 그들이 모인 곳에서 녹음하려 했다. 나는 사람들이 다른 데, 거리나 아파트에서 혹은 일상적인 곳에서, 마을에서 늙어가듯이 늙는 그들을 상상했다. 처음에 나의 근심은 몇 개의 마이크를 가지는 것…… 내 것을 제외하고 하나밖에는 없었다. 서로 알고 있는 사이라면 간신히 한 침대에서 다른 침대로 옮겨서, 간격이 있는 세 개의 침대의 경우 또 하나의 침대를 거쳐서 사용했다. 방에서는 왕래가 없었다. 모임을 위한 작은 공간도 없었다. 고독의 저장소. 각자는 자신의 파멸 속에 틀어박혀 있었다.

늙음은 다른 활동이 없으면 가속화되어 노화로 빠져든다.

크레뮬렝 비세트르가 생각나고, 이브리에서의 첫날 책임자와 마이크 없이 보낸 일정이 떠오른다. 간신히 깊숙이 들어간 첫번째 방에서 눈물을 참아야 했다. 억누를 수 없을 만큼 울고 싶었고, 다리에 내 목을 파묻고 싶은 욕망을 어찌할 수 없었다. 방을 전부 가로질러 숨이 끊어져라 달려나가고 싶은 욕망을 억제할 수 없었다. 나가고 싶었다. 나가 버리고 싶었다. 알고 싶지 않았다. 잊고 싶었다.

영원히 이 삶의 쓰레기통을 잊어버리려고, 우리들의 오물 같은 저기, 볼장 다 본 그러한 삶들을 잊으려고 우리는 죽을 때까지 늙음이 늙음으로 축적되어 간다는 것을 상상하지 않는다. 게다가 그것은 더 이상 노화가 아니다. 왜곡된 노인들이다. 우리는 그들 자신에게 넘겨진 육체에 관해 상상조차 하지 않는다. 여러 가지 왜곡으로 열렬히 과장함으로써 감퇴, 포기의 정도, 무례한 태도, 기능적인 구속으로부터 자유로워진 지체들의 고정된 망상, 던져진 다리, 기력 없는 상반신, 살이었던 부분이 움직이지 못하게 되고 변형되며 룰러서 오래 된 야채들처럼 노출된 꾸불꾸불하고 괴상한 각도를 상상하지 않는다. 그러나 어느 누구도 견디지 못할 악몽 같은 장소, 아주 젊고 지탱을 잘하는 개인과 **하물며** 나이로 인해 무력해지지만 다른 환경에서는 자유롭고 부유한 노인들처럼, 박탈에 저항하게 될 존재들을 쇠약해지게 하고 흥분시킬 환경은 여기 이러한 종류의 수용소, 이러한 뒤죽박죽 속에서 만들어진 것이다.

맹렬하지만 영원처럼 조금씩 분산되고 고립된 느린 종말 가운데 어떤 시선, 어떤 분명한 존재들은 죽어가는 이러한 모래시계와 싸우고 있다. 그러한 악몽 속에 감금되고 몸부림치지만, 그들 주위에 있는 대부분의 기력 없는 사람들이 그렇게 해봤자 소용 없는 것과 마찬가지이다. 왜냐하면 양로원에는 늙어서 아주 늙어서도, 아주 상해서도 들어가는 게 아니라 오히려 병으로 사고로 경제적인 어려움으로 무턱대고 들어가기 때문이다. 우리는 관공서에 배치되고, 병원에 옮겨지며, 거기에서 행정의 재량하에 수동적이 된다.

마지막 벌, 과거의 대가, 겪은 고통에 대한 것인 양 거기에 투옥된다. 가난하다는 것으로 비난받아 마땅하고 그렇게 대우받는다. 그후로 매시간 복종해야 하고, 몸짓은 하나하나 감시되고, 각각의 반응이 예측된다. 모든 표현은 비난할 만하다. 망령들었다고 가정된다. 어떤 권리가 없으면 없을수록 점점 더 어떤 존엄성도 어떤 자치권도 없고, 그들이 '성인'이었다는 사실도 잊혀지며, 아마 머지않아 별로 가난하지 않은 이들도 그렇게 될 것이다. 어떤 자유도 없다. "떠난다? 그것은 고통이다. 경찰이 우리를 다시 데려온다." 경범죄? 늙고 가난하다. 재판이 필요 없다. 양로원, 수용소? 선별과 인종주의자. 인종을 만드는 세대와 긴밀히 관계되고 또한 노후가 가져오는 파괴, 자유의 어떤 형태에 대항하는 정치적인 차별과 관계 깊다. 아니다. 수용소도 감옥도 아니다. 어떻게 보면 더 나쁘다. 여기에 구역이 없다. 여기서 나가는 것은 문제가 아니다. 사람은 죽는다. 다른 출구가 없다. 비극 없이도 죽음에 대한 심오한 슬픔으로 죽는다. 고요한 침묵 속에서, 그러나 여기에서 훨씬 강렬하다. 여기에 종말 이외의 것도 없고, 종말과 다른 어떤 것도 없다. **그러한** 종말. (아! 피어 귄터에 의해서 인도된 할머니의 경이로운 종말, 그들이 ── 둘 다 손을 잡고 ── 그들이 도취시키는 ── 도취시킬 짧은 여행에 대한 이야기 속에서의.) 여기에 지옥, 의미에 앞선 해체, 바라지 않는 삶들의 전적이고 체계적인 박탈이 있다. 경제적으로 미약하기 때문이다. 비슷한 방에서 나이들거나 늙어간다고, 그리고 그것이 이제부터 결말이라는 것을 안다고 상상하시오. 벽들은 당신의 죽음을 보게 될 사람들이다. 이 끔찍한 낙오자들은 꼼짝없이 그렇게 될 것이다. 기다리면서 벽을 물끄러미 바라보고 저항한다. 다른 미래는 없다. 그 모든 환경에 복종하는 것이다. 감옥의 체제이다. 우리가 다른 곳에 존재했다는 것을 잊는다. 배우는 것이다. 파괴되기를, 피할 수 없는 파괴를 이끌어 가는 것을 배우는 것이다. 인위적인 공포이다 ── 왜냐하면 다소 명확히 죽음에 임한 이들에 의해 뒤덮여 서로에게 제시된 방들 속에 어쩔 수 없이 존재하기 때문이다. 만들어진 공포이다. 무용한 것이다. 궁핍 · 탐욕 · 가치라는 비열한 의미에서 기인한다. 당신은 항의하는가? 세상에서 가장 아름다운 여자가 당신에게 그녀가 가지고 있는 외상만을 줄 수 있다는 것을 상기해야 한다. 그 여자는 가지고 있지 않다. 당신은 뭐라고 대답해야 하는가? 부인할 수 없다! 아! 만약에 부유한 노인들에 관련된 것이라면, 상업적이고 매력적인 제안들이 그들을 차지하려고 서로 다툴 것이다. 그러나 '경제적으로 미약한 이들'은 옥에 가두어지고 붙잡힌다. 그리고 다른 어떤 곳에서처럼 늙어가는 우리는 정신 혹은 육체가 약화되어 가는 것을 본다. 그들은 제3세대 클럽에서 멀리 있다! 그렇지만 왜 모든 개인을 있는 그대로 한 명의…… 손님으로 아주 간단히 생각지 않는가?

그들과 함께 완전히 다이빙하자. 외적인 것은 사라졌고 잊혀졌다. 매번, 어떤 순간에, 때로로 어떤 시간에 다른 삶과 직면하여, 이러한 삶은 유일한 외침으로 외쳐지거나 천천히, 미친 듯이 이야기된다. 수많은 균열과 한숨, 약해진 웃음으로 억양을 붙인 아주 늙은 각각의 다른 목소리, 처음에는 주저하고 기력 없는 목소리이지만 확고해지고 이해되는 데 눈뜬다. 예전에 같은 톤으로 같은 사물을 말하는 것을 듣고 눈뜬다. 우리가 아직 존재하고 있듯이, 성(性)이 아직 계속해서 존재하듯이, 오늘날에조차 존재하고 말하는 것을 듣고 눈뜬다. 성은 존재한다. 그들과 그녀들은 존재하고 있으며 산 채로 묻힌다.

때때로 인간은 목소리를 높여 '생각나는 대로' 긴 명상을 하고, 육체에 대해, 잘 알지 못하는, 거의 알지 못하는 수학에 대해 숙고한다. 시인은 에스파냐어로, 너무나 아름다운 어조로 말해서, 사람들은 논의중인 별 아래 오래 된 물이 흐르고 있다고 생각할 것이다. 또 그들은 끝마친 운명의 이야기를, 다소 사라진 가족의 이야기를 억압하고 잊어야만 하며, 자손 없는 기괴한 '할아버지' '할머니'가 되어 그후로 학대받고 명령받고 모욕당한다.

이러한 악몽에 대해 그들은 대개의 경우 놀라지 않는다. 그들의 삶은 이러한 방향으로 간다. 길고 긴 길의 공포심을 일으키는 절정일 뿐이다. 그들이 알고 있는 질서 속에서 이루어지는 정체성의 이러한 살해는 평범한 것이다. (이것은 알리바이를 이용하는 만큼 이상하다. 우리는 기아나 추위로 죽는——혹은 살아가는—— '다른 이'들에 대해서 "그들에게는 익숙한 거야" "그들에게는 당연하지"라고 말한다. 이들에게 삶은 모욕이다. 아무것도 가진 게 없는 그들이 '가지고 있는' 그 익숙함, 그것이 가장 나쁘지 않을까?) 여기서 끝이다. 치명적이다. 그들은 선동되고 계획화된 그 운명의 징후 아래에서 살아왔다. "현재의 세상을 어떻게 보십니까, 부인?" "세상이오?" 그녀는 그렇게 늙지도 아프지도 않았다. "여기 있는 모두처럼 세상은 환자들뿐이죠." "당신은 스스로를 환자라고 간주하십니까?" "그렇지! 우리가 병원에 있을 땐!" 물론 그렇다. 병원·공장·학교·군대에서도, 우리는 있으라고 명령받는 곳에 있고 결정된 곳에 있는 것이다.

그들을 사로잡고 둘러싸고 기다리는 자폐성 속에 침몰하기 전에 비밀리에 그들이 돌아다니는 무언의, 자꾸 되풀이되는 이 꿈은 꿈속에서처럼 큰 소리에도 놀라지 않고 연장된다. 그들의 부재하는 삶은 거기서 공격하고 귀찮게 군다. 이러한 모욕으로 이끌었다는, 수단이 부족하다는 회한·희망·시련을 회상하는 남자·여자는 이름이 있지만, 제거된 존재의 이름이고, 상중에 있는 이의 이름이며, 흔적인 이름이다. 요구하고 억누르는 이의 이름이다. 이미 묻혔다. 아무도 그것을 알지 못한다. 산 채로 묻혔다. 여기에. 이러한 악몽 속에서 거울에 대한, 미래에 대한 망령, 그러므로 지독히 노쇠해져 깨어 있는 '나'라는 인생들이다. 그들이 스스로에 대해 가지고 있었던 유용함이 없다는 절대적인 포기이다.

아무도 이러한 환경에 저항하지 않을 것이다. 감내하며 늙는다. 어떻게 파멸하지 않는가? 지옥이다. 강요된다. 어떤 권리로? 그들이 틀에 둘러싸이고 관리되는 '자유' 속에서 일하고 행동했을 때, 항상 이들에게 명령하고 다루었던 권리에 의해서이다. 이때 협정을 통해 이들을 지배하는 이와 같은 '고용주,' 관리자에 의해 제안된 형상에 따른 것이다. 그들은 일단 자신들의 생산적인 시간이 지나가면, 고용주·관리자에 대해 소란을 일으킨다.

구호된다. 그때부터 무용한 인생의 문예보호자들이라고 스스로 생각하는 자들에게와 (게다가 개인도) 마찬가지로 관계된 이들의 눈에는 수치스러운 말이다. 사람이 노동에 의해서, 부과된 삶의 방식에 의해서, 그러한 단명하는 직업의 일원들에 의해서 지불되는 퇴직연금의 갹출금을 고려조차 하지 말라. 퇴직연금은 그렇듯 너무 일찍 죽은 이들에게 돌아오지 않는다. 그들은 공동체의 이익을 위해서——원칙적으로!——갹출금을 쏟아부었을 것이다. 법, 법령, 사회복지법, 선거 담론, 도지사들의 레지옹 도뇌르 훈장, 정부의 투구, 국가 구조에 속하

는 것 등은 억지로 염가 특매된 지옥의 혜택을 '받는' 이에게
는 아주 나쁘게, 아주 창피할 정도로 좋지 않게 적용되고, 파
멸을 초래하는 불명예스러운 자비심이 된다.

　좀더 많은 돈을 가진 이들은 다르게, 점잖게 늙어갈 것이다.
그러나 왜 그들은 유산을 상속받지 않고 벅차고 힘들 뿐만 아
니라 보수도 얼마 안 되는 직업을 가진 채 뛰어난 사람이 되
거나 한탕하려 하지 않는가? 남의 말에 잘 속아 넘어가는가?
남의 말을 잘 듣는가? 본보기가 되는 예가 있다. (나는 리볼리
거리의 수위 한 명을 기억한다. 나는 8년 전부터, 그는 50년 전
부터 거기에 살았다. 그는 76세였다. 사람들이 그를 치웠다. 그렇
다. 아침에 우유차가 다니는 시간에 납치되었다. 종종 그가 자신
의 생활·직업·이웃들을 좋아한다는 것을 알 수 있었다. 즉 '만
족하는' 남자가 있었다. 제거되었다. 소유주와 저속한 회사는 세
입자들에게(나를 제외한, 사무실들) 그의 해직을 요구하는 데 서
명하도록 청원서를 보냈다. 너무 늙었다는 것이다. 어떤 이들은
서명했다. 우리는 여러 명이었고, 그는 근심했다. 그러나 우리는
저항할 시간을 가지고 있다고 생각했다. 그리고 나서 어느 날 아
침 6시에 제거되었다. 구급차가 왔다. 10시경, 아직 이를 알지 못
하고 내가 나갔을 때, 수위실 문을 두드렸으나 아무도 없었고,
모든 것이 들어내어졌다. 전날, 그는 아무것도 알아채지 못했다.
수위는 대체되지 않았다. 수위실은 1층의 한 상인에게 상품들을
넣는 창고로 '약속'되었다. 수위는 약간의 돈이 있었다. '적빈자'
가 아니었다. 그는 그러한 처소를 가지고 있었다. 그는 그렇게
믿었다. 50년을 거기에서 살았고 일했다. 어느 양로원에 있는지
를 아는 것은 불가능했다. 그리고 또 어느 날, 우리는 그가 "거기

에 더 이상 없다"고 말하는 것을 들었고, 그는 사라졌고 '체포'되었으며, 아무도 그가 어떻게 되었는지를 알지 못했다. 그는 메나르 씨였다. 다른 세입자들은 남았다. 나 역시. 그것은 권리이다. 그를 납치한 것은 합법적인 것 같다. 그렇지만 그 일은 아무도 그 습격에 대항하여 항거할 수 없었던 시간에 일어났다.) 좋다! 삶은 계속된다. 그리고 이 페이지들 역시 그러하다. 그러므로 한 남편, 한 동료 가까이에는 여전히 사고·질병이 많을 것이지만 자원은 훨씬 부족하다=분리이다. 설명이 필요 없는 분리이다. 교환의 중계에도 불구하고 대개 부동산 개발업자, 양로원 출입 대규모 상인들이 아니라면, 그들은 아직 옛 숙소에 있을 것이다.

그러나 그들은 양로원에 있다. 죽는 놀이를 하는 양로원이다. 유일한 활동은 기다림이다. 여기에는 완곡어법이나 마스크·곡언법이 없는 분명한 세상이다. 그들이 마구 착취의 대상이 되었을 때, 어떤 대가에 대해 비난하는 일조차 건방졌다는 것을 이제 와서 거북스레 생각하고 감추는 게 무슨 소용이 있는가? 그런데 현재는 어떤 이익으로 그들을 속이는가? 방어는 무용한 노력이다. 그들은 벽토를 벗기기 위해, 죽기 위해 거기에 있다. 최대한 그들이 그것을 빨리하게 만들어라. 아! 왜 많은 격식·팬터마임·의식 후에 난처한 지경에 엎어진 이런 잘 속는 이들 앞에서, 이러한 소극 앞에서 울고 싶다는 욕망이 생기는가. 왜 사드의 장면과 유사한 이러한 장면 앞에서, 그러나 느릿느릿하게 속임수와 수치 및 무의지, 고백된 악의, 무상적이고 요구된 부족한 쾌락 속에서 자유사상가들의 웃음을 웃지 않는가. 거만한 향유이다. 그러나 사드의 작품에서와 마찬가지로 비밀이지만 오래 전부터 살아 있는 자들에 의해서 다루어지고, 죽은 이들의 무리에 의해 짓밟힌 모든 구조·도움을 받지 못하는 존재들의 고독이다. 박탈된다. 그리고 이들을 구원할 사람은 아무도 없다. 암살적 행위이다. 도둑맞은 편지처럼 은닉된다.

과정? 알아보기 쉽다. 편리하다. 노화를 조장하고 조직한다. 가속화한다. 강렬하게 만든다. (이러한 과장은 거기에 참여자로서 참석하고 도착하는 이들의 공포에 덧붙여진다.) 여전히 분절되어 들어간 남자들·여자들을 하나의 같은 전형으로 삼아 침을 흘리는 아기들의 무리로 만든다. 그들의 순환을 줄인다. 그들의 욕망, 특히 그들의 공간·육체는 점점 더 무기력해진다. 무덤에 갈 준비가 된다. 이것이 경제 활동이다.

피난처 주변에는 무력하고 간소한 공간들이 있다. 건너가기에는 길다. 철책 뒤에는 아무것도 없다. 술집을 제외하고는 무의 가장자리를 이루는 다른 거대한 통로들이 있다. 술집에 가는 사람들이 돌아가거나, 술 취하면 일이 빨리 이루어진다. 부가적인 뜻밖의 이득이다. 술주정뱅이는 유대인 거류지, 민족주의자들에게 알리바이 표시의 이미지 구실을 한다. 다른 이들은 외출을 줄이고 단념한다. 조장된다.

내부에는 한 공간에 이웃한 침대를 가르는 작은 탁자, 의자 한 개, 탁자 서랍 속의 여행의 유물들이 있다. 몇 장의 사진, 옛 신분증(자주 사망자의 주머니들로부터), 몇 통의 낡은 편지. 서랍 아래 선반에는 현재가 있다. 잡지와 빗, 카드, 비스킷, 약. 여자들은 자주 사진, 우편 엽서, 인조 꽃, 작은 제단을 세운다. 남자들은 아니다.

침대 곁에 건장한 이가 아직 살아서 앉아 있다. 침대는 환자·신문·작업을 정돈하기 위한 탁자의 구실을 한다. 어떤 기억들은 오랫동안 숙고된다. 아주 빨리 침대 위로 기어오른다. 침대를 점점 떠나지 않게 된다. 엄습당하고 병석에 눕게 된다. 지친 야채 묶음 같은 사지를 모으고 아직은 때때로 사고한다. 다시 더 나은 계약을 한다. 덜 먹는다. 말하지 않고 더 이상 바라보지 않는다. 아무것도 요구하지 않는다. 아무것에도 저항하지 않는다. 끝마친다. 침대가 남는다. 침대를 차지한다. 아직 참을성이 있다. 시간이 문제이다. 시간이 거의 필요치 않게 될 것이다.

밖에서 냉정한 군중은 왕래를 계속한다. 때때로 어떤 무리는 비틀거리고 이러한 장소로 휩쓸려 들어가며, 여기서 냉대를 받아 무기력해지고 이미 모든 복종을 한다.

이러한 복종은 신용의 결핍을 허용하고, 이로부터 신용은 야기되지 않고 마찬가지로 양로원도 생기지 않는다. (우리는 사전에 죽음, 그 전조가 되는 피해의 비참함을 이중화해 온 그와 같은 난폭한 비참함에 예정되어 있는 미래 노인들의 숫자를 알고 있다. 우리는 그들에게 온당한 환영의 장소들을 준비하는가? 아니다. 그들은 매번 추문의 대상이다. 감옥은 벌써 그들을 기다리는 반면, 그들은 어쨌든 삶이라고 부르는 것과 유사한 것 속에서 아직 몸부림쳐야 한다.) 모든 철학, 변질된 소유권들의 의미는 그 환경 속에 완벽하게 스며드는 공포를 간직하도록 한다. 그것을 착취한 후 더 이상 '수익성' 없는 삶 속에 불법 침입하는 것이고, 그에게서 삶이 가지고 있는 얼마 되지 않는 것을 제거하는 것이다. 평범한 것이다. 몰수하고 내쫓고 박탈하고 가두고——평범한 것이다. 돌보지 않는 병원에 가두는 것은 평범한 것이다. 곧 죽게 될 이들을 더 잘 '감시하고 벌주기' 위해서 잉여자들을, 혹은 지나치게 신경 쓰이는 이들을 정신병원에 보내어 가두는 것이다. 평범한 것이다. 양로원? 규범에 따르는 본보기이다. 분개한다는 것은 터무니없는 일이다. 무엇의 이름으로? 고네릴의 담론으로? 가치가 있다는 것을 알고 있는 고결한 담론으로, 아무것도 말하고자 하지 않고, 단지 목표로 하는 말의 이름으로? 목표로 하는——목표에 이르지 못하게 하려는 것을 이해하는 편이 더 낫다. 사드는 언어를 이해했다. 그는 말했다. 있는 그대로.

  그리고 노인들은 나이에 대해, '정상 상태'에 대해 압제자 혹은 무관심한 이들과 같은 편견을 가지고 있다. 이러한 것에 속지 말자. 울프처럼 그들은 다른 이들의 비평적인 눈으로 스스로 어떤지를 관찰한다. 개인적인 것은 거의 책임이 없다. 개인의 기준은 노인들의 기준 바로 그 자체이다. 그러나 그들은 이상한 역할의 그런 단계에서 도둑이 되고, 다른 사람이 되며, 기병대장들이 되거나 그 역이 된다. 그들은 자신의 풍습·문명에 따라서 행동한다. 그들은 매우 적다. 아주 너무나 극소수이고, 무능하다. 그들은 신용의 결핍을 구체화하고 인격이 순수하지 않은 체제의 작은 그물코들일 뿐이다. 가족에 대해 말하자면 —— 포기에 대한 기이한 배척! 가족? 그러나 우리는 가족을 가지지 않을, 혹은 더 이상 가족을 가지지 않을 권리가 있다. 가족은 존재하되 대부분 그 유명한 필연적인 '신용'이 없으며, 구체적인 애정어린 충분한 환영 능력도 없다. 가족은 몸부림친다. 의무적인 가족의 사랑의 전설에 대해 말해 보면 가족에게 사회의 모든 것을 할당하는 데 편하다! 여러 세대가 함께 살게 하는 것은 도시 환경에서 이 가족 자체의 욕망·가능성에 아주 역행하는 것이므로, 이러한 선택에 맞지 않는 어려운 삶의 조건들을 훨씬 더 왜곡하는 것은 비정상적인 것이다.

양로원은 우리의 인본주의에 가장 자연스러운 기관이다. 특히 늙음, 모범이라 할 수 없는 것은 제거하는 정신분열증에 걸린 우리의 인본주의에 있어서 자연스럽다. 양로원? 우리의 망상증의 완벽한 증후이다. 우리는 그러한 쓸쓸한 흡혈귀들·노인들에게 창문을 여는가? 그러한 이중의 다른 것에게? 그들의 이상한 분명함을, 그들의 분명한 이상함을 받아들이는가? 이기, 늙음, 이 새로운 운각들, 감소를 가져오는 새로운 리듬들과 또한 발작들을 인정하는가? 그 사건들을? 육체, 정신 상태의 이런 변형이 단지 재난이 되지 않을 수 있다는 것을 인정하는가? 그것이 깊은 관심을 끄는가? 우리는 늙음이 이제는 더 이상 부응하지 않는 기준을, 항상 기준이 될 인간의 유일한 견본으로 간직하고자 애쓰지 않는가? 그리고 그러한 '격차'가 특정성을 나타내는 반면, 작은 격차로 늙음을 경멸하고 벌하지 않는가? 우리는! 너무나 조금일지라도 유일하고 합법적이며 부자연스럽고 남성-모성적인 어른들에게 환상을 품은, 수익성이 있으되 수입이 변변치 않으며, 결정된 노동 시간, 작업 속도로 위협받는 위생적으로 히스테리적으로 서열화된 나를 거부한다. 그런데 추상적인 유일한 성행위와 축구에서 거둔 승리가 무엇을 즐겁게 할 것인가? 육체의 '단단한 경계들'이 약화된다는 것을 받아들이는가? 리듬과 폭력, 조직적인 사건의 공개되지 않은 원활함을 인정하고, 그것들에 자유로운 공간을 맡기는가?

공간. 그러나 거기에 자유로운 공간은 없다. 거기에 가두기 위해서가 아니라면, 모든 것은 차지되어 있다. 죽은 이들은 익명의 죽은 이들의 무리 가운데 한 공간을 발견할 것이다. 지금 어디에 그들을 집어넣는가? 늙음은 전복될 수 있을 것이고, 전복될 수 있다. 늙음은 자유를 잠재하고 있다. 활기 없는? 오 아니다! 지나치다. 생의 과도함·충동들을 이끌 더 많은 배출구가 없고, 이를 분배할 미래 없는 충동들의 넘침이다. 과거는 유죄한 무게의 현재를 더 이상 부수지 않는다. 누르게 되는 더 많은 계획들이 있다. 미래는 진열대이고, 우리는 순수하다고 말할 것이다. 무엇에 대해 위협을 가하게 할 것인가, 현재에 대해서가 아니라면? 그러나 어디에서 그것을 찾아내는가? 모호한 지역들의, 한가로이 거니는 무상의 따분하고 참을 수 없는 분위기이다. 더 이상 요람도 학교도 군대도 공장도 사무실도, 고정된 여유 시간이나 조정할 수 있는 시간도 없다. 서양 장기판에서 보기 드물게 될 몇몇 졸로서? 받아들일 수 없다! 거기로부터 저항이 나온다. 노화의 특정성이 정확히 더 이상 통합되지 않는 그러한 순환 속에서 긴급히 노화를 회복시켜 준다. 손해에 대해서는 참 딱하지만! '늙음'은 그 분노·격렬함·언어를 '극복하지 못할 것이다.' 이때 가치란 한 육체, 다르게 되어 버린 그 육체를 사용하는 척도에 달려 있다. 사실상 쓸모없는 존재로부터의 추문이다. 어떻게 계획 없이 삶을 허용하는가. 즉각적인 삶을 목적으로 하는 삶은 미래에 있어서 죽음만이, 그러나 그 불변성에 있어서 아주 확실하거나

보다 정확히 말해 아주 갑작스럽게 분명하며, 더 이상 강박관념이 되지 않는다. 다른 사람을 위해서가 아니라면, 그것은 움트는 현재일 것인가? 어떤 자유이다. 확실한 무상이다. 말하자면 일종의 정체성? 경계하라! 동원과 비상 소집! 장례들! 그들이 사고하게 될 것임을 생각하시오!

생각할 수 없는! 그들의 사고가 결과를 가지게 될 것이 아니라 더 나쁜 결과들을 가질 것이다. 주목될 것이고, 그것을 본보기로 만들 수 있을 것이다. 그리고 가장 위험한 그 형태들 하의 사고! 역시 추론도 사색도 구상도 아니라 어딘지를 아는 신을 이끄는 꿈이며 되풀이다!

그리고 또 우리가 폭력·무질서 속에서, 매우 빨리 노년으로 판단되고 병적으로 어린아이같이 온순해져서 우리의 충동들이 과거의, 유망하고 동시에 불길한 미래의 구속에 의해서, 긴급한 탐욕과 빚에 의해서 억압된다는 것을 인정한다면? 거기에서 우리가 단지 '될 수 있을 것'만을, 그러나 벌써 '아마도 되고 있는' 것을 인정하고 있다면? 누가 감히 몹시 노하여 유배지, 비탄, 비참한 자유에 처한 리어를 뒤따를 것인가? 리어는 광란의 폭풍우 아래서 그가 피하는 것을 찾아서 끔찍하게 자유롭다. 아마도 우리는 잠재적인 리어 같은 이들의 주름살 뒤에서, 욕망과 동시에 '무'의 인식이 나타내는 것을 맞닥뜨리는 위험을 무릅쓰기보다는 그들을 산 채로 매장하고 싶어 할 것이다. '무'의 곁에서 포의 '결단코'가 특성 있는 금홍빛으로 빛난다. 결단코 속에는 있어 온 모든 것이 아직 머물고 있다. 그리고 시체는 박탈된 미래에 자리를 남겨두기 위해 사라진다. 그러나 무는 죽은 육체밖에는 어떤 나머지도 남기지 않는가? 그 송장 같은 입술들? 유산이 아니다. 그리고 유산을 포기한 리어처럼 가난한 노인들은 죽음에 사회적인 연장을, 시체를 추월하는 매력을 제공할 유산이 없으며 그것을 명백한 것으로 제시하고, 상징으로 양도하고, 이득에 의해 대치된다. 제거·사라짐은 이득이 된다. 죽음은 경제 현상으로 들어가 시체는 사라진 듯하다. 반면에 한 번 더 시체는 병균에 의해 번식하고, 삶을 오염시킨다.

나는 이 장을 늙음에 관한 것으로 끝내지 않겠지만, 늙음의 피난처에서 마칠 것이다. 노인들의 양로원. 감동적 표현이 없는 아주 고요한 예에서 끝나는 것이다. 목소리, 우울하고 지친 목소리. 생존에서 포기에 이르는 그 절정에서, 그 남자는 비극에 대해서는 아무것도 말하지 않는다. 그는 마비라는 아주 고요한 폭력 속에서 태어났다. 그의 삶이 어떻게 지배되었는지 들어 보시오. 그는 기능 이상의 육체를 가지고 가난하게 태어났다.

그러니까 1974년, 크레뮐렝 비세트르 노인 양로원. 이 남자는 탐욕스러운 시선, 피곤하고 표정이 풍부한 얼굴을 제외하고 완전히 마비되었다. 그는 바퀴 달린 긴 다리 위에 올려진 판자에 '놓여 있다.' 몸통·다리·팔은 쇠약하고 오그라들고 무기력하다. 그는 절대적으로 노년의, 침을 흘리고 말없는 노인들의 방에서 산다. 나는 마음을 끄는 대화의 녹음 테이프를 하나도 변형하지 않고 다시 베낀다. (그쪽으로 오라고 내게 사인을 한 것은 바로 그다.)

——여기서 우리의 삶……은 좀 힘듭니다. 나는 당신이 지난 금요일 감독이 소개한 분이라는 것을 아주 잘 알고 있습

니다…….

──대단한 일은 아닙니다…….

──그러나 말할 용기가 있으시죠.

──네, 물론이죠. 당신이 말하는 것은 익명성이 보장됩니다. 목소리만 방송됩니다.

──자, 여기서는 아주 어려운 일이죠. (목소리가 누그러진다.) 우리는 이런 노년의 노인들 가운데 뭐, 의식이 분명한 소수에 속합니다. 산다는 게 항상 쉬운 건 아니죠. 우선 충분히 개인적인 것이 없고, 그들이 항상 우리를 돌볼 수도 없으니까요. 왜냐하면 두 명뿐이기 때문이고, 그래서 그것은…….

──나는 당신들이 다수라도 소용이 없고, 각자 고립되어 있다는 인상을 받았습니다.

──우리는 고립되어 있죠. 쇠약해졌습니다.

──(녹음기술자의 질문) 사람들은 그와 같은 생각을 가지고 있나요?

──약간 슬픈 믿음에서 나오는 생각이죠.

──(비비안느 포레스테) 무례한 질문이 아니라면, 당신은 무엇을 생각하시나요?

──내가 건강했다면 가질 수 있었을 삶에 대해서요. 나는 정확히 56세입니다. 태어난 후로 불구가 되었습니다. 이해해 주세요. 나는 늘 민생 보호 시설에 속했지요. 제 표현을 용서하세요. 어렸을 때부터 17세까지 좌우로 끌려다녔지요. 17세에 노인들의 집에 놓이게 되었고요……. 그리고 당신들도 아시다시피…….

──17세에!

——17세에 들어왔어요. 1934년 12월 16일.

——게다가 노인들 가운데로!

——불치의 사람들을 담당하는 부서가 있기는 했습니다. 아마도 전부 노인들은 아니었을 겁니다. 10세에서 20세, 또는 25세의 청년들도 있었죠. 거기에 있던 담당관이 나를 배치하도록 했죠. 그는 나를 그 부서에 놔두었는데, 노인들 사이에 있기에는 내가 정말로 너무 어렸기 때문이죠. 그러나 논리적으로는 노인들 사이에 있어야 했죠. 그들은 내가 22세 때 거기에 두었습니다. 마침내 40년의 전쟁 전에 그들은 개인적인 것을 제한하기 위해서 그 부서를 폐쇄했습니다. 사람들은 전쟁터로 떠났습니다. 나는 1940년 전부터 사실상 노인인 셈이죠.

——오! 그러니까…… 당신은 40년에 몇 세였죠?

——23세였죠. 네. 22세 2분의 1, 22세 2분의 1.

——그렇게 젊다니 놀랍군요. 56세, 그 나이는 늙은 게 아니에요. 당신은 젊어요. 나는 당신이 어떻게 지내 왔는지 모릅니다. 용기를 내세요.

——그렇게 생각하세요?

——저런. 물론이죠.

——(녹음기술자) 시간이, 계절이 어떻게 지나가던가요?

——시간이 흘러가는 것은 알죠. 나는 책을 좀 읽어요. 잠깐이나마 나를 잘 인정하려는 이들과 함께 이야기를 합니다. 그러나 쉬운 일은 아니지요. 그들은 여가 시간이 많지 않으니까요. 아주 어려운 일이죠. 게다가 나는 아주 불구이고, 나 스스로는 아무것도 할 수 없습니다. 옷을 입을 수도 없습니다. 얼굴을 씻을 수도, 몸을 씻을 수도 없습니다. 병원을 바꾸고, 다

른 노인 센터에 가려면 너무나 많은 사람들이 필요합니다. 아니면 거의 끊임없이 내 근처에 사람이 있어야 할 것입니다. 그래서 나는 요구할 수도, 명확한 의식을 가질 수조차 없습니다. 나는 할 수 없어요. 나는 너무나 불구예요.

——(비비안느 포레스테) 야릇하군요. 당신은 참여하고 있잖아요. 당신이 완벽하게 삶에 참여한다고 말하는 거라고 생각해요. 당신이 불구로 항상 여기에 있었다는 것을 상상하기 힘들군요.

——아니에요, 그렇지는 않죠. 왜냐하면 휴가 때의 고향이 있으니까요. 친구를 사귀고요.

——만약 당신이 항상 그런 고향이 될 어떤 장소에서 살았다면 달랐을 것이라고 말하는 거로군요. 휴가……

——사람들은 7월과 8월에 휴가를 떠나죠. 순례지 루르드에 갑니다. 우리는 다른 친구들을 통해서 기력을 회복하죠. 루르드의 친구들은 우리를 돌보지 않거나 놔두지 않죠. 많은 사람들은 파리 혹은 파리 주변에 살고, 한 달에 한 번 우리를 이 사람 저 사람 집에 초대합니다. 우리를 자동차에 태우고 가죠. 식사를 하고, 오후를 그들과 함께 보내고요. 18시경에 다시 데려다 줍니다. 아주 친절해요. 그러나 아시다시피 오래 지속되기 어려울 테죠. 나, 난 환상을 품지 않습니다. 그들은 젊고 자신들의 삶이 있거든요. 결혼을 하고, 가정을 이룰 수 있죠. 68년 이후로 나는 루르드에 가서 첫번째 사람들을 잃었습니다. 다른 사람들이 그들의 자리를 차지했지요.

——아마 되풀이될 테죠.

——그러기를 바랍니다.

——그러기를 바랍시다. 그런데 루르드는 어떤가요? 나는 거기에 한번도 간 적이 없거든요.

——아! 굉장하죠!

——그래요?

——살면서 한 번쯤은 그것을 보았어야 해요. 사람들은 믿음과 감정을 이해할 수 없습니다. 나, 내가 처음으로 거기에 갔을 때죠. 조망대에 있었을 때, 내 앞에 있는 4만 명의 사람들을 보았을 때, 상상도 못한 일이었죠. 당신에게 그것이(그는 운다) 너무나…… 너무나 감동적일 것이라고 확신해요.

——당신은 단체라고 느끼신 거로군요. 혼자가 아니라?

——혼자는 아니죠. 나는 불구니까요. 그러나 나보다 훨씬 더 불구인 사람이 있죠.

——다른 사람들…….

——그래 맞아요. 나보다 더 불구인, 말을 못하고 단지 움직일 수 없는 게 아니라, 물 한 잔밖에는 요구할 수 없는 이들을 보았죠.

——그런데 당신, 당신은 보고 말을 하고 표현도 할 수 있고요.

——네, 맞아요. 그래요.

——당신은 때때로 격분하시나요?

——아니오. 그러기는 했었죠. 20세 때는. 하지만 결국 25세 때 이미 여기에 있었기 때문에…… 여기에 징집된 사람이 있었어요. 그 사람은 아이들이 있었죠. 아마도 당신보다 약간 더 젊었고, 야간 통행 금지로 나가지 못했죠. 독일 순찰대에게 연행되는 것이 두려웠죠. 그 사람들은 여기서 거닐었죠. 그래서

우리는 친구가 되었고, 나는 그 사람들을 아주 잘 알게 되었습니다. 그리고 해방 후에 그것은 행복감이 되었죠. 행복했어요. 그렇죠. 세상 모든 사람들이 거리로 나갔답니다. 도시 사방에서 밤의 무도회가 있었죠. 극장이 있었고, 모든 것이 있었어요. 나, 난 나가지 못했죠. 왜냐하면 불구였으니까요. 그래서 다음날 젊은이들은, 용서하세요. 당신과 같은 젊은이들이 친절하게 나를 보러 왔다고 가정해 보세요. 그들은 나에게 모든 것을, 무도회에, 극장에 갔다고 말했어요. 그들은 그것이 나의 마음을 아프게 했다는 것을, 나에게 해가 되었다는 것을 알지 못했죠. 그래서 나는 그들에게 동의했고, 나, 나는 그들의 생각에 따르게 되었죠. 나는 말했어요. 모든 것이 아주 정말 멋지군요. 아주 좋아요. 그리고 그들은 결혼을 했죠. 나에게 조언을 구하러 왔었죠. 이 사람에 대해서 당신은 어떻게 생각해요? 그 여자에 대해서 어떻게 생각해요? 이렇게 해서 내가 45년에서 74년까지의 삶을 보내게 되었죠. 당신에게 34년도에 들어왔다고 말했는데, 그 전에는 어렸기 때문에 오히려 아무렇지도 않았어요. 40년에서 45년까지, 그렇게 고통스럽지 않았습니다. 아주 충분히 보살핌을 받았죠. 음식을 제외하고 말이죠. 그러나 세상 모든 사람들도 마찬가지였어요. 일반적인 일이었죠.

　——당신은 루르드에 가셨죠. 의아한 생각이 드는데요. 거기에서…… 아마도 제가 무례하죠.

　——아니오, 아닙니다.

　——당신은 신앙이 있나요?

　——신앙이오? (긴 침묵) 네. 조금……, 특히 환경에 의해 나를 바꾸기 위해서이죠.

──함께 하기 위해서인가요?

──함께 하기 위해서이죠. 처음에 나는 가톨릭이었어요. 그러나 결국 아니오, 당신도 아시다시피……, 그러나 결국 말하자면, 진실(들리지 않는다)을 말하자면.

──그리고 고독, 여기서 고독을 느끼시죠? 당신은 여기서 결코 혼자가 아니라고 말하셨죠.

──결코 혼자는 아니죠. 약간 고독해요. 말씀드렸듯이, 여기는 약간 특별한 계층이기 때문이죠. 노인들, 노인의 계층이죠. 문학적이거나 음악에 관한, 혹은 아무런 대화도 할 수 없어요. 휴식을 취하기 어려운 장애가 있는 사람들과 함께 있기 때문이죠. 용서하세요. 남녀 지도원들과 대화를 나누죠.

──무엇을 읽으시나요?

──헨리 트로이엇·조지프 케셀을 매우 좋아해요. 롤랑 도르젤레도요. 책을 좀 읽습니다. 슬로터·프리스틀리, 그래요. 네, 나를 열광시키죠. 그리고 서머싯 몸.

──읽는다는 것은 여러 가지의 삶을 사는 느낌을 주죠.

──네, 맞아요. 아시다시피 여기서 삶이란 아주 고됩니다. 내가 방금 말한 것처럼, 반복하는 것을 용서하세요. 많은 사람이 없기 때문이죠. 휴식의 순간을 선택할 수 없죠. 뭔가 정적인 상태에 있어야 해요. 할 수 없어요……. 그리고 내가 말했듯이 나는 가족적인 가정에서 살기에는 너무나 불구이죠. 지독한 불구예요. 이해하실 거예요. 여기서 산다는 것은 아주 힘들어요. 그러나 내가 가질 수 있는 유일한 삶이죠.

──그리고 삶은, 결국 삶은…….

──당신이 말한 대로입니다. 삶은 지나가죠. 삶은 ……을

기다리며 흘러갑니다. 용서하세요. 당신이 말하실 텐데, 그러나 뭐 죽음을 기다리면서. 그리고 그것은 사실이죠.

——모두, 우리는 약간은 그렇긴 하지만 정신을 딴 데로 돌리죠. 딴 데로 정신을 돌릴 수 있죠. 여기서 당신은 돌릴 수 없군요.

——아마도. 외적인 충분한 활동을 하지 않기 때문이죠. 내게는 저절로 움직이지 않는 자동차가 있죠. 누군가가 필요해요. 고용인은 방에서 일하고 돈을 받는 것이지, 밖에서 환자들을 산책시키는 데는 아니죠.

——저는 당신이 아주 용감하다고 생각하는데요.

——그렇게 생각하세요?

——네.

——그렇지만(그의 목소리가 쇠약해진다) 내가 이렇게 되는 데는 **여러 해, 수십 년**이 걸렸어요. 지금보다 더 밝았답니다. 그러나 결국 당신에게 솔직히 말하겠어요. 나는 사기가 없어요.

——당신이 곧 떠나실 때 잘 될 겁니다. 7월인가요?

——그러기를 바랍니다. 아마도 그럴 거예요.

——당신은 굉장한 분이라는 생각이 드는군요.

——그렇게 생각하세요? 감사드립니다.

——아니에요, 제가 당신에게 감사를 드려야죠. 당신과 함께 많은 것을 배웠습니다.

자, 보시오. 불편하고 가련한 육체. 쓰레기통으로, 즉시 무용하다고 판단된다. 게다가 우리는 속고 있다. 우리는 호기심 있는 정신, 쓸쓸하지만 활기 있는 눈, **우아함**, 차분한 명석함, 약간 느리고 열렬하고 피곤한 목소리를 가진 그를 거기에 던져

두었다. 빈정조의 '수익이 될 수' 있었을 한 사람을 폐물로 만들어 버렸다. 이 지적인 사람은 천천히 고문받는다. 반면에 가정의 가장 단순한 것이 그의 삶을 견딜 수 있는 것이 되게 하는 데 충분했을 것이다.

당신은 어떤 광경 가운데에서 그가 매일을, 삶의 매일 밤을 보냈는지 상상하지 않는다. 파손되고, 침이 방울져 떨어지는 완전히 노인이 되어 노인들 가운데서 투쟁할 수 없는 마비된 그를. "논리적으로 나는 노인들 가운데 있어야 했습니다." 17세에! 그는 '단지' 22세 2분의 1에 그렇게 되었다. 가련하고 불편한 육체. 병든 생물체. 당신이 살아 있는 동안 한 완전한 생명이 겪고 있는 것이다. 아주 고요한 폭력(아주 소리 없이 잦아드는 폭력)이다. 그를 치지 않았다. 때리지 않았다. 그를 던져 버렸다. 그가 죽기를 기다리면서 말이다.

"우리는 무엇을 할 것인가?" 아주 많이 연로하신 나의 아버지는 생의 마지막쯤(집에서, 그리고 그의 역할을 추구하면서)에서 전부와 무에 대해 조소적으로 한숨을 지으셨다. 그는 법이 아니라 규칙으로 사는 이들에 속했다. 아버지에게 세상은 명백한 규칙으로 일관된 **혐의를 둘 수 없는** 건축물이었다. 그런데 늙음은 이 모든 것을 흔들리게 했다. 약간. 아주 약간. 아버지는 낮 동안 오래 얕은 잠이 들어 시간에 대해, 잃어버린 세월에 대해 느끼고 깨달았을 때 혼자서 중얼거렸다. "정말 이상한 세상이군! 정말 이상한 세상이야!" "우리는 무엇을 할 것인가!" 그의 삶은, 그의 노년은 변함없는——그렇지만 어쨌든 질문되는 규칙에 의해 그 흐름을 다시 따랐다. "우리는 무엇을 할 것인가?" 나는 정말로 모르겠다.

6

"난 네가 그렇게 불행한 줄 몰랐어!"

우리가 짐작하듯이 양로원은 모두에게 주어지지 않는다! 어떻게 그것을 받을 만한가? 받을 만하기 때문이다. 삶은 각자가 알고 있는 대로 매수되고, 그 절차를 따라가 다다르면서 앞에서 언급한 절정에 이르게 된다. 결과는 그런 벌이에 의한 것이다. 거기에서 무엇을 하는가! 그 기한은 짜여져 있고, '죽음'은 성적인 증가의 기한 후에 표시가 나지 않는 유한성, 그러므로 양의 간략함을 나타낸다. 양은 관리된다. 양은 숫자로 말해진다. 가능한 계산은 거래를 만든다.

사드와 프로이트, 각자는 이상하게도 숫자를 너무나 즐겼다. 합계를 얻기 위해서가 아니라 기껏해야 비밀리에 날짜들을 관리하기 위해서, 종결에 대한 근심을 잠시 잊기 위해서이다. 프로이트는 대체로 사드가 자신의 해방의 날짜, 혹은 그에게 감옥의 뜰에서 산책이 허용될 날들을 셈해 가는 것 같은 놀이를 통해서 그의 죽음의 날짜를 조작한다.

두 희생물 모두 여타의 생체 프로그램 중에서 하나의 생체 프로그램의 행위자들이고 공허에, 미래의 입 벌리고 있음에, 근심에 직면하여 측정한 수량을 정기적으로 확실히 하기 위해서 광기 아닌 실제에 둔다. 그들은 시간의 결과에 도달하고자,

계산의 마술에 의해서 시간을 조절하고자 애쓴다. 프로이트에 따르면, 《햄릿》의 폴로니우스가 말한 것처럼 '망상에 빠진 방법을' 도입하려고 시도하면서부터이다. 걱정의 문턱을 낮추게 될 제한들, 흔들리기조차 하는 제한들을 얻는 데 필사적인 시도이다. 또한 아마 여성의 사이클을 모델로 리듬의, 성적 질서 규칙들의 환상들을 결합하려는 시도이다. 프로이트의 친구 폴리스는 환상·욕망을 과학적인 확실성, 이론으로 변형시켰다. 이 이론에서 남자와 여자는 '성적인 기간'에 종속되고, 그래서 "최근의 사실에 따르면 우리가 죽는 날도 출생일처럼" 결정된다고 한다.

프로이트는 모든 기표로 기호를 만들기를, 모든 기호가 기표이기를 희망하면서 기호에 사로잡힌다. 프로이트는 융이 떠난 후에 사무실 가구들의 삐걱거리는 소리를 살피면서 융에게, 사무실에서의 '당신의 존재의 마술'은 신호가 일어나서 자신으로 하여금 믿게끔 했지만, 그후에는 예감과 심령 현상 연구가 어리석은 짓이라는 결론을 내렸노라고 편지를 썼다. 그 당시에 융은 책장의 삐걱거리는 소리를 듣고 횡경막의 일종의 경련·열정을 느꼈으며, 두 사람은 심하게 소스라쳐 놀라게 되었다. 융은 다시 삐걱거리는 소리가 날 거라고 예고했다. 일어났다. 그러나 프로이트는 친구가 떠난 후에 다시 '마법에서 풀려난 가구' 앞에 있었고, 융에게 '이해시키려고 그런 희생물을 만들지 말 것을' 조언한다.

그렇지만 그는 어떻게 자신이 '61세와 62세 사이에 죽을 것이라는 확신'을 몇 년 더 일찍 하게 되었는지에 대한 이야기를 이어 나간다. 그는 42세와 51세 훨씬 전에 이미 죽음에 대한 이와 같은 확신을 가졌다. 이번에 그는 그리스를 여행하는 중에 죽음에 대한 확신을 가졌다. "아들과 함께 그리스에서 사물이 번호가 매겨져 모두 명명되는 경우, 특히 운송 수단의 경우에 나는 의식적으로 주목했는데, 1 혹은 2와 결합하여 이어지는 60이나 61이라는 숫자를 보는 것이 정말 걱정스러웠다. 가슴이 억눌린 듯하여 나는 아테네 호텔 1층 방에서 숨을 돌리고 싶었다. 62란 번호가 고려의 대상이 되지는 않았지만 나는 어쨌든 분명히 31번(운명론자의 방종에 따르면 61-62의 반)을 받았고, 62보다 더 적고 가벼운 이 숫자는 내가 무시하려고 해도 끝까지 내 관념에 남을 것이다. 여행에서 돌아온 후에 아주 최근까지도 32라는 숫자에 이웃한 31은 나에게 신빙성 있는 숫자가 되었다." 이러한 미신으로 그는 피상적인 분석을 한다. 그 미신을 전화번호의 변화와도 관련시킨다. 반면에 그는 《꿈의 해석》을 끝낸 후에 죽을 수 있었다. 그는 옛 친구 플리스의 영향도 인정하지만, 그 '감미로운 망상'을 융에게 비난한다. 우리는 이 일이 그에게는 당연하다는 것과, 그의 이야기 속에서 숫자들이 '활기를 띠는' 편집광적인 그의 강박 관념을 잘 느낄 수 있다.

그러나 유감스럽게도 기호들은 특성상 사후에야 의미를 지닌다. 반면에 그 자질은 오히려 전조적이다. 프로이트에 의해 공식적으로 분석된 첫번째 꿈 중에서 이르마[7]의 매독에 걸린 입에 대한 꿈이 있다. 이 질-입, 이 입과 '커다란 하얀 얼룩', 그것의 '뒤틀린 특이한 형성물', '크고 연한 회색빛을 띤 딱지', 이 입은 주사기를 통하여 '자신의 것이' '아님직한' 용액을 받아들였는데, 많은 세월이 지난 후에 발견된다. 17년 동안

심해지고 긁히고 긁어내어진 암의 희생물이며, 음험하고 이동성을 띠며 국부적으로 나타나는 매독에 대항하는 격렬한 대상이다. 그것은 프로이트의 입이다.

프로이트의 입은 이르마의 꿈에 의해서 겨냥되는가? "여느 때와는 달리 아주 창백하고 절뚝거리며 수염이 없는" 그 M박사에 의해 주장되지 않는가? M 박사는 유아기의 애꾸눈 의사(절뚝거리는/애꾸눈의, 두 가지 불구는 불균형을 함축한다. 절뚝거리는 오이디푸스의 다리는——오이디푸스는 더 나중에 이중의 애꾸눈이 된다. 즉 눈이 먼다. 그러나 애꾸눈이 되는 것은 반장님이 되는 것이 아닌가!——눈의 비대칭과 다시 결합할 것이다)에게 아무것도 빚진 것이 없는가? 프로이트가 다른 꿈으로부터 추억을 재구성하는, 상처에서 이미 턱뼈에 이르기까지 지크문트(그 당시 2세 혹은 3세의 나이)를 돌보았던 그 의사에게 빚이 없는가? M박사는 그 턱, 턱 왼쪽에 이제는 수염이 없는가? 그는 요제프 푸어였다. 프로이트가 언급하지 않는 이름이고, 1968년에 사즈너가 찾아냈다.

1972년, 슈어 박사는 《프로이트 생에 있어서의 죽음》[8]에서 푸어 박사를 인용했다. 프로이트 생의 마지막 11년 동안 주치의로서 세포 조직 태우기, 긁기, 주사를 실시하고, 프로이트가 죽기(슈어는 나치즘에 의해서 빈으로부터 내쫓긴 프로이트를 런던까지 따라가기조차 했다)까지 그의 입에 실행한 연속적인 외과 수술에 관해 돌보면서 암에서 턱에 이르기까지 매일같이 보살폈다. 그리고 슈어는 푸어라는 성이 기호를 포함하고 있다는 것을 주목했다. "요제프라는 이름은 좀더 나중에 프로이트의 생에서 중요한 역할을 했음에 틀림없다."(주 8) 참조) 하지만 그는——분석가인데——유아기의 의사, 푸어라는 성과 자신의 성의 동일한 모음 반복을 의식하지 못했다. 슈어 박사는 그렇게 여러 해 동안 금욕적인 프로이트라는 인물의 중대한 위엄의 손을 잡았다. 그리고 끈기 있게 그를 돌보았지만, 또한 얼굴의 다른 상처로 인해 어머니에게서 어느 정도의 거리를 두었다——혹은 아마도 같은 상처 때문인가?

그 꿈은 유아기에 관련된 것인가? 다른 두 의사가 꿈에 등장하는데, 프로이트의 친구인 레오폴트와 오토, 아동병원의 옛 조수들이다. 그런데 소아과 의사 오토 리는 프로이트 아이들의 의사이고, 야릇하게도 가족 모두의 의사이다. 《꿈의 분석》의 한 구절은 다음과 같은 문맥에서 재미있다. "눈에는 눈, 이에는 이." 프로이트는 잘못 알고 술포날을 마틸드라는 환자에게 권하여 죽음을 초래했다. 그러나 그에게 마틸드라는 이름의 딸이 있었다. 또한 그는 다음과 같이 생각했던 것을 기억한다. "눈에는 눈, 이에는 이. 마틸드에게는 마틸드." 프로이트의 치아에 대해서는 푸어의 눈이다.

아이의 턱에서 이르마의 매독에 걸린 입으로의 도정은, 아마도 17년 동안 노인의 턱뼈를 부식시킬 암에 이르게 될 것이다. 꿈은 이를 나타냈을 수 있다. 욕망이 아니라면("꿈은 항상 욕망의 발현이다." 여기서 욕망은 죄의식이라는 감정에 관계된다고 프로이트는 적고 있다. 즉 프로이트는 "만약 당신이 고통스럽다면 그것은 당신의 잘못입니다"라고 이르마에 대한 꿈에서 말한다. 그는 나중에 (M박사의) '입 속에 놓인 위로'에 대해 말한다. 그러나 벌은 어떻게 보면 회환과 유죄성의 끔찍한 감정에 대한 위로·치유가 아닌가?)——그러므로 욕망이나 의지도 아니라면

적어도 강박관념이다. 그러므로 틀림없이 하나의 의미이다.[9]

또한 프로이트는 꿈에서 다른 이유로 헛되이 죽음의 숫자를 엿보지만, 꿈에서 일어나는 죽음의 지형학을 간파할 수 없다. 사드가 '로라의 꿈'(그가 갇힌 뱅센 소탑에서 씌어지고, 후작 부인에게 보낸 편지에서 이야기된)에서 답변을 제시하는 것처럼, 그가 자신의 감금의 한없는 기간에 대한 답변을 듣지 못하고, 그 숫자들이 그에게 그 답을 감추는 것과 마찬가지이다. 그는 숫자들을 장모인 여사의 내장들을 가지고 했을 것처럼 다루는데, 그는 장모가 내장으로 가득 차 있다고 주장한다. 사드는 하인에게 "그 몽트뢰이 여사는 자네에게 '내가 만일 사위를 감옥에 잡아두지 않았다면(여전히 뱅센에) 5명, 3명, 그러므로 8명을 결혼시킬 수 있었을까? 내가 23명과 9명을 틀 속에 잘 맞출 수 있었을까? 내 딸이 그 애의 남편을 찾아간 처음 면회와 마지막 면회, 앞으로 하게 될 면회의 날들이 80일 이상 계속되도록 일을 처리할 수 있었을까…? 행복과 덕행, 머리의 치료, 이것이 매일 계속될 거야. 하지만 숫자·관계, 유사한 것 등을 어울리게 하는 일은 나와 내가 좋아하는 알바레만이 할 수 있지'라고 말할 걸세"라는 편지를 보낸다. 그는 해독코자 하는 그러한 '신호들'로 이루어진 편지 속에서, 그리고 서투르게 혹은 심술궂게 고백하는 후작 부인을 비난하는 편지 속에서 말의 반복·병렬·유사성을 통해 이 숫자들을 엿본다. 그런데 그는 꿈에서 조모 로르를 본다. 로르 드 페트라르크는 자손의 애인을 부드럽지만 지옥으로 끌어당기기 위해서인 듯이 손을(돈 주앙에게 그토록 거부된 봉헌물) 내밀고, 그녀에게 자손이 어떤 자인지 안다고 말한다. "암울함에 완전히 감싸인 그녀의 아름다운 금발은 아무렇게나 흐트러져 있었다. 그녀의 모습은 음울했지만 사랑했기 때문에 훨씬 더 아름다워 보였다. '왜 너는 땅에서 신음하느냐?' 조모는 나에게 말했다. '나를 다시 만나러 오렴. 내가 사는 거대한 공간에는 악과 괴로움·고통이 훨씬 더 많단다. 나를 따라오려면 용기를 가져야 해.' 이 말에 나는 그녀의 발에 엎드렸고, 그녀에게 말했다. '오, 엄마…!' 흐느낌으로 목이 메었다. 그녀는 눈물로 흥건한 내 손을 잡았고, 그녀 역시 눈물을 흘렸다. 그녀는 덧붙였다. '나는 네가 싫어하는 이 세상에 살았을 때, 미래를 생각하며 위안했지. 너까지 후손을 번식시킨 것이고, **난 네가 그렇게 불행한 줄 몰랐어.**' 그래서 절망과 애정으로 마음을 빼앗긴 나는 그녀의 목에 팔을 뻗었다. 그녀를 잡기 위해, 혹은 따라가서 내 눈물을 뿌리기 위해서였다. 그러나 망령은 사라졌다. 고통만이 남았다." 로라의 있을 수 있는 메시지, 전조 없는 불행의 메시지는 그를 가로막지 않는다. 이 메시지, 그는 이것을 프로이트처럼 건조함, 숫자의 침묵 속에서 찾는다.

산술의 싸구려 상품, 무상의, 효과가 없지만 효력조차 없는 투명한 숫자들의 필요성이다. 이러한 숫자들은 여러 계의 성질을 띠는 것 같고, 황량한 시대 속에서 우리가 헛되이 지표로 삼으려고 애쓰는 기준을 만든다. 그러나 이 낯선 대상, 차갑고 중성적인 사물, 중재인을 다루는 만족감을 준다. 이야기의 진짜 코드, 혹은 적어도 언제? 언제까지?라는 중요한 정보를 담고 있는 것들이다. 그러나――모든 것은 얼마나로 요약되어진다――만약 우리가 다른 곳에서 친족 관계라면 관련된 아빠·엄마의 제어력이 다른 곳에 있는 것처럼, 마침내 어떤 방향 어떤 의지로 결정된 양과 충만함도 준다. 성 문제, 노고, 배고픔 가운데 비어 있을 뿐인 우리들에게 관계되는 것이다.

노동 제도에 끌리는 이상한 매혹 속에서 발견되는 숫자, 필연성 아니면 코드의 필요성, 너무나 난해한 침묵의 공간을 배치할 필요성을 지니지 않을 뿐만 아니라 본래 없었던 숫자의 필요성이다. 지표들, 추산되는 월급, 정해져 구속하는 달력을 이용해서 시간의 공허의 경계를 표시하는 날짜들, 즉 노동 시간·휴가·퇴직은 우리가 정말 알지 못하는 무언가를 채우는 환상을 준다. 또한 아버지의 말을 가지게 될 어머니의 가슴에서처럼 노동('그들에게'가 아니라)에 사로잡힌 인간들의 광기의 근저에서 발견하게 되는 숫자들의 필요성이다. 어머니는 생육시키고 가치를 부여하고 토대가 되는 동시에 입법을 행한다.

모든 수치의 근원, 무위하는 나쁜 엄마의 막은 거세되고, 발가벗겨지고, 혐오스러운 수치를 노인만큼이나 똑같이 죽음에 전달하는 것 같다——인공적인 기능으로, 왕에서 노예에 이르는 주체의 외양을 주는 의복으로 육체와 존재는 변장하지 않는다. 그러면 갑자기 '차용된' 육체로 무엇을 할 것인가? 이제는 아무도 그것을 원하지 않는가? 교환의 대상으로 싼값의 도구로만 여기에서 살고 있다. 속해 있는 조직과 마찬가지로 그 거주지에 아주 낯선 언어로 되풀이된 것밖에는 이제는 아무것도 모른다.

남자들과 여자들은 너무나 많은 언어들, 생성에 관한 메시지, 무의식의 구조, 숫자들로 둘러싸인 수수께끼, 시간의 온갖 종류의 기교적인 놀이에서 구성되고 속해 있는 무한한 육체의 화학 작용에 시달리고 귀먹고——'그들의' 육체라고 지적하는 것에 의해서 제한되고, 항상 단수로 '그들의' 이름이라고 부르는 것에 의해서 결정된다. 남자와 여자는 필사적으로 숫자로 나타내어진다. 혹은 숫자 없이는 약화된다. 그래서 리어 왕처럼 적대적이고, 동시에 주의가 산만한 본성 속에서 파멸되는 것이다.

남자들과 여자들은 작업 속에 힘들게 집어넣어진다. 그래서 경제 속으로, 공상적인 그러한 세계 속으로, 숫자들이 숫자임을 주장하고 법을 이루는 그러한 유토피아 속으로 주입된다. 예를 들면 역시 프로이트와 사드가 암호를 풀려고 하는 공상적인 암호표가 아니라, 현실을 점령하고 현실을 이루는 것의 의미를 뒤엎고 거꾸로 하는 체제이다. 즉 삶이다. '현실'에 대해 치명적인 그 건축의 매력과 유효성을 세기마다 더 한층 평가할 수 있다! 유토피아, 그러나 권력의 이야기이고, 배고픔 · 양식 · 초과분 · 결핍 · 노예 상태 · 영향력 · 일자리를 분배한다. 노동이다.

노동 없이 남자와 여자는 '쓸모' 없다고 생각하게 된다. 실업? 극적이다. 인정한다. 실업을 받아들인다. 하지만 받아들일 수 없는 것이다——노동처럼. 또한 실업이 노동의 가치를 부여하기 때문이다. 부족함에 의해서 그 자체로 바람직하고 만족스러운 것이 된다. 내가 말하는 노동은 노동에 있어서 그 자체가 아니라, 그 자체의 충동들에 부응하고 억제하는 자연스러운 노동이 아니라 '고문의 도구(trepalium)'에서 어원적으로 나온 노동을 의미한다. 예를 들면 《로베르 사전》에는 "경제 용어로서 사회적 효용이 있는 생산적인(기계들에 의해서가 아니면 도움을 받아) 사람들의 경제 활동"으로 적혀 있다. 우리는 오히려 그 요소들의 감정적이고/이거나 효과적인 그리고 신의 권리 같은 기업주의 권한을, 교리 같은 계급, 완전히 자의적인 계급을 창설한다. 강제 수용, 점진적 악화에 의한 인구의 황폐에 대해 말하는 것이다. 압제적이고 자주 권위주의적인 기업의 경영은 임금노동자의 종속 관계를 기정 사실로 간주한다.

경제 권력의 행동 속에는 순진하고 순수한 것은 없다. 기업도 역시 마찬가지이고, 특히 그때부터 '감시하고 벌주기' 쉬운 개인들을 몰아넣는 장소가 되며, 모든 조직체는 한층 더 '조작'과 비슷한 하부의 사고 방식들을 만드는 경향이 있다. 매일 아침 수치스러운 수백만의 남녀들은 감옥 같은 곳, 공장 또는 사무실——노동의 장소에 들어간다. 이 어른들은 그런 식으로 포기되고, 감시하에 놓이고, 몸짓 하나하나에 대해 책임을 져야만 하고, 아이들이(미래의 임대 계약을 맺은 가축) 학교에서 그러하듯이 감시된다. 인간을 더욱 소외시키는 어떤 몸짓이 나타나기 시작하는가? 항상 극소의 월급을 위해 완전하게 자신의 시간을 팔아야 하고, 거짓말쟁이로 가정되어 조절되는 의심을 받아들여야 한다. 계획에 복종해야 한다. 화장실에 가기 위해 허가를 요구해야 한다. 받아들여져야 한다는 유일한 필요와 자의적인 내부 규칙에 부족했다고 벌받고 실책당하고, 소위 기업의 이익, 즉 기업가의 이익에 게을리 했다고 벌받고 실책당한다.

작은 과실, 담배를 피웠다고 수다를 떨었다고 먹었다고 의견을 표출했다고 지각했다고 직원은 파면당해 뒤엎어진 그의 것인 삶, 인생을 보는 위험을 무릅쓴다. 만약 인간이 노동의 장소에서 죽게 되면 고용주는 소홀한 데 죄가 있고 그 책임을 인식하는데, 대부분 비열하고 사악한 어떤 경제에 기인한다. 자신의 운명을 무로 변형시키지 않게 될 벌금의 위험을 무릅쓰게 된다. '기업의 이익'이 양도(종종 고용주가 피고용자들 앞에서 반박하지 않아야 하는 나쁜 경영의 결과)를 요구한다면, 기업은 봉급생활자들에게 피고용자가 속하지만 그에게 어떤 위상도 부여하지 않는 기업에서 그 '실체'를 따르고 근절되도록 할 수밖에 없다.

자의적이고 훨씬 더 잘못된 이 작업은 부여된 만나이고, 거대한 사다리 위에서 제거될 수 있다. 노예로 만들어 당신을 자주 죽이기조차 할 노동(27쪽의 표를 보라)을 간청하고 구걸하는 것보다 정말 더 나쁜 노예 상태이다! 일상적인 모욕의 조건들과 자치권의 부정을 거부하는 자신을 굴욕스럽게 느끼도록 조작되는 것이다! 주체의 이러한 모욕·종속 관계는 그의 정체성이라는 말 자체가 된다.

그리고 새장, 엄마에게 항상 구걸하는 이 위(胃)는 남성이건 여성이건 필수적인 '집,' 가정적·사회적인 남성의 집회장이 된다! 배로부터 묘지에 이르기까지 떠나지 않는다. 그 장소에 남아 있는다. 반대 방향을 잊고 거기에 휩쓸려 들어가야 할 것이다.

노동자들의 노동 조건, 이민자, 대규모의 부정, 문명화된 야만은 도처에서 드러난다. 표현하는 것은 어떤 위험을 나타내는 것이 아니며, 아무도 걱정시키지 않는다. 매일 언론매체들은 명백한 부정을 보도하고, 우리를 친밀하고 관대하고 아주 유쾌한 분개로 흥분시키고, 다음날 보고서에서 새롭게 될 것이다. 개인적인 부드러운 반항의 매력, 공동체로서의 표현의 쾌감. 조금씩 우리는 불명예에 동의하고 무감각해진다. 이러한 시간 동안 생기 있는 다른 삶은 그들의 유린된 삶을 끌고 간다. 우리가 비밀에, 체제의 동인에 접근하지 않는다면 보고서는 문제될 것 없다. 그리고 비밀은 기껏해야 각자의 내면적인 것이다. 그렇기 때문에 권력의 공포는 사색가들과 마주치고 생, '그들의' 생으로부터 정신을 흩어 놓지 못하게 된다. 그러므로 사실은 우리가 상투적인 표현을 꾸준히 반복하고 있다는 것과 같다. 그리고 옹호할 수 없는 상투적인 표현들은 점점 더 진부하게 되고 점점 더 분명해지며, 분명하므로 환해지며 어리둥절하게 된다. 효과는 없다. 즉 확고한 그것은 계속한다. 폭력이 없기도 하다. 알리바이로서 역사와 함께 이러한 경제는 언제까지나 구제 불능이 되며, 여기로부터 대재앙들은 모든 것이 잘 되어가도록 다른 것들을 요구한다.

대재앙들은 그들의 무거운 도구가 지구 자체, 랭보가 지적한 그 불길한 농담 '경제적 공포'의 지리적 공간이 바로 이 지구가 된다는 점에서 삶의 바탕을 이룬다.

그리고 노동에 대한 권리에 의해서 권리를 삶에 부여하고, 권리는 절대적인 의무가 된다. 가장 부조리한 이야기들의 가장 부조리한 것 속에서처럼, 우리는 부과된 것을 불가능한 것으로 만든다. 우리는 불가피한 것에 죄의식을 느낀다. 우리는 존재하지 않는 노동을 찾도록 강요받는다. 우리는 동정을(동정에 대한 수치는 다른 이들이 필요로 할 때 동정을 할 수 있는 이에게 오히려 되돌아갈 것이다) 육체, 건강의 훼손을 대가로 노동에 의해서 생겨나고 받아들일 수 없는 구속에 의해 길들여진 우려로 인해 잘못된 것으로, 그리고 위험하게조차 잔존하는 무언가에 의해서 수치스럽고 엄하게 제한된 것으로 부여한다.

바로 이러한 노동은 취해지든 아니든 모든 육체들이 그러하듯이 육체의 변화, 상상적인 이러한 육체의 변화를 일으킨다. 다시 말해서 완성되지 않은 육체, 결핍감으로 이루어진 육체, 단지 욕구의 기원일 뿐인 육체, 그 육체가 속한 다양한 계층의 노획물의 기원일 뿐인 육체의 변화를 일으키는 것이다. 육체는 가능성, 알 수 없음으로 이루어지고, 그 육체에 적합하면서 또 죽게 하지만 산 채로, 그리고 살아 있다는 사실 자체에 의해서——근심의 피부를 죽게 하는 조직체 속에서 유래한다. 제공·호소·수수께끼·단절·거부 혹은 운명이라고 말할 수 있지만 개방되거나 확정되지 않고, 호흡에 관계된 운명들과의 교류하는 결정되지 않는 사명이 있는 육체에 대해 말하는 것이다. 정신적인 육체에 대해. 노동은 바로 이 육체, 그러므로 꾸며내어진 역사의 도구인 육체의 변화를 일으킨다. 이것은 역사의 구조 변화도, 역시 역사의 자아 변화도 아니다. 변형은 훼손시키고 마비시키며 항상 살의를 품고 있는 것이다. 왜냐하면 변형은 이 육체의 삶이라는 자기 시대에 대한 참여를 제거하고, 특정한 경제의 배제를 가정하기 때문이다. 그러나 또한 우리는 자주 육체가 아주 물질적으로 이러한 삶의 단순하고 차가운 단축이 되는 것을 보았다. 이것은 다른 요인, 영양물, 여가 시간, 의학적인 돌봄, 근심, 지식과 문화적인 방어, 이것들은 이러한 삶을 구성하고 오히려 그 삶에 부족하기도 한데, 이를 고려해서만이 아니라——조직체에 대한 리듬·환경, 전문적인 규율의 불길한 효과에 의한 것이다. 그리고 보통의 삶에 필요한 소비보다 낮은 보수에 기인한 결핍에 의한 것이다.

또한 착취와 종속 같은 상태이고, 종종 진부한 자살에의 속박이며, 게다가 유아기가 포함하는 비천한 것으로의 그러한 퇴행이다. 부모라는 칭호를 지닌다면, 어느 누구에게든 그 사람은 고용주의 면전에서 하는 존재의 복종──실업자는 바로 이런 상황을 요구하는 듯하다──을 종종 아주 정확하게 간청한다. 그외에 돈을. 돈은 피만큼이나 생명 유지에 필수적이다. 우리가 잔존의 첫번째 조건으로 만들고 있으며, 잔존의 양 혹은 잔존을 상징할 만큼 각자가 마음대로 사용하는(혹은 마음대로 사용하지 않는) 돈은 장기·순환·신경과민·제2의 조직체를 상징하며, 이 제2의 조직체에 육체가 연결되는 것이다. 대부분에게 있어서는 돈을 얻는 유일한 수단으로서의 노동과 함께 잔존의 첫번째 조건이자, 어떤 이들에게 제한되는 경제적이고/이거나 정치적인 절차들에 속하는 이 노동의 분배에 대한 결정을 하는 어떤 권리, 어떤 권력이다. 어떤 이들은 냉혹하게──전략, 노동 불능, 우선권에 대한 엘리트주의적 의미──이러한 분배, 암살자에게 돌아갈 것을 제거하고 지연시킨다.

체제·정당·조합은 때때로 아주 작은 악(그러나 근본적인 '악'은 요구된 같은 '악'의 이익에 은폐된다)의 색채를 띠고, 바로 이러한 상황을 규칙·주축으로서의 노동으로 회복하고 재구성하고 개혁하려 한다. 바로 이러한 상황은 함께 해야 한다는 점에서, 내가 이 순간 적고 있는 것이 믿을 수 없는 순진함에 속한다는 점에서 피할 수 없는 기본적인 것, 돌이킬 수 없는 일로서 받아들이게 되는 노동에 관계된다. 바로 이러한 상황은 권리로서 주장되고, 이러한 상황에 대해서 노동당들은 정부가 사기업에 자금을 조달하도록 요구하며, 그들의 수익을 최대로 하도록 계속해서 착취할 것이고, 하루의 불가피성, 위기를 몰아오는 바람, 바람 속에 있는 위기에 의해서 고용과 실업을 교대로 일으킬 것이다. 그리고 항상 협박이 있다. '너의 노동과 삶'. 그러나 누가 삶을 살아가면서 근심스러운 이러한 조직을 포기하기 위해서, 재앙을 겪으면서 '그후의 삶'에 대한 질문을 잊기 위해서 자신의 삶을 내주지 않을 것인가? 충만함, 숫자들의 억압이 되기까지 하는 세계를 되찾기 위해서이다. 고네릴과 리건의 보증이 있다.

노동의 상실은 무용하다는, 잉여라는 더 이상 사랑받지 못한다는 의미에서 명예의 상실이자 정체성의 상실이다. 마치 모든 것이 아이들 탁아소에서처럼 항상 조직되고 분배되는 것은 아니었다는 점처럼 어리석은 모욕이 '목격된다.' 사람이 일할 때와 일하지 않을 때도 자신의 삶, 삶을 겨냥하는 대재앙을 만들어 내는 삶에서 분리되면 마치 빚이 탕감될 수 있다는 듯이. 명예? 그것은 받아들이는 것이 아니라 취하는 것이다. 유용성으로 말하자면! 구멍을 뚫고 그것을 막고 속임수를 엄하게 대하고, 아무개들에 대해 쓰고 목록을 베끼며 다른 이들이 당신에게 하는 이익을 합하고, 무용한 것을 어떻게 팔 것인지 연구하고, 잉여를 팔고——기계의 시중을 드는 꼭두각시들을 만드는 기계를 다시 거슬러 가는 유용성뿐일지라도 유용성이 명백하다! 1880년에 폴 라파르그는 《게으름에 대한 권리》[10]에서 세르빌리에〔프랑스 작가〕를 인용한다. "노동자들은 생산 자본의 축적에 협조함으로써 사건에 기여한다. 이 사건은 일찍이건 늦게이건 그 자본을 급여의 일부분에서 탈취할 것임에 틀림없다." 오늘날에서조차 이보다 잘 표현할 수는 없을 것이다.

분명히 무위(오히려 완전한 무기력을 내포하지 않는다), 무위는 실업에, 가난함에 대한 우려와 비참해질 거라는 위협 혹은 상대적인 결핍에조차, 그러나 상징적으로 체제 속에서의 의미심장한 결핍에, 또한 그러한 노동을 '찾아야' 하는 의무감에 관련되어 있으며, 그러한 노동은 정확히 부족하고, 현재에 충만함을 부여하지 않으려는 경향이 있다! 적어도 우리는 노동 대신에 아주 자의적인 그 필요성을 유감스러워할 것이다. 사정거리에 있는 듯한 것을 갑자기 인식하고 유감스러워한다. 자유로운 호흡, 육체에 대한 시간의 관리, 그 여정에 대한 선택, 감정에 대한 적성, 이러한 요인 각각이 재정적으로 미약한 분야에서 망설이고 박탈되고 축소되는 것으로 나타나는 것에 대해 또한 분개한다면, 인공두뇌학이 어떤 체제하에서 발전되리라는 것을 놀라운 것으로 생각한다면, 엉성하고 압제적인 그런 시장에서 고려하지 않고 항상 노동을 취하게 만들어라. 인공두뇌학이 반드시 '해결책'이 되는 게 아니라, 어쨌든 징후가 되는 그러한 가능성을 우리가 모른다는 것이다. 상상력이 부족한가? 반대로 자유·동물성·사고력 있는, 그러므로 위협받거나 제어되지 않고 아무런 방해 없이 죽음에서 해방된 존재가 공포심을 일으키는 상상력이 너무 많다! 억지로 꾸민 더 이상의 줄거리도 없다. 그러면 그때부터 '자유분방한' 인구들을 학교·공장 사무실에 어떻게, 왜 가두는가? 어떻게 지배하고 속여먹고 명령하는가? 누가 복종케 하는가? 생명의 위협이다! 위험이다!

'여가 시간'의 개방, 아주 어렵지만 자유가 가능한 시련에 대한 개방에 대해 생각하기는커녕 오히려 오늘날 수공 작업을 권고한다. 필요한 자본 없이, 감시되는 후위 부대 없이 지식·근심·호기심의 지역을 침해하지 않기는커녕 "수공 작업을 선택하시오(!)"라고 광신자들, 작업을 잘 경계하는 익살꾼들은 제안한다. 그러나 도구에 대한 사랑, 망치와의 리비도적인 접촉, 굴착기와의 색정적인 접촉, 프롤레타리아와 자신의 기계의 신비주의적인 연합, 영양이 되는 그러한 대상, 어머니 공장과 성스러운 모태들에 가해지는 존경의 열정에 대해 즐겁게 하려 한다. 세상의 어느 누구도 그 설교자들이 용접하려는 쇠, 세계 치려는 망치에 대한 열광에 따르는 것을, 그들의 자손을 그러한 페탱파의 황홀경에 쓰려고 정하는 것을, 혹은 정부-살롱에서 양성공들을 취하는 것을 막지 못한다는 점을 주목하라. 그러나 완강한 그들은 너무나 많은 쾌락에 저항한다. 누가 거기에서 점점 더 제한된 한 그룹의 내부에서 지식과 관리를 취하려고 지향하는 엘리트의 담론을 보지 못하는가? 이러한 세월·날짜, 그러한 시대에 논리는 반대로 탐구·근심, 모든 형태에 대한 호기심, 사고의 모든 규율, 모든 메타-언어를 통한 모험, 비밀스러운 감정들의 욕구, 무상으로 실행되는 것들의 욕구 등이 격려되기를 바랄 것이다. 그러면 '자신의' 기계-도구에 대해 타락한 열광적인 노동자의 사랑을 영예롭게 하고 싶다면! 왜 그 노동자를 배당권을 받은 스타하노프 운동 참여 노동자들에게 있어 매우 비싼 경주용 자동차, 소형 모터보트, 요트와 대등한 용도의 도구들 쪽으로 이동시키지 않는가?

그래야 하는 것으로서 남성의 정체성에 관련된 노동의 신화와 '전적으로' 효과적이고, 철저한 성 본능에 대한 신비로운 발명에 관계된 정체성——영화의 끝을 예전에 당신은 보았는가? 솟아오르는 것은 금지인가? 불구가 되는 소리는 금지인가? 조직체를 파괴하는 리듬은 금지인가? 피곤은 금지되는가? 재앙이다! 그것 자체가 '노동'이며, 적어도 거세될 월급만큼의 노동이다.

슬픈 사육제의 '폐하,' 불필요한 촌극의 성년 제작자-연출가는 정말 본보기적이고 매우 우월하며, 실제적 정체성(복수적이고 절분법의)으로, 동력이 되는 에너지로 이루어진 거세는 아주 잘 조정되어, 꼭두각시들은 발가벗겨지는 것보다 오히려 노예의 특성을 요구한다. 왜냐하면 벗겨진다는 것, 그것은 육체를 제시하는 것이 아닌가, 그렇지 않은가? 그것은 '무,' 의복의 부재, 속성의 부재를 고백하는 것이다! 혹은 '수치스러운 부분들을.'

수치. 바로 거기서 강탈의 기호에 의해서만 존재한다는 점에서, 그리고 존재에 강요되었던 것을, 무엇에 의해 거세되었는지를, 거세의 칼과 상처를 그에게서 제거되어 버린 것과 혼동함으로써 잊어버리기조차 한다는 점에서 존재를 박탈하는 한 체제의 폭력이 측정된다.

수치. 양로원(그리고 다른 곳)에 있는 노인들의 시선이 기본을 이루는 것도 바로 거기에서이다. 코드화된 동요 속에서 그들 자신의 분명함을 숨겨 왔었고, 이제 더 이상은 숨길 수 없다는 수치이다. 조심성이다. 끝·쇠퇴에 있는 게 아니라 이제까지 형성된 그들의 인격의 활동성이 거기서 노출된다는 수치이다. 육체가 정의되고, 갑자기 고정되고, 그후로 **그래 왔던** 것에 대한 폭력을 드러내는 강렬한 순간에 아주 가까이 있는 것이다. 몹시 놀라운 성 본능의 사건을 제시한다. 어떤 기술로 모두 앞에서 '더 이상 존재하지 않는다'고 주장하는 남자·여자를 구체화하는 것이다. 그러나 그렇게 제시된다. 볼 가치가 없다. 살색의, 완전한 시체이다.

결코 선택한 적도 없다. 아무도 혹은 어떤 위험으로, 그러므로 육체의 이러한 분배 속에서 선택권을 가진 적이 없다. 육체는 잘 양육해야 하고 보호해야 하는 것이며, 부적절한 혹성에 있는 육체를 구성하는 색채로써 사회가 예견하는 것이다. 그렇게 해야만 한다. 배고픔으로, 추위로 죽는다? 당연하다. 당연하다! 보호되는 것보다 훨씬 더! 삶에 대해서이지만 그 빛에 대한 어떤 권리이며, 기다리면서 돌려 주어야 하고 구매해야 하는 의무이다. 우리는 상품 자체의 염가 판매로 태어난다. 이미 구식이 된 기계에 예정된 부품이다.

솔직히 여기에서처럼 기계의 사용 방식을 고려하지 않고 놀이의 규칙들, 닫혀진 회로에서의 담론의 놀이들, 전세계적인 이러한 가벼운 희극의 고도의 논리를 비판하는 자의 무능력함에 대해 느끼는 경제학자·정치가들의 연민은, 흘러가는 시간이 재앙을 유지하고 보호하도록 하며, 이러한 기간이 모든 부품으로 꾸며져 뒤얽힌 혼돈과 잘못된 운명을 강화한다는 사실에 의해 더 한층 그러한 재앙을 관리하는 그들의 능력만큼이나 상당하다.

기계는 약화되기는커녕 위기의 시간이 삶에서 유지되기 위해 항상 기진맥진해지도록 요구할 수 있는 자들만이 가지는 욕망의 온갖 충동으로 강화된다. 시체가 되어 죽지만, 너무 늦게야 가능하다. 톱니바퀴 장치는 튼튼한 등을 가지고 있다.

그러면? 해결책은? 한 번 더, 아니다. 숙고한다. 가능한 숙고 중의 하나, 그러나 항상 빈정거림에 이른다. "그래서 당신은 ……을 제안하시나요?" 아무것도. 아직, 그리고 영원히 아무것도 없다. 나는 증명한다. **증명하는** 것이 긴급하다. 그리고 게다가 금지되었다. 비어 있음. 무에 대한 공포는 쉽게 이러한 생각의 끝에 오며, 가득 채워진 것의 가득 채우기로부터, 부정한 거래로부터 건전한 실행으로 되돌아온다.

해결책의 잠재적인 부재를 참아내더라도 사기, 그러나 환상도 예견하게 될 것이다. 가장 나쁜 것을 맡는 것인가? 그렇지만 구원·보상, 그리고 치유는 어디에 있는가? 위로는 어디에 있는가? 그러므로 값이 얼마가 되었든 비어 있음을 은폐한다. 우리에 의해서 그것을 가득 채우고, 점령에 의해서 우리를 채운다. 우리는 죽지 않을 것이다. 너무 바쁘다. 그래서 훨씬 더 위험에 대해 인식하지 못하고, 그 위험을 보류 상태로 두지 못하며, '무'로부터 다시 시작하지 못하고, 참을 수 없는 집행 유예 속에서 우리를 인정하지 못한다.

아! 고네릴이 말하게 하라. 리건이 우리를 속이고, 우리에게 영원히 피해를 끼치게 하라. 그들의 담론이 우리를 완전히 만족시키게 하라! 우리는 리어처럼 반란을 일으키지 않을 것이고, 외양간·지하 감옥·박탈을 모두 받아들일 것이다. 그러나 그녀들이 우리에게 충만함을 말하게 하라. 우리를 사랑하게 하라. 그렇게 하도록 우리를 저기에 놓게 하라. 우리를 트레블링카(폴란드에 있는 나치 집단학살수용소)에서와 마찬가지로 돌보게 하라!

7

승려 없는 승려복

권력은 우리의 근본적인 욕구, 우선적인 갈망, 가장 절망적인 결핍을 인식할 뿐이고, 체제는 이를 인식하는 데만 영향력을 행사한다. 인식하려고 포착할 뿐이다. 압제는 가장 비밀스럽고 격렬한 우리의 호소에 부응하기만 한다. 그래서 니체·파솔리니·네르발·울프·아르토, '이들을 죽이고자 했기 때문에 죽은 이들'에 대한 권력의 저항이 있게 된다. '자아'가 분배되는 이러한 지역에서 명석한 우리들을 이끌 수 있는 모든 것에 대한, 우리 감정의 근원이 활기를 잃는 장소들에서 우리 자신의 모든 만남에 대한 저항이 있다. 바로 거기에서 모든 절대적 권력이 생겨나고 원천으로 되돌아간다. 거기에서 절대 권력은 술책을 펴기 위해서 우리의 욕망과 동요를 찾아낸다.

그러나 권력에 대한 저항은 우리의 저항을 통해서 자주 표출된다. 프루스트 혹은 카프카의 병, 말라르메의 죽음, ……의 자살들을 보라. 억압과 우리 사이에 차이가 없다. 우리 자신의 본능은 권력의 의지와 실행 방식을 발산한다. 그리고 필요한 충성도 나타낸다. 그러나 분배된 역할이 어떤 것이든(여기서는 그것을 연구할 공간이 없다), 우리는 각자가 역할을 실행할 능력이 있다. 모든 것을 맡지는 못하지만 무의식의 차원에서 우리 모두는 역할들을 행한다. 그래서 우리의 불편함, 우리를 정의하게 될 견고한 분류에 있어 우리의 취향과는 다른 가여운 술책들(비난, 이중성, 가면, 복종, 모든 속임수, 감언이설)이나 너무나 복잡한 술책들로 인해 우리에게 맞서도록 하는 제2의 본능들이 있게 된다. 그렇기 때문에 우리를 격분케 하는 것에 매료되는 데에, 우리의 사형집행인——혹은 희생물을 '인정'하는 데에 당황하게 된다! 충만함에 대한 우려, 비어 있음의 끔찍함, '무'의 공포에 모두 바쳐진——그것을 때때로 알게 되고, 늘 거기에 동의하는 데 전적으로 바쳐진 개념이다. 아니면…… 파솔리니와 울프 및 아르토와 다른 사람들을 보라.

우리는 그런 욕망, 혼란을 감추고 추측하고 발견하지 못하게 억압하고는 공포에 사로잡힌다. 그래서 우리를 억압하는 폭력을 우리에게 낯설고 반대이며 우월한 것으로서 간주하며, 그 폭력을 맡기보다는 오히려 우리의 손실로 그것을 감내하고 동의하도록 만드는 공모와 배려가 있게 된다——**왜냐하면** 폭력은 다른 이에게서 유래하고, 다른 이들에게서 오는 것**처럼**——우리의 억압된 것으로 회귀하기 때문이다.

그러나 아무것도 신의 모임이나 인간의 집회, 재판에서도 유래하지 않는다. 우리에게 전쟁을 일으키는 게 아니라 우리가 일어나는 전쟁이 **된다**. 생명력을 **빼앗기게** 되는 것은 유리창에 비친 우리 자신의 모습을 보고 창문을 열었기 때문이다. 사물의 상태는 우리의 배고픔, 필요, 거부, 내적인 포화 상태, 삶에 **빠져드는** 죽음을 무시하는, 삶이 만족시키지 않는 생을 무시하는 우리의 욕구(항상 강박관념을 가져 숨가쁜)의 차원에서는 우선 잠재적이고 본능화되어 무의식적이고 물질적으로 존재한다. 사물들의 상태는 우리 각자에게서 유래한다. 분석을 통해 우리가 처하게 된 친밀함에 의해서이다. 우리의 저항이 양보하는 유일한 차원이다. '외적인' 공간, 역사의 공간, 다른 이들의 영토는 우리에 의해서, 우리로부터 보호되고 분열된 채로 있게 된다. 우리는 우리에게서 가장 나쁜 것을 인정한다. 우리가 번식되고 전염된다고 생각하기를 거부한다. 거울에 비친 모습을 전부 다 좋게 받아들이고 싶어한다. 거울이 비추인 모습 속에서 우리의 일탈된 이미지를 인정하지 않는다.

  우리는 언어의 각 중심, 언어에 의해서 부수어진 각 조직체, 즉 매번 치밀함 속에서 꼼짝 않지만 숨을 쉬는 언어의 극작법이 시행될 때의 각 개인의 내재적인 격렬함과 상당함을 알고 있다. 개인은 도약을 하여 교향악 쪽으로, 무(비어 있음이 아니다)에 귀를 기울이는 소질, 욕망이 없을 수 있음을 허용하지만 그러한 무로부터 있을 수 있는 욕망을 허용하는 쪽으로 향한다. 이렇게 해서 폭력의 모든 뿌리들은 근절된다. 언어를 진정시키는 리듬과 실랑이를 벌이고, 언어의 요람 속에 매장된 각 개인에 의해서 이루어진다. 즉 무덤까지 딸랑이, 꼭지 달린 우유병을 가져가고 볼기를 때린다. 여행 일정이 정해지고, 요람——배는 현창을 닫아두어 악취가 나지 않는 배설물의 진창 위에 있다면 "들어오세요, 들어오세요, 당신들 모두, 밖에 있는 모두 다"라는 카프카의 호소를 다물게 한다. 들어오기만 하면 된다. 그렇다. 그러나 배의 현창, 볼기때리기, 꼭지 달린 병들은 강제 노동 수용소로 원자핵 무기로 다국적 기업으로 편성된다. 오늘날에조차 날짜가 어떠하든간에 하루의 낮 혹은 밤에 상황을 만드는 것으로 조직된다. 그런 흔들의자 속에서 우리는 가볍게 흔들린다.

마비 상태는 체제에 필수적이다. 반드시 모든 기이함을 피하는 체제에 근본적이다. 알지 못한 채 우리 스스로가 '정신을 빼앗긴 자들'이 되는, 무언가가 빛에서 갑자기 나타나는 것을 방해하는 체제에 필수적이다. 권력은 '정신을 빼앗긴 자'가 이해하지 못하는 요구에 부응함으로써 존속하고, 역사는 이 사람이 의식하지 않는 결여를 나름대로 보상함으로써 존재한다. (사드의 냉정한 열중은 그의 욕망을 경고하는 권력을 예고한다. 그는 자신이 요구하는 것을 알고 있다. 그는 자기의 목소리를 듣는다. 그는 이해하고 부응한다. 그는 전념한다.)

역사는 다른 이들의 무리, 다른 이들의 전설이 아니며 우리를 들어가게 놔두기 위해서, 혹은 우리를 거기에 구속하기 위해 때때로 반쯤 열리는 무리의 순환이 아니다. 정치는 그 담론으로써 대중의 낯선 장소를 형성하려 하고, 그래서 우리는 친밀함을 포기한다. 승려 없는 승려복이다. 성의 차이가 없는 사건들은 왕조에 관한 것뿐이다. 여기에서 문제는 산술에 관한 질문으로 귀착되고, 언어는 숫자의 담론이 되고, 우리는 번호가 된다.

역사는 우리의 단위를 가로채는 숫자가 아니다. 역사는 긴급하게 왜곡되어 훨씬 더 빨리 낡은 조직체가 영속하고 유지하는 새롭고 쇠퇴하는 마모의 역사이다.

긴급함은 우리로 하여금 절망적으로 단순화되게 억압한다. 우리를 하나의 주체로만 인정하도록 억압한다. 우리의 이름이 가리키는 주체는 법에 의해서 재검정된다. 자아는 꾸며지고 삭제되고 미리 꾸민 말들에 의해서 전기적으로 결정되고, '그의'

과거에 책임이 있고 '그의' 미래를 담당하는 단수로서의 총체이다. 환상은 지도되고 불확실한 현재를 은폐하며, 그렇게 해서 현재에 대한 애도, 영속될 애도에서 벗어난다.

측량할 수 없음에 의해 위협받은 자아는 숫자와 평가된 공간과 조절할 수 있는 양에 의해서, 적어도 그에게서 몫을, 그가 속해 있는 풍부함의 부분을 가로채는 인공적인 단일성에 의해서 보호된다. 그리고 단일성이라는 공간에 붙잡혔다가 태어나면서 자아가 드러나는 것 같다. 이러한 장소는 삶이 아니라 망각을 만들었다. 망각은 한없이 죽음 속으로 사라진다.

또한 겉으로 보기에는 적절한 차원이 ——부적절한 장소에서 생겨난다. 심리 상태와 끔찍하게 모순되는 생체 프로그램 속(그의 것)에서 꼼짝 못하게 된다. 너무나 명석하고 무장이 아주 해제된 차원은 또 술책을 쓰고, 숭고함이라는 개념 속에 초과를 만드는 차이를 투영한다. 이 개념은 허용할 수 없음을 담당하고, 있을 법하지 않음을 약속한다. 그리고 야곱에게 다음과 같이 외치게 한다. "나를 뒤쫓고 그물 속에서 나를 두르시는 이가 바로 하느님이라는 것을 아시오." 자살과 질식을 넘어선 외침이다.

예전에 그 빽빽함 밖으로 태어나는 대신에, 석방되어 호흡하는 대신에, 존재하고 소유하는 것밖에 알지 못하는 대신에, 결핍과 마찬가지로 가득 참에 대해 마음을 괴롭히는 이런저런 걱정을 가지고 죽음을, 하나의 출구를 만든다. 시체의 몰수이다. 이것은 부활의, 비어 있는 무덤을 줄 수 있다. 하늘로부터이다. 그러나 거기에 어머니를 이끌고 간다 ——어떤 결말로? 그것은 프루스트 부인이 마침내 환한 밤에 《사생아 프랑수아)를 영원토록 읽어 주는 것을 듣기 위해서일까?

그래서 잊고 있었지만 이해하게 되고 기억하게 된 다른 기억에서 떠오른 한 인물로부터 추려낸 인물로 인해 몸부림친다. "사람을 피하는 자아의 무리들이 모두의 의식 속에서 발을 구른다"라고 아르토는 말한다. 이 자아의 무리들을 의식이 외부에서이지만 억압하려 하고, 그 의식이 따르는 실체로 바꾸려 하는 것이다.

거기에서 질서·억압의 매력이 나오고, 자신의 목소리로부터 벗어나게 하지만 정말로 자아의 소리를 우리 모두가 듣고 있다.

그렇기 때문에 거기에서 점점 더 나약해지고, 점점 더 부재하는 즐거움이 나온다. 자폐증으로 핑계대고 재잘거리면서 요구르트와 화장 비누를 살 거라고 통고하며, 전쟁을 할 거라고 '나에게' 찬성 투표를 할 거라고 통고받게 되는 그러한 몽고증 환자가 되는 즐거움이 나온다.

기꺼이 좌파·우파 정치 진영으로 나누어지는 이상한 인구들, 이상한 무리들이다. 그러나 소비, 성스러운 사명, 다진 고기 소를 넣은 네모진 만두의 구매, 살충제의 구매와 관계될 때, 같은 슬로건들이 결정을 하는 가장 비밀스럽고 가장 중요한 권력들에게 호소하고 결정하게 만든다. 우리는 어떻게 동원하는지 알고 있다. 분말 세제를 팔기 위해서는 고객이 '좌파' 건 '우파'에 속하건간에 모든 고객에게 같은 인과 관계가 소용된다. 그리고 우리는 구매한다. 이 상업적인 비문화의 차원에서 작은 완두콩들이 싸게 팔리고 체제들이 강요된다. 그리고 죽기 전에 같은 감동으로 마스크를 쓰고, 마음속이 폭로

되어 전쟁터에서 '어머니'를 외치게 한다. 돌발 사건의 향유이다. 소름끼치지만 극도의 쾌락이고 피의 초조, 결국 내장이 보여진다. 숨겨졌던 것이다. 그리고 짐승은 울부짖고 아주 갑자기 마비된다. 얼굴을 찌푸리고, 두려움은 정신착란에 빠지며, 육체는 비틀어 꼬이고, 고통이 표현된다. 움직이고 달리고 동요하고 드러나고 삶은 명백히 초췌함에 빠진다. 책임을 맡은 성(性)은 도처에서 나타난다. 아! 다른 이에 대한 취향이고, 거대한 (북미 토인의) 축제일에 하는 선물 교환이다. 전쟁, 사건이다. 술책을 쓰는 것을 보라. 근본적인 스트립 쇼이다. 파국적인 흩어짐이다.

　'자아의 모든 무리들?' 우리의 이야기는 아니지만 우리도 머물게 될 예언된 이야기 속에서 말 못하게 되고, 바스티유에 투옥되며, 지구에 갇히고 묻힌 자아의 무리들이다.

8

알베르틴, 알베르틴, 나를 버리다니!

셰에라자드의 1천1개 거짓말은, 다른 이들의 목숨을 구하려는 게 아니라 그들의 목숨을 가지고자 하는 것이다. 장면이 빠져 있는 오래 된 오페라 안내서에서 플레이백은 어떤 이들을 잘 죽이기 위해 다른 이들을 완전히 잠들게 하는 논증들을 모방함에 있어 육체를 그다지 요구하지 않는다. 그렇지만 우리는 화장실에서 배설을 순조롭게 해주려고 말하는 어머니의 목소리를 듣고 더 졸고 싶어하는 아이들처럼 논증을 요구한다.

우리는 죽은 이들이 피에타의 팔에서 살아나기를 바라는가? 결론이 내려진 일이다! 어머니의 저장품이 있다. 얼마든지 그것을 나누어 준다. 어머니는 결코 '아무것도' 말하지 않는다. 아무것도 말하지 않는다. 아버지에 대한 호소에 답변으로 팔을 움켜쥔다. "왜 나를 버렸나요?" 오히려 잊혀진다. 그녀 곁에서 잊혀진다. 여성성의 망각.

태초에 하느님이 어떻게 창조할지를 아직 잘 알지 못했을 때, 아담이 어머니였을 때 태초는 아주 단순했다. 최초의 어머니는 남자였다. 이브는 영원의 아버지가 만든 순결한 아담에 의해서 탄생한다. 이상한 어머니. 어쨌든 최초이다.

이 남자-어머니와의 근친상간에 의해서, 딸 이브는 영원한

하느님의 도움으로 아담을 아이의 아버지로 만들었다. "하느님의 도움으로 나는 사람을 만들었어요"라고 그녀는 말한다. 아담에 대해서는 더 나중의 요셉에 대해서처럼 이제 문제되지 않는다.

〈창세기〉, 이상한 텍스트는 알다시피 이상한 재현으로 서로 겹치는 듯한 이야기를 이중화한다. 신은 하느님이라는 것을 잊고 아주 기계적으로 세상을 만든다. 일곱째 날에 쉰다. 그런데 나는 확실히 그가 잠든 사이 다른 신에 의해서 죽음을 당했을 거라고 추측한다. 그 다른 신은 자신을 벌써 하느님이라고 이름짓고 이전의 작업을 다시 한다. 이 부드러운 몽상가, 선하고 관대한 이, 그러나 초라한 기술자는 비가 오게 하는 것과 식량으로 언약된 식물을 창조하는 것을 아주 단순히 잊어버렸고 경작하여야 했다. 임금 문제들은 완전히 무시되었다. 하느님은 아마추어라고 할 수 없다. 우선 볼품 없는 특별 수당이라는 일을 재편성한다. 가축을 사육하기 위해 풀을 만들고, 증기를 이용하고 정원을 세우며, 특히 아담에게 생명을 부여한다. 사람은 그후로 일할 수 있는 능력을 가지게 되었으며, 또한 경작하기 위해서 정원에 단독으로 배치된다. 그러나 경작되지 않는다. 절대 아니다. 즉시 협박이 있다. 사과를 먹으면 너는 죽을 것이다. 벌은 무용하다. 아담은 사과와 관계 없다. 신도 아니다. 징후를 나타내는 기술 문명의 조상의 유순함이다. 권력으로부터 문명이 나온다. 누군가는 원래부터 그것을 가지고 있다. 어디로부터 권력을 가지는가? 전에는 아무것도 없었다는 사실에 의해서인가? 명령이었던 첫번째 말은 무엇인가? 권한, 우리는 어디로부터 이것을 취하는가? 아담은 조심하지 않는다. 그에게 말해진 것을 한다. 그는 먹지 않는다. 하느님이 그것을 금했기 때문이다. 그는 먹는다. 이브가 그것을 제안한 것이다. 그는 뜰을 가꾼다. 그는 사라진다. 땀 흘려 일하러 떠난다. 당신에게 아무것도 상기되지 않는가? 낙원에서 그는 내가 위에서 말한 것처럼 빈둥거리지 않는다. 그는 정원사였다. 요컨대 경작자였다. 이미 로보트, 땅딸막한 사람, 도도새 타입이다. 하느님은 아직 지하철을 만들지 않았는데, 영원히 다른 경이로움과 함께 하는 그의 다른 계획에서였다.

그동안 뱀이 도착한다. 이브가 생계를 이어 가는 어머니 곁에서 수치심 없이 벗은 상태로 있다는 것과 다른 것을 위해 분명히 예정되어 있다고 이야기된다. 그녀는 현재 어머니의 여자이다――다른 여자는 없다. 정확히 그 어머니――아담을 제외하고는. 남자 같은 이오카스테는 알려지지 않는다. 왜냐하면 아이가 그에 의해서 생겨났을 때 그는 '깊은 잠'에 빠졌기 때문이다. 그러나 이브가 출현하기 전에 하느님은 그 규칙을 공포하였고, 항상 무감각한 아담에게 법이 되었다. 뱀은 이브에게 말을 걸면서 신의 감언이설을 정정한다. 진실을 말한다. 그녀는 듣고 고려한다. 그 다음의 내용은 알려져 있다. 진실이 말해지고 들려지고 불행과 벌이 생기고 세기초 이래로 자명하게 된 듯했다. 다른 것은 징후가 된 것이다.

사과는 이브와 관계 있다. 결정으로는 아니다. 그녀는 쓸데없이 거기 있는 게 아니다. 뱀 또한 아니다. 그 뒤를 따라가 보자. 뱀이 다시 나타나기 때문이다. 가브리엘 천사의 경이로운 모습으로, 새로운 전조를 위해서이다. 어쨌든 주님이 아담의 활동을, 그러나 이번에는 처녀로서 여자와 함께 나무란다. 아담은 정말로 거의 흥분하지 않은 모습으로 나타난다. 금지된 것으로서의 과일은 거의 균형이 잡히지 않는다. 여자는 매혹적이고 금지되고, 뱀 다음에 천사에 의해 포위되고 추방되기까지 하여, 역사를 한쪽에서 저쪽으로 가로지르고 혼란케 할 것이다. 게다가 그녀는 예전에 아담처럼 상징계의 들에서 배출될 수 없을 것인가? 아니다. 그것은 실패할 것이다. 목록에서 제외됨으로써, 그후에 다른 사람의 '이름으로' 말하는 이는 '그녀'가 아닌가? 아버지의 이름으로, 아들과 성령의 이름으로? 그녀는 영원하다. 예를 들면 프루스트의 텍스트에도 있다. 그 텍스트는 어머니에 대한 것이다.

누가 말하는가? 누가 텍스트를 내뿜는가? 작가의 정체성에 의해서 욕망이 생산하는 정체성은 어떤 것인가? 여러 세기를 통해서, 마르셀 프루스트의 유일한 그 육체에 도달했던 발생의 마그마 속에서, 각 인물의 정체성이 시대와 시간과 함께 복수가 되는 이 작품은 어떤 점에서 발생하는가? 어디에서 정체성이 분열하고 감속하며 성의 투자 차원에서 복잡해지는가?

우리 모두가 그렇듯이 마르셀 프루스트라는 이름, 유일한 이름으로 그가 보호하는 아버지·아들·자매·어머니·딸, 조상의 이름, 상징 사이에서 분할되고 능지처참된 작가의 육체 속에서 누가 말하고 있는가? 그는 어떤 성으로 말하는가? 남성적인 글쓰기, 여성적 글쓰기? 그러나 아담 이래로 여성성이 여성들의 독점도, 남성들의 남성성도 아님은 잘 알려져 있다. 그리고 텍스트가 동요 자체에서 모든 차이를 받아들이고 있다는 것도 잘 알려져 있다.

그렇지만 여성 작가들, 요컨대 드문 여성 작가들에 비하면 아주 수많은 남자들은 글을 썼고——이러한 남자들은 적어도 여성성을 띤 그들로서 부분을 표현했는가? 예를 들면 마르셀 프루스트? 그러나 문제는 프루스트 작품에서 표현된 남성성·여성성에 대한 것을 자문하는 것인가? 혹은 오히려 더 정확히 말해 각 남자, 각 여자가 끊임없이 도치된 변장한 형태하에서 피하는 작품을 누가 야기하고 일으켰는가? 작가? 그러나 그것은 종종 작품을 야기하고 일으키는 작가의 욕망이 아니다. 그것은 대부분 그의 반발이다. 그는 그가 만든 것에 대항하여 싸운다. 그가 싸우는 것에 대항하는 것을 표현한다. 견딜 수 없는 것을 떨쳐 버리기 위해서 만든다. 그리고 그가 생각하더라도 교묘히 얻지 않은 것으로써, 그가 도망하는 것을 방해하지 않는 것으로써 말한다.

마르셀 프루스트와 화자는 놀라서 환경·장식·불안감을 주는 기동성 자체들을 정착시키고, 당황케 하는 잡종의 유목민 가운데에서 자신을 위해 어려운 길을 개척한다.

그러나 복잡하고 위협적인 이러한 망의 기초가 되고 명령하고 지시하는 것, 그것은 어머니이다. 복잡하고 위협하는 어머니. 매력적이다. 그 사람은 프루스트 부인이다. 마담 잔 아드리앵 프루스트이다. 비만하고 치마·코르셋 속에 감춰진 뚱뚱한 육체를 하고, 항상 어떤 아버지 어떤 삼촌 어떤 남편의 상중에 있어 검은 옷을 입은 거대한 부르주아 여성이다. 회피할 길 없는 가혹한 기혼 여성이 죽은 후, 마르셀을 그의 침대에서 죽음으로까지 쫓아갈 것이다. 그녀와 환상, 무서운 환영은 죽음에 임박한 아들에게 나타날 것이다. "그러나 그녀는 뚱뚱하다. 아주 뚱뚱하다." 그는 죽기 전에 외친다. 망상 속에서 그는 쫓아갈 것이다. "그녀가 막 들어왔다! 아주 뚱뚱하고 아주 시커 멓다! 그녀는 추하고 나를 겁나게 해!" 처음으로 그의 증오, 원 초적인 무서움을 고백한다.

이렇게 해서 끝까지 환영의 형태하에서조차 프루스트 부인 은 장면을 지배한다. 그러나 그녀는 특히 종종 유령의 형태, 흔들리고 끊임없이 변질되고 변조되며 전복된 형태를 취하게 될 작품에 세력을 떨치게 될 것이다. 즉 시간·나이가 변형시 킨 모성의 거대한 육체의 형태를 취할 것이다. 불경함만이 위 반할 수 있었을 모호하고 불안케 하는 흡혈귀 같은 존재는 위 협받아 즉시 다른 형태로, 특히 남성의 육체 속으로 피신했다.

왜냐하면. 잔 베유, 프루스트 부인, 아드리앵 프루스트 부인 은 아들의 작품에서 정말로 화자의 어머니이기 때문이다. (그 러나 어머니 쪽으로 '돌려지고' 그녀에게 고정되며, 그래서 그녀 는 어린아이에게 거의 기회를 주지 않는다. 또한 할머니는 자기 딸에 의해 사로잡히고 순수한——이미 결혼했으나 남성이 없는 ——아들도 좋아할 수 있는 어머니가 된다.) 프루스트 부인은 마담 상퇴유이지만, 또한 수녀복 속에 광란하는 육체를 지닌 앙베르의 수녀이다. 그리고 특히 그녀는 샤를뤼 남작이다.

동요하고 무서운 어머니와 그 자신 사이에 마르셀 프루스트 는 알베르틴이라는 여자를 내세우려고 시도할 것이다. 그녀가 알베르라는 남자였다는 것이 많이 언급되었다. 그러나 알베르 틴은 농락하는 양성의 어머니와 매혹된 아들의 관계를 가로막 게 될 여성의 정체성을 고정하려는 헛되고 미친 듯한 시도를 상징한다. 보게 되겠지만 실패한 시도이고, 아마도 포기된 아 버지로의 회귀 같은 핑계가 될 것이다. 알베르틴은 성별 속에서 고정되지 못할 것이다. 그녀는 보류 상태로 동요하고, 그녀 역시 신뢰할 수 없는 상태로 머물 것이며, 사라져 버리거나 보다 정확히 말해 나무에 짓눌려 납작해질 것이다. 결코 여자가 되지 못한 것에 대한 향수를 그녀 뒤에 남겨두면서.

마르셀이 어머니에게 쓴 편지들, 어머니의 답장들을 읽는다면, 이 소년 그리고 이 남자가 매일 자신의 육체를 어머니에게 어떻게 제공하는가를 발견한다면, 또한 어떻게 그가 내장들·기관들·반영들, 가장 내적인 기능들을 펼쳐 놓는지를 본다면, 어머니가 그에게 어떻게 쓰는지, 즉 "나는 주장한다" "나는 요구한다"를 읽는다면——그리고 그녀가 요구하는 것, 그것은 꿈의 시간의 목록, 이해의 명세서, 땀, 그녀가 아프기를 바라고 그것으로 표명되는 금기의 육체의 증여이다. 왜냐하면 이 아픈 육체는 그에게 전달될 수 있고 음란하지만 적법이다——우리는 역사가 미슐레와 부인과의 관계를 생각하게 된다. 미슐레는 특히 그러나 열정적으로 자기보다 한없이 어린 부인의 장 내의 기능들에 관심이 있고, 이러한 변태에 유순하게 탐닉하는 것 같다.

그러나 미슐레라는 이름은 예측하지 못한 방식으로, 프루스트의 병적인 성향을 가장 잘 보여 주는 구절의 중심 자체에서 나타난다. 마르셀 프루스트가 인정하더라도, 그가 역사가의 작업에 경탄했으므로 더더구나 의미심장한 만남은 몇 년 전에 내면 일기의 출간으로 아주 최근에 발견된 그의 생활 습관들을 무시할 수 있을 뿐이었다.

그러나 두 본성, 두 커플——미슐레와 아내, 프루스트와 어머니——간의 비밀스럽고 심오한 관계들은 편지 교환에 의해서 남겨진 모호한 인상이 어떻게 이루어졌는지를 내보인다.

어머니와 아들은 쪽지를 거의 매일 공동의 아파트 입구에서 교환한다. 왜냐하면 마르셀은 어머니가 깨기 전에는 거의 잠들지 않기 때문이다. 애정의 강렬한 욕망 그러나 또한 긴 비난, 프루스트가 부모에게 성인이 되어서조차 재정적으로 의존한다는 분노로 외치는 복잡한 탄식이다. 그는 직업도 경력도 없다. 그는 자신이 외교관이 되기를 바랐던 프루스트 박사의 생의 '오점'이라고 생각한다. 친구들을 위한 만찬 준비를 거부하고, 그의 가구들을 몰수하며, 하인들에게 그를 시중드는 것을 때때로 금지하는 비난을 주목할 수 있다.

그러나 이것은 사도-마조히스트 제식, 꾸며진 피난처에 속한다. 명석한 그는 때때로 어머니에게 그를 그녀 마음대로 더 잘 돌보고, 불평할 수 있도록 하기 위해 자신이 아팠으면 한다고 고백한다.

잔 프루스트처럼 상퇴유 부인은 아들에게 쪽지를 썼다. "매일 저녁, 다른 형태로 표현되었다. 또한 정신적인 연인들은 상징적이고 새롭고 미묘한 어떤 이름으로 서로를 부른다." (오데트와 스완의 '가슴에 꽂은 난'을 생각할 수 있다.) "또한 잠자는 이 어린 것을 위해서 상퇴유 부인은 매일 밤, 새롭고 매력적인 발명을 발견했다."

프루스트 부인 또한 악에 대해 아주 고심한다. 그녀는 애교 부리며 빌려 온 은총으로 노력을 기울이고, 아들을 기쁘게 할 수 있는 문학적이고 세속적인 담론을 서투르게 모방한다.

그러나 특히 특수성이 강한 인상을 준다. 즉 프루스트 부인은 인용한다. 그녀는 죽음 자체인 마르셀의 침대에서 세 문구,

코르네유 · 라비쉬 · 몰리에르의 문장으로 그와 헤어진다. 그래서 끝까지 그녀는 사로잡기를 바라는 이와의 거리를 유지할 것이고, 제한되고 재치 있는 문화적 도구를 과시할 것이며, 이것으로 자신의 청중을 황홀하게 만들고자 한다. 그러나 아주 끝까지 그녀는 자신의 진정한 담론을 숨기게 되고, 자신의 말과 숨결의 진정한 리듬을 위장한다. 아마도 틀림없이 근친상간의 외침을.

《생트 뵈브에 대한 반론》으로부터 발췌한 대화는 사실과 다르게 명랑한 아들과 어머니의 톤을 매우 명백히 하는데, 여기에 은근한 거북함이 떠돈다. 마르셀은 쓰고자 하는 책에 대해 생각한다. 그는 어머니에게 조언을 구하기로 결심한다. 그가 그녀를 부른다. 그녀가 온다.

"네가 불렀니? 내 사랑?"——네 ——네가 오해할까 두려웠단다. 그리고 남편에게 들은 것을 말하고 싶다. "당신은 예측할 수 없구려, 에스테." "내 명령 없이 그가 그렇게 그 발걸음을 내딛는군. 무례한 인간이 어떤 치명적인 운명을 찾으러 오는가?"——천만에, 귀여운 어머니 "에스테, 당신은 무엇을 두려워해요. 난 당신의 형제가 아닌가요?" (갈망하는 애인을 형제로 간주하는 앙베르 수녀를 보게 될 것이다.) 프루스트 부인에게는 인용이 결코 모자라지 않는다. 응수한다. "내가 그를 깨웠다면, 내 늑대가 아주 쉽게 금 왕홀(王笏)을 내게 내밀었는지 모르겠다는 생각이 드는구나." 더 나중에 태어나서 프로이트의 작품을 알았더라면 매우 부끄러웠을 남근 숭배의 암시를 그녀는 그 당시 인용했다. (그러나 다른 작가들은 그 이후로 더 많은 신중함으로!) 그렇지만 그녀는 마르셀에게 조언하기 전에 안락의자와 등불을 요구한다. 그는 비추이는 것과 대조를 이룬다. 웃으면서 그녀는 "이것 역시 몰리에르지. 사랑하는 알크멘이여, 다가오는 불빛을 조심하시오"라고 말한다. 그리고 대화가 희미한 빛의 공모 속에서 계속된다.

편지 교환은 더 힘들다. 매력적이고 매료되고 조심스럽고 격노하고 미친 듯하고 당황하게 된 마르셀은, 이 뚱뚱하고 검고 이상야릇한 덩어리 주변에서 둥그렇게 원을 그리며 도는 것 같다. 이 그림은 다른 그림을 암시한다. 작은 소년의 그림. 《잃어버린 시간을 찾아서》의 화자는 뚱뚱하고 검고 위압적이고 야릇한 덩어리 주위에서 맴돈다. 한 남자의 모습이 그를 보지 말라고 강력히 주장하면서 어린아이를 고정한다. 모습은 익명을 포기한다. 그 사람은 해변 가까이에 있는 발베크의, 음울한 샤를뤼 남작이다. 청춘 남녀의 정체성을 아직 모르면서 먹이를 엿보는 자신의 조카 친구, 재치 있는 생 루이다.

별로 직관적이지 않은(미슐레에 관계된 인상과 마찬가지로) 이러한 인상은 근거가 있는가? 예를 들면 어딘가에서 샤를뤼 그 자신이 인용으로 말하는지를 자문해 볼 수 있다. 어떤 순간에(예를 들면 게르망트의 저녁중에) 샤를뤼가 프루스트 부인의 편집광에 빠지는지와, 인용한 만큼 더 폭로적인 담론의 뒤로 몸을 숨기는지를 자문할 수 있다. 그런데 샤를뤼의 입 속에서 잔 프루스트의 가식을 발견하려면 아주 더 멀리 갈 필요는 없다. 처음의 응수부터, 화자와 남작과의 처음 만남부터, 호텔에 거의 들어갔을 때 샤를뤼는 인용으로 말한다. 그는 누구에게 외치는가? 세비녜 부인은 프루스트 부인과 어머니, 화자의 할머니로부터 총애받은 작가이다. 그러면 세비녜 부인은 남작의 입을 통해서 무엇을 말하는가? 그는 마담 드 세비녜가 그녀의 딸과 단둘이 있게 된 순간을 엿보는 것을 묘사한다. "그녀가 말할 때, 그녀가 그녀를 떠날 때 너무 아름답다." "이러한 분리는 나의 영혼에 고통을 주고 육체의 고통처럼 느껴진다." 화자의 할머니는 샤를뢰가 '정확히 그녀가 그렇게 했던 것처럼' 말하는 것을 들으면서 즐거워한다. 샤를뢰는 프루스트 부인이 감히 말하지 않았을 것과, 그녀가 지장 없이 표현할 수 있는 인용하에 순환하는 것을 기꺼이 덧붙인다. "마담 드 세비녜가 딸에게 느끼는 것은, 라신이 《앙드로마크》 혹은 《페드르》에서 어린 세비녜가 여주인들과 가졌던 진부한 관계를 묘사하는 열정과 아주 정확히 유사하다고 주장할 수 있다." 그래서 어머니의 이중의 남성성은 그녀가 감추는 것을 선명하게 나타낼 수 있다.

그러나 어린 화자는 잠자는 척한다. 할머니는 샤를뢰에게 청년의 신경증과 잠자는 시간의 슬픔을 이야기한다. 이것은 잘 알려진 것이며, 《잃어버린 시간을 찾아서》의 처음 페이지들에 귀착된다. 이 장면은 마침내 권위 있는 엄마가 아들 방에서 손에 책을 들고, 그의 곁에서 《사생아 프랑수아》라는 양모와 아들의 결혼으로 끝나는 소설을 그에게 읽어 주면서 밤을 보내는 것이다.

그런데 샤를뢰는 무엇을 하는가? 어린아이의 슬픔으로 감동받은 그는 침대 머리맡에 오르는가? 그리고 어머니로서 손에 책을 든다. 이번에는 베르고트 책이다. 그리고 작업을 요청함으로써, 작업을 다시 시작하게 함으로써 그에게 그 작업을 줌으로써 아주 젊은 남자를 다시 보는 데에, 다시 활력을 주는 데에 그녀의 알리바이에 도움이 될 것이다. 프루스트 부인만큼이나 겉보기에 아주 변덕스럽다. 어떤 사람에게 있어 변덕스러움은 다른 사람에게 억압된 욕망의 징후가 되는 것과 같다.

사실 비장한 장면이다. 왜냐하면 그것은 더 이상 사랑스러운, 사랑받는 어머니가 아니고 원칙적으로 순진하고 보호된 여자의 순수한 육체가 아니기 때문이다. 강압적이고 고되며 이미 늙은 육체, 세세한 욕망에 빠진 남자의 육체이다. 이미 성숙함의 모험이다. 더 이상 스완 쪽도 게르망트 쪽도 아니다. 이미 소돔과 고모라이다. 게다가 항상 그랬던 것이다.

불안한 태도, 변덕스럽고 정감이 없다가 다정한 대화, 샤를뤼의 이해할 수 없는 몸짓은 프루스트 부인의 행동 같은 불편함을 상기시키고 조장한다. 그후로 어머니가 그렇게 한 것처럼 욕망을 숨기고 피하는 남자의 태도·대화·몸짓이 된다.

더 이상 단순하고 읽기 쉬운 육체는 없다. 그러나 잡종의, 당황케 하고 가장된 육체의 왈츠가 있다. 남자들의 육체는 여자의 목소리를 포함하고 정반대이다. 샤를뤼의 목소리는 "의외의 부드러움을 띠고 약혼녀들의, 자매들의 합창을 포함하는 듯하며 부드러움을 퍼뜨렸다……. 한 집의 소녀들, 연금수령자들과 교태를 부리는 여자들의 날카롭고 신선한 웃음." 샤를뤼의 얼굴은 "그의 얼굴로 엄마에 대한 신성모독을 범한다." 그러나 화자는 덧붙인다. "여기에 이 장에 어울릴 만한 것, 즉 타락한 어머니들을 따로 놔두세요."

뱅퇴유 양의 몸짓은 죽은 아버지를 소생케 한다. 그녀는 "수줍은 처녀이고, 마음속으로 매순간 거칠고 득의양양한 직업군인을 후퇴시키길 애원한다."

전화에서 어머니의 목소리는 우선 소년의 강하고 딱딱한 소리로 간주된다.

수녀복 속에 미친 앙베르 수녀의 모호함이 있다. 그녀는 또한 어머니이다.

아들의 책 속에서와 자신의 편지에서 드러나는 어머니를 만날 수 있다.

《장 상퇴유》 속에는 드문, 거의 야만적인 폭력 장면이 있다. 장은 22세이고 집에 다시 들어온다. 그는 어머니가 자신에게 알리지 않고, 함께 식사하기로 한 친구 레베이옹을 취소했음을 알게 된다. 상퇴유 씨는 이러한 우정을 비난하고, 아들이 그 우정을 계속한다면 내쫓겠다고 위협한다. 부모에게 하인 오귀스탱 앞에서 모욕받은 장은 미칠 정도로 분노와 근심에 차서 방으로 올라간다. 그때 그는 잔이 깨지는 소리를 듣는다. 그리고 알아보지 않고서도 어머니가 그에게 사다 준 베네치아의 잔이 분노로 깨졌음을 알게 된다. 그는 부모를 증오한다. 그는 운다. 춥다. 장롱에서 망토를 꺼내 입으려 한다. "그러나 손이 탈나고 미친 것처럼, 여느 때처럼 정확하고 치밀한 혁명을 수행하지 못한다."(여성성의 사용을 허락하는, 필요로 하는 손에 위임된 장의 행위를 보게 될 것이다.) 이 손은 "공허함으로 의기소침해져서 어머니의 망토와 자신의 망토를 가르는 뒤쪽에 있는 나무 기둥을 인식하지 못한다."(해부학적이고 생식에 관한 묘사.) "그리고 망토를 바르게 유지하는 삼각형 옷걸이로부터 벗겨낸 옷감, 두번째의 꺼칠꺼칠한 옷감에 닿지 않는다. 손은 손에 잡혀질 첫번째 망토를 꺼낼 것이다." 어머니의 검은 장밋빛의 새틴과 어린 이중 모피로 된 망토. 망토는 "한 전사에 의해 머리털이 움켜잡힌 소녀처럼 한 방의 폭력에 상처 입어 방에서 장의 주먹에 들어갔다"고 프루스트는 이야기한다. 그것은 어머니의 망토이다. 젊은 어머니이다.

장이 얼굴을 벨벳 속에 파묻자, 어머니의 향수는 그에게 이미 '잃어버린 시간'을 상기시킨다. 그는 젊고 아름답고 행복하며 그에 대한 희망으로 가득한 그녀를 다시 본다. 연민으로 마음이 흔들린 그는 "어머니의 볼에, 그녀의 젊음과 남아 있는 아름다움에 입맞추고" 싶어한다. (시든 볼을 다시 발견할 것이다.) 그는 오귀스탱 앞에서 부모에게 적절한 마조히스트로서 용서를 구하기로, 그렇게 하기로 결심한다. 그는 어깨에 망토를 걸치고 식당으로 내려가서 기쁨으로 어머니를, 반감으로 아버지를 포옹한다. 그리고 저녁 식사를 한다. 장이 먹기 위해서 취한 행동에서 망토는 장밋빛의 안을 드러낸다. 분노한 아버지는 장에게 벗으라고 명령한다. 장은 한 번 더 이해할 수 없다고 느낀다. 그러자 어머니는 그를 바라보고 미소한다. 이러한 복잡함으로 마음이 혼란한 장은 일어나서, 언제나 아버지와 하인이 보는 데서 어머니의 팔 속으로 뛰어들고 그의 얼굴을 그녀의 가슴 쪽으로 파묻는다. "그녀는 사랑받는 데 행복하지만 그가 화내는 것을 바라지 않으므로, 어느 날 그에게 고통을 줄 수 있을 정도로 지나치게 그녀를 사랑하길 원치 않으므로 그의 애정을 달래기 위해서인 듯이 미소를 그치면서 물러났다." 그러자 장이 그녀에게 아주 낮게 베네치아의 잔을 깨뜨렸노라고 고백한다. 어머니는 그의 귀에 대고 대답한다. "그것은 사원에서처럼 불변의 결합의 상징이 될 거야."

유대의 결혼식에서 종교 의식 가운데 신랑은 잔을 깬다. 만약 상퇴유 부인이 가톨릭이라면 프루스트 부인, 그녀는 유대교이다. 그녀는 가톨릭인 프루스트 박사와 결혼함으로써 종교를 바꾸지 않았다. 그러므로 아들과의 결혼을 상퇴유 부인이 구두로 인정하는 것이다.

그런데 이 결혼이 프루스트 부인이 마르셀에게 보낸 편지에 기록되어 있다. "목요일 저녁 ──나의 사랑하는 아가, 네 편지는 나에게 도움을 주었다──아버지와 나는 아주 괴로웠단다. 뭔가를 말해야 하는 순간, 그것이 장 앞이었기 때문이 아니라는 것을 알렴." (장은 《장 상퇴유》에서 오귀스탱이라고 불리는 하인의 주인이다.) "비록 일이 그렇게 되었더라도, 절대적으로 내가 모르는 사이에 이루어진 것임을 알렴. 더 이상 다시 생각지도, 다시 말하지도 말자. 깨어진 잔은 이제는 사원에 있는 것 ──파기할 수 없는 결합의 상징이 될 뿐이다."

그러므로 어머니는 마침내 계획에 의해서 의도적으로 아들에 대한 욕망을 고백한다. 더 이상 인용은 필요 없다!

하나의 장면이 더 상상력 속에서 난무한다. 상퇴유 씨는 여행중이고 역시 바로 체험된 추억에 관계될 거라고 상상할 수 있다. 상퇴유 부인의 작은 쪽지가 여느 때처럼 장을 기다린다. 그러나 이번에는 다음과 같이 씌어 있다. "나의 사랑, 그럼 들어와."

상퇴유 부인은(혹은 프루스트 부인) 계속한다. "걱정말고 날 깨우렴. 네가 원하는 식사를 요구해." 장에게는 황홀이다. "상퇴유 부인은 장이 저녁에 그녀의 방에 들어오는 것을, 남편을 깨울까 두려워 결코 허락하지 않았었다. 남편의 선호에만 세심한 그녀는 결코 식사 메뉴에 대해 아들과 의논하지 않았다.

그러나 남편은 떠났고, 그녀는 아들에게 전적이었다." 무슨 계획인가!

장은 어머니 방에 들어가서 잠든 매우 아름다운 어머니를 발견한다. 그녀를 깨우지 않기 위해서 반장화를 풀고 다가가 '팔로 인해 야릇하게 부푼' 홑이불을 껴안는다. 그리고 그녀가 깨지 않는 것을 보면서 머리를 감싼다. "그러자 그는 어머니가 분간할 수 없는 몇 마디를 중얼거리며 움직이는 것을 보고 놀라 뒤로 물러선다." 어머니는 잠자는 사람처럼 새로 호흡을 하는 것 같다. 그는 식당에 맥주를 마시러 간다. 그는 안심이 되었고, 거의 실망했다고 프루스트는 적고 있다. 왜 우리는 상퇴유 부인, 일명 프루스트인 그녀가 역시 실망했을 거라는 느낌을 갖는가?

그렇지만 아침에 그녀는 아들 방에 아주 생생하게 나타나 말한다. "나는 네가 바라는 것을 위해 채비됐어." 그런데 마르셀보다 정확히 말해 장은 늘 자기 침대에 누워 어머니와 수다를 떨고, 그녀와 함께 "깊은 곳에 대한 유치한 일과 침투의 쾌락들을" 나눈다. 장은 행복감으로 너무나 만족하여 침대에 몸을 굴린다. 그리고 그는 어머니에게 책을 읽어 준다. 미슐레의 우연에 의해서처럼. 우리가 종종 발견하게 되는 미슐레의. 그리고 그는 "쾌락을 어머니에게로 연장한다." 잘 이해된 독서의 쾌락이라고 프루스트는 우리에게 말한다.

앙베르 수녀 속에서 어머니를 발견하는 데 놀라는가? 이 수녀는 남자들을 사랑한다. 친구들은 그녀에게 그 도시를 통과하여 그녀를 방문하는 장 상퇴유를 알려 주었다. 이 텍스트에는 두 가지 상황이 존재한다. 소설 속에서는 구체화되지 않는 부분들이다. 한 가지에서 장은 이미 예전에 수녀와 관계를 가졌다. 그리고 다른 한 가지에서는 아니다.

첫번째 편에서 장은 앙베르를 발견하고, "상점의 진열장에 모여 있는 결함을 가진 남자들을, 마치 물의 투명함을 통해 비치는 바위에 붙어 있는 해파리처럼" 생각한다. 메두사라는 말은 프루스트의 작품에서 끊임없이 발견되고, 악이라는 생각과 결부된 텍스트에 관련된다. 이번에 장은 이미 그녀를 알고 있었다. "그녀는 들어왔다. 늙었지만 예전 그대로였다. 개가 여주인을 볼 때, 개를 묶어둘 수 없었다. 개는 참지 못하고 그녀에게 달려들었다." 그래서 장은 갈망으로 흥분한 그 개의 끈을 쥐고, "갈망을 억제하고, 오래 전부터 발그스름하지 않은 시든 뭔가를 가진 그 볼들의 냄새를 느끼기 위해서 그녀에게 달려들 수 없었다." 우리는 장이 "어머니의 볼에서 젊음과 시들어가는 그녀의 남아 있는 아름다움에 입맞추고 싶었다"는 것을 기억한다. 수녀는 수녀원의 작업에 전념되었다. 모험은 실패한다. 그렇지만 장은 "그녀가 항상 같은 것을 생각했다"는 데 주목한다. 장은 레베이옹과 함께 앙베르로 되돌아간다. 수녀는 죽었다. 그들은 그녀의 무덤에 이른다. "그리고 돌 아래에서 아마도 그녀가 속해 있는 종류가 여전히 읽혀질 만큼 아직 충분히 순결한 형태를 알아챈다. 그래서 여기로부터 그의 갈망의 마지막 흔적은 단지 그녀의 삶의 마지막 발자국과 함께 가게 될 것이다. 거기에 지금 무용한 비밀이 있었다."

단편은 여기에서 그친다. 두번째에서 수녀는 아마도 수녀들 가운데 한 수녀의 형제에게 볼일이 있다고 생각하면서 들어간다. 그녀는 눈 속에 "그녀들 중의 한 사람으로, 그녀들 중에서 가장 덕스러운 사람으로 수녀들이 그녀를 간주했을 만한 고요함을 가지고 있다." 그러나 장, 그는 이미 그녀를 알고 있었다. "경찰관이 도둑을 간파했던 것처럼, 속을까 하는 두려움 없이 변장하고 있는 가발을 이미 떼어낼 수 있을 것처럼 그녀에게 손을 댈 수 있었을 것이다." 그리고 다시 한 번 개, 즉 "욕망은 개처럼 즉시 욕망의 냄새를 맡는 본능을 가지고 있다. 아주 잘 감추어져 있더라도 욕망은 다른 이에 대한 것이다." 장은 생각한다. "잘 된 일이야. 그게 바로 그녀지. 자매들에게 있어 그녀는 다른 자매들과 같겠지만 나에게 있어 그녀는 쾌락을 주는 모든 여자들과 유사해……. 그녀는 아마 결코 쾌락을 알지 못했겠지만 그래도 그녀는 다른 사람들과 마찬가지야. 그리고 지금은 그녀를 위해 만들어진 열쇠가 그녀를 열러 갈 것이고, 나는 정확히 그 안에 있는 것을 알고 있어." 그리고 그런 점에서 아마도 그는 그녀를 찾으러 가지 않을 것이다.

수녀는 통속적인 미소를 지었다. 그러나 "감동적인 미소였고, 그녀가 마스크를 올리고 호흡할 수 있었던 그러한 최초의 행복한 순간이었다." 그런데 이 행복은 형제를 찾는 것이고 더 이상 감추지 않는 것이다. 프루스트 부인은 그 형제를 라신을 매개로 찾았다. 아들은 어머니에게 금지된다. 형제는 아들에게 금지된다.

분명히 이 수녀는 화자와 프루스트가 여성에 대한 욕망을 발견하는 형태하에서 역시 남자이다. 혹은 욕망된 여자이다. 그러나 베일이 벗겨진 어머니와 어머니라는 육체 속의 남자로 귀착되는 남자하에서 여자 사이의 이러한 관계는?

우리는 몽주뱅의 장면을 기억한다. 여기에서 벵퇴유 양은 막 아버지를 잃었다. 그리고 부친의 집에서, 그녀의 방에서 한 여자 친구를 맞이하고 마을에서 빈축을 받으며 그녀와 동성애 관계를 갖는다. 우리는 이 친구가 어떻게 죽은 아버지의 초상화에 대해 경멸하는가를 알고 있는데, 벵퇴유 양이 이런 타락한 장면을 유발할 때조차 벵퇴유 양의 자식으로서의 사랑을 프루스트가 간파하듯이 알고 있다.

그 당시 화자는 어둠 속에 누워 집을 굽어보는 비탈에서 잠든다. '거기에서' 그는 말한다. "거기서 나는 예전에 아버지를 기다렸다." 그리고 그가 장면을 관찰할 때, 그 장면이 "그녀의 아버지가 나의 아버지를 받아들였던 방에서, 나로부터 몇 센티미터 떨어진 곳에서" 일어난다는 것을 지적한다. 그런데 텍스트에서 아버지는 드물게 문제가 된다. 그리고 이러한 비교는 대단히 중요한 것이다. 실제로 화자가 본 동성애 장면이 그의 아버지와 벵퇴유 씨라고 왜 상상할 수 없는가? 혹은 잠든 그가 아버지와 벵퇴유 씨(혹은 벵퇴유 씨의 딸들, 딸의 친구로 변장한 그의 아버지와 벵퇴유 씨 아니면 아버지들로 변장한 벵퇴유 양과 친구)의 꿈을 꾸었다고 왜 상상할 수 없는가? 화자가 회전창을 통해, 처음으로 함께 육체 관계를 가지는 샤를 뤼 남작과 주피앵을 염탐하고자 할 때, 거기에서 그는 "아마도 벵퇴유 양의 창문 앞에 감춰진 몽주뱅 장면(거기에 그가 있었다)을 회상하는 모호함을" 본다.

해석들, 가능한 분석들이 얼마나 많은가!

장르들의 이러한 미끄러지기, 그러한 파동들을 알베르틴에게서 발견하게 된다. 어머니와 그녀 사이에 등장 인물은 막이 된다. 혹은 남자들과 그녀 사이에(그러나 그것은 같은 것이다) 막이 된다. 알베르틴은 프루스트에 의해 지시된 성 속에 고정되지 못한다. 마르셀 프루스트의 운전사 비서인 아고스티넬리라는 인물의 '열쇠'를 알아보자. 그렇지만 알베르틴은 확실히 여성 등장 인물, 권한이 부여되고 신뢰감을 갖게 하는 여성성의 역할을 틀림없이 하고 있다. 이것은 기능하지 않는다. 알베르틴은 어머니와 그 사이에서, 샤를뤼와 그 사이에서 막을 만들지 않는다. 그녀는 샤를뤼에 의해 지옥에 떨어진 영혼, 모렐의 공모자가 된다. 모렐은 스완네 쪽에서 그의 아버지로 인해 관련되는데, 그는 화자에 의해 방탕에 빠진 아저씨의 호텔 주인의 아들이기 때문이다.

우연히 겉으로 보기에는 대수롭지 않는 장소인 휴양지, 발베크에서 알베르틴을 만난다——알베르틴은 겉으로 보기에는 화자의 망에서 낯선 데 출신부터 시작하여 모든 측면, 스완·게르망트·고모라의 성질을 띤다. 그녀는 거기 도처에 배치된다. 마지막 연극의 타격, 마르셀은 알베르틴이 발베크에 새로 온 사람이라고 추측하고 어렸을 때부터, 어린아이인 그녀를 악화시켜 왔던 바로 그 사람들에 의해서 타락되었다는 것을 알게 된다. 그는 그녀가 뱅퇴유 양의 친구, 동성애 친구, 죽은 아버지의 초상화에 대해 경멸했던 동성애 친구에 의해서 양육되었다는 것을 발견한다. 또한 출생 전부터, 모든 것이 타락되었다. 더 이상 아무것도 구제될 수 없다. 지옥의 원은 거기에서 닫힌다. **잃어버린 시간**의 끝에서가 아니다.

하나의 출입구만이 남는다. 혹은 적어도 하나의 결론이 가능하다. 공포를 바치는 것이다. 알베르틴과 결혼하는 것이다. 어머니 대신 결혼을 모독하는 것이다. 신성모독하기와 결혼하는 것이다.

프루스트는 더 정확히 말해서, 화자는 그것을 어머니에게 바다 앞에서 알린다. 그들은 《꽃핀 소녀들의 그늘에서》의 경관, 발베크에 있다. 그러나 더 이상 아무것도 젊지도 화사하지도 않다. 책은 이번에는 《소돔과 고모라》의 편이다. 발베크는 또한 무너질 것이고 퇴색될 것이다. 어머니는 막 화자의 방에 들어왔다. 더 이상 《생트 뵈브에 대한 반론》에 열광적인 여자가 아니다. 발베크는 이제 근심 있으나 활기 찬 샤를뤼 같은 사람, 무례하지만 순진한 알베르틴 같은 여자가 발견되는 장소가 아니다. 많은 사람들이 죽고 스완네 쪽, 게르망트 쪽을 통과했다. 여기에 늙은 어머니가 있다. 이 늙은 어머니는 아들 곁에서 죽은 할머니를 대신한다. 세상은 프루스트 부인의 뺨처럼, 혹은 수녀의 뺨처럼 이미 시들기 시작한다.

너무나 나이든, 그가 우선 어머니를 할머니로 간주하는 점에서 할머니와 매우 유사한 어머니가 들어오는 것을 보면서, 요컨대 더 순수해지고 성별이 없는 것 같은 그녀가 도착하는 것을 보면서, 마르셀은 자신이 아마도 알베르틴에 대하여 옳지 못했다고 생각한다. 그녀는 아마도 그가 생각하는 것보다 더 하찮다는 것이다.

"하지만 어머니가 내게 가리켰던 발베크 해변, 바다·태양의 일출 뒤에서, 난 절망적인 알베르틴이 몽주뱅의 방에서 붉고 커다란 암고양이처럼 몸을 움츠리고 장난기 있는 코를 하고서 뱅퇴유 양의 친구 자리를 차지하고 음란한 웃음을 터뜨리며, '아, 저런! 사람들이 우리를 본다면 더 좋을 텐데. 나! 내가 이 늙은 원숭이에게 감히 침을 뱉지 않을까?' 라고 말하는 것을 보았어요."

"나는 바로 이 장면을, 창문에 몸을 뻗고 있는 다른 이에게 그림자처럼 포개진 음울한 베일이 될 뿐인 여자 뒤에서 보았어요. 그녀는 자신이 색칠한 시선인 것 같았죠." 여기서는 야생의 상태에서, 분석가가 원초적인 장면을 발견하는 순간이 잘 보여진다. 그리고 이번에는 아버지, 뱅퇴유가의 방문객이 될 알베르틴 뒤에서 비난된다.

그리고 악순환의 나선이 감긴다. "내가 어머니에게 주지 않았고 그녀가 내보이지 않았지만, 내 곁에서 밤을 보내야 했을 때 처음으로 콩브레에서의 그런 진지한 걱정스런 분위기로 그저 그녀의 방에서 풍기던 고통을 따르면서 어머니에게 말했다. '난 꼭 알베르틴과 결혼해야 해요.'" 그래서 모든 것이 통합된다. 되찾게 된다. 책의 첫번째 밤. 책의 첫번째 어머니. 첫번째 신성모독. 그러므로 예견된 어머니와의 첫번째 결혼. 이 구절에서 문학 가운데 가장 절망적인 것 중의 하나인 《소돔과 고모라》편들이 끝난다. 게다가 근본적인 신성모독은 일어나지 않을 것이다. 알베르틴은 사라질 것이다──현재에는 무용하다. 결정적으로 주위의 오점과 섞이고 시간의 진행만이 화자의 정신을 흩트러 놓게 될, 피할 수 없는 마그마와 함께 섞이기 때문이다. 그는 알베르틴을 매개로 아버지의 얼굴 아래 신성모독이 된 어머니인 동시에, 고정하기 불가능한 여자, 여자 육체 속의 남자, 남자의 육체 속의 여자와 결혼하지 않을 것이다. 그러나 또한 뱅퇴유 양의 친구와 혼동되고, 우리가 보았듯이 그 아버지 역시 아마도 그녀와 혼동되고 불가능한 약

혼자가 되어, 알베르틴을 매개로 그녀와 결혼하지 않을 것이다. 그녀는 아주 나쁘게도 유일한 존재이다. 지독한 순환, 변화의 영원한 회귀이다.

이러한 장면과 함께 지식이 무너진다. 지리도 발베크의 명백한 빛도 흐려지고 투명함도 잊혀진다. 잊혀진 아버지와 함께, 어머니의 고통, 아들의 당황만이 남는다. 프루스트는 잘 ──그리고 여러 번── 타락한 어머니들에 대한 이 장을 쓴 것 같다. 예를 들면 어머니의 이중의 남성성인 샤를뤼 남작이 화자에게 친구, 젊은 블로크가 주연 배우가 될 장면을 구성해 달라고 요청한다. "웃기기 위한 부분들, 예를 들면 당신의 친구가 골리앗처럼 피를 흘리게 할 아버지와의 갈등. 거기에 있는 동안 그는 시체에 혹은 나의 선한 늙은이가 말할 것처럼 어머니의 시체 위에 더 세게 한방 가할 수조차 있을 거야." 그는 이러한 이국적인 광경을 특징짓고, "초유럽적인 이러한 피조물을 두들기는 것은 늙은 낙타에게 적당한 체벌이 될 거야"라고 말한다.

그런데 마르셀 프루스트의 생에서 이 낙타는 정말 그의 어머니이다. 블로크 부인처럼 유대인이다. 마르셀은 가톨릭 교인으로 반만 유대인이다. 사디즘적인 욕망은 어머니에게 더욱 결부된다. 그러나 고통스럽고 증오에 찬 마조히스트적이고 샤를뤼에게 넘겨진 인종차별주의에 기인한 분열이 발견된다. 마르셀에게는 프루스트가 동성애 종이라고 부르는 것이 인종, 유대인 종이라는 생각에 결합된다. 그는 그것을 오랫동안 《잃어버린 시간을 찾아서》에서 다룬다. 만약 여기서 유대인 어머니에 대한 생각을 도입한다면, 그녀가 아들의 동성애 속에서 여전히 어떤 역할을 행하는지 보게 된다.

샤를뤼는 신성모독의 자주적 행위에서 뱅퇴유 양의 자리를 차지했다. 발베크에서 알베르틴은 마르셀의 환상 속에서 여자 친구의 자리를 차지했다. 그러므로 여기에서 알베르틴과 샤를뤼는 아버지와 뱅퇴유 씨처럼 마주한다. 어머니는 또한 우리가 보았듯이 샤를뤼가 된다. 그러므로 알베르틴과 마주한다. 결국 그녀가 여자가 되는 대신에 아버지의 자리에 있게 된다. 마르셀이 알베르틴과 함께 또한 아버지와 결혼하기로 결심한다. 그리고 어머니로서.

그러나 아버지·어머니·여자·남자가 있는가? 혹은 메두사의 기호하에 명백한 마그마가 있는가? 우리는 이상하게 미슐레의 이름과 관련된 그 메두사를 발견하게 될 것이다. 《즐거움과 나날들》에서 죽어가는 젊은 여자가 죽을 정도의 상처를 입고서, 그녀를 사랑하는 남자에게 왜 자신이 가슴에 총알을 쏘았는지를 설명한다. 그것은 그녀가 여자들을, 여자를 사랑했기 때문이다. 그녀는 이러한 사랑에 대한 입문을 이야기한다. 그녀는 임종을 맞이한 여자의 방에서 깜짝 놀라게 하는 추론의 기술로 설명한다. 그러나 젊음이라는 작품과 관계된다. "진정한 예술가의 본성에서 육체적인 매력이나 혐오는 아름다움에 대한 관조에 의해서 변형되죠. 대부분의 사람들은 거부감으로 메두사에서 멀어지죠. 색깔의 미묘함에 민감한 미슐레는 그것들을 기꺼이 모았답니다. 나는 굴을 혐오하지만 지금은 굴 맛이 상기시키는 바다에서 그것들의 여행을 생각한 후로(여전히 당신이 내게 말하는), 굴은 내게 바다에서 멀리 있을 때는 특히 선정적이고 맛있는 음식이 되었습니다."

미슐레와 프루스트간에는 얼마나 많은 은밀한 망들이 있는가! 프루스트의 책은 어떤 과정을 거친다. 그리고 이미 《장 상퇴유》에서 개시되었다. "여기에는 내가 상퇴유 부인이 늙는 것을 바라보면서 지체했던 사색들이 있다……. 이 육체는 조개 껍질의 굴처럼, 바위의 조개 껍질처럼 그의 가족이 겪었던 습관 속에 새겨진다. (…) 그러나 하나의 굴은 죽지 않고는 떠날 수 없는 조개 껍질이 부착된 바위 위에서 항상 죽는다. 상퇴유 부인의 조개 껍질, 그것은 그녀의 육체이다." 우리가 보았듯이 "선정적인 맛있는 음식이다."

프루스트는 기표를 통한 기의의 이런 관계에 대해 아주 무의식적이었다. 그렇지만 그가 프로이트의 작업을 알 수 없을지라도, 거칠게 그 작업을 실행했던 것 같다.

《질투의 끝》에서——젊은 시절의 다른 작품——한 남자는 자신에게 충실한 아내(그를 '나의 오빠, 나의 고향 사람'이라고 부르는)를 병적으로 질투하는데, 말로 인해 나자빠지게 된다. 바로 이 말이 알베르틴, 질투의 대상을 죽이게 될 것이다. 죽어가면서 (그 역시) 그는 죽음의 침상에서 견딜 수 없는 질투에 대해 생각하고, "세상이 그에게, 나약한 인간의 작은 육체에, 무기력한 사람의 가련한 마음에 품게 할 수 있었던 질투를 어떻게 엄청나게 생각하게 되었는지와 어떻게 질투로 으스러뜨려졌는지를 자문한다. 그리고 그는 또한 질투로 으스러뜨려졌다는 것과 질투가 이끌어 온 으스러뜨려진 삶이었다는 것을 이해했다. 그리고 나서 그는 '으스러진 삶!'이라고 중얼거리고, 말이 자신을 넘어뜨렸던 순간에 "나는 으스러뜨려질 거야"라고 중얼거렸던 것을 기억했다."

프루스트의 직관은 그를 곧장 한 텍스트에서 정신분석의 원천으로, 오이디푸스 자체로 이끌었다. 이 텍스트에서 우리는 한 번 더 신격화된 메두사와 미슐레를 발견할 것이다!

《피가로》의 국장 칼메트의 요청을 받고, 프루스트는 〈부모 살해범 자식의 감정〉이라는 추문을 일으키게 될 기사를 쓴다. 그는 헨리 반 블라렌베르흐스라는 젊은이를 알 뻔했는데, 이 사람이 아버지를 여의었을 때 프루스트 어머니의 상중에 있으면서 그에게 문상 편지를 썼다. 그런데 이 젊은이는 아버지가 돌아가신 지 몇 달 후에 어머니를 리볼버 권총 한 방으로 살해했다. 하인들이 이를 목격했다. 프루스트는 다음과 같이 적는다. "반 블라렌베르흐스 부인은 불안으로 얼굴이 일그러져서 다음과 같이 외치면서 두세 개단을 내려왔다." "헨리, 헨리, 너 무슨 짓이니?" 경찰이 살해범을 찾으러 왔을 때, 그는 총격으로 얼굴에 상처를 입고 침대에 누워 있었다. "눈 한쪽은 귀에 걸려 있었다." 이 눈 속에서 프루스트는 "우리에게 인간의 고통의 역사를 남겨 주었던 너무나 무시무시한 몸짓 속에서 뽑힌 불행한 오이디푸스의 눈 자체"를 인식했다. 그는 소포클레스를 인용한다. "오이디푸스는 커다란 외침으로 서둘러서 왔다갔다하고 검을 요구한다. 끔찍한 외침을 내지르면서, 그는 이중의 문으로 달려들고 문짝을 뽑는다." (장 상퇴유가 잔이 부서지기 전에 헛되이 하려고 시도했던 것이다.) 그는 다음과 같이 외치는 오이디푸스로 끝낸다. "모든 카드모스에게 존속살해범을 보여 주자." "오이디푸스는 이 땅에서 추방되기를 원한다. 아! 고대의 축사가 이렇게 그의 진짜 이름으로 열거되었다. 그러나 이날부터 악·신음·재앙·죽음·치욕이 무궁무진할 것이다."

프루스트는 꿈을 꾼다 "나는 또한 생각한다. 정말 불행한 미친 사람을, 딸 코델리아의 시체를 포옹하는 리어를." "오! 그녀는 영원히 사라졌다! 땅처럼 죽었다. 아니다. 아니다. 이제는 생명이 없다! 왜 개·말·쥐, 그것들은 네가 더 이상 숨쉬지 않을 때조차 생명을 가지고 있는가? 너는 이제 영원히 다시 돌아오지 않겠지. 보시오! 보시오 그녀의 입술을! 저기를 보시오!" 이렇게 해서 어머니는 딸이 되고, 아마도 알베르틴은 죽고, 그렇게 이상하게 유감스럽게 여겨진다. 알베르틴은 아주 변덕스럽고 수상하게 여겨지고, 샤를뤼가 어머니에게 한 것처럼 아버지와 관련된다.

그러나 프루스트는 다시 시작한다. "만약 내가 아이아스〔트로이 전쟁 후 아킬레우스의 유품이 오디세우스에게 하사되자, 이에 불만을 품고 그 결정을 한 자들을 죽이려다가 실패하자 자살한다〕와 오이디푸스의 그 위대한 이름을 반복했다면, 독자는 왜일까를 이해해야 한다. 또한 왜 이 페이지를 썼는지를······ 나는 보여 주고 싶었다. 어떤 순수함 속에서, 아름다움의 어떤 종교적인 분위기에서 이 장을 오염시키지 않고, 이 장을 과시하게 되는 광기와 피의 이러한 폭발이 일어났는지를. 이와 같은 다양한 사실이 정확히 그리스 드라마 중의 하나였다는 것을 제시하고 싶었는데, 이러한 재현은 거의 종교적인 의식이었다. 그리고 가련한 부모 살해자가 죄를 범한 난폭한 사람, 인류애 밖의 존재가 아니라 인류애의 고귀한 본보기, 양식 있는 정신을 소유한, 부드럽고 효성스러운 아들이라는 것을 제시하고 싶었다."

그리고 이와 같은 텍스트에서 자식과 부모 살해[11]의 중심에서 우리는 메두사와…… 미슐레를 발견한다! 프루스트를 인용해 보면, "나는 간신히 죽음을 생각한다. 미슐레는 경탄할 만한 페이지에서 말한다. 그가 메두사에 대해서 말하는 것은 사실이다." 그리고 프루스트는 어려움 없이 메두사의 죽음을 확실히 생각하고 결과적으로 쉽게 "한 인물의 죽음과 그 이유의 단순한 소멸에 대해서까지" 생각한다. 모든 어머니는 아들에게 다음과 같이 말할 수 있을 거라고 덧붙인다. "너 나에게 무슨 짓이니! 너 내게 뭐했니!"

그러므로 여자가 물었던 것은 이것인가? 만약 그리스도가 그때 대답하여 "여자여, 너와 나 사이에 무엇이 있느냐?" 라고 한다면 그것은 "그녀가 경계하면서 내게서 탐낸 것"이 아닌가? 너는 네게 무슨 짓이니? 그녀에게 키스한 후에 절대적으로 할 수 있는 것, 반대 방향으로서의 여정, 그리고 성스러운 모태. 무엇보다도 질을 경험한다. 우선 여성을 관통했지만 나는 그것이 어머니라는 것을 알지 못했다. 계획이 있었다. 나는 필요한 것을 했다.

그러나 그후에? 우리는 무엇을 할 수 있는가? 무엇을 하는가? 그렇지 않으면 오이디푸스 · 햄릿 · 그리스도가 알려지지 않은 하느님을 만나기 위해서 하지 않으려고 시도하는 것, 어머니가 아들에게 "내게 무슨 짓이니?" 아들이 아버지에게 "왜 나를 버리셨나이까?" 딸들에 대해서 우리는 그녀들이 왜 침묵하는지 안다. 그녀들이 "아무것도 없어요"라고 말하는 것을 듣는다. 그리고 그래서 주장한다. "여자여 무엇을 원하는가?" 그녀는 돈 주앙에게서 벗어나게 되기를 요구하고, 돈 주앙은 아버지를 요구하며 그를 받아들인다. 그러나 딸의 아버지이지 그의 것이 아니다. 그녀들은 엠마가 되기 위해서 플로베르가 되기를 바라고, 비소(砒素)가 아니라 생각 자체가 그들로 하여금 웃음으로 죽게 했다. 그녀들은 아버지를 만나지 못하는 그리스도를 요구하고, 아버지가 없는 그를 영원히 자신들의 팔로 감쌀 것이다. 그녀들은 구조만을 보는 어머니들이 보는 것을 보고 싶다고 말하고, 메피스토펠레스들은 어머니들로의 길을 열어 주는 열쇠를 파우스트에게 다시 주면서 그를 어머니들 쪽[12]으로 내쫓는다 /"불타는 삼각대가 너에게 알려 줄 것이다. 마침내 네가 심연에서 가장 멀리 떨어진 바닥에 도달했다는 것을 /그 밝음으로 너는 어머니들을 보게 될 것이다 /(…) 형성·변형 /거기에 그들의 영원한 사고의 영원한 관계가 있다. /그녀들 주변에서 모든 피조물의 이미지들이 감돈다. /그녀들은 너를 보지 않는다. 왜냐하면 그녀들은 구조만을 보기 때문이다." 아버지로 나타난 유령을 보지 못했는지를 왕비에게 묻는 햄릿, 아들에게 왕녀는 대답한다. "아무것도. 전혀. 그렇지만 있는 모든 것, 나는 그것을 본다——아무것도 듣지 못했어요?——아니, 우리들밖에는 아무것도."

그들에게 어떻게 대답할 것인가? 그들이 어떻게 할 수 있을까? 아니면 오이디푸스나 리어와 마찬가지로 그녀가 되면서? 리어는 무만을 본다. 오이디푸스는 스스로 장님이 되고, 파우스트도 장님이 된다. 아마도 더 이상 보지 않기 위해서, 혹은 그녀들과 함께 보기 위해서이다. 그녀들과 함께. 눈구멍이 질의 형태를 취한 후로 심적 구조만을 보기 위해서이다.

그러나 그녀는 "너는 내게 무슨 짓이니?"라고 말한다. 시대는 흐르고 돈은 벌어야 하고 여자의 어머니들은 증가하는데, 이처럼 짧은 시간 내에 그녀에게 어떻게 대답할 수 있는가? 결코 아니다. 그러나 사드 같은 사람들이 그들의 자리를 대신하고, 플로베르는 양육되어야 하고, 대중은 굶주려 있으며, 전쟁은 '행해지며' 어머니는 늙어가고 늙어가면서까지 분할되고 도처에서 분배되는데, 어떻게 그녀를 발견할 수 있겠는가? 그리고 도처에 그녀의 요구가 있다. 그녀는 무엇을 요구하는가? 우리는 그녀에게 무엇을 했는가? 어디에서 그녀를 찾는가? 그것은 잃어버린 시간이 아니라, "같은 얼굴에 결부시키기 적합한 수백 개의 마스크" 아래에 있는 '자아'이다. 프루스트는 이에 대해 절망했다. "너는 내게 무엇을 했니?" 나는 어머니를 알베르틴·샤를뤼·앙베르 수녀·뱅퇴유 씨·코델리아와 내 여동생, 당신의 오빠와 알려지지 않은 아버지, 법과 어머니를 잊기 위한 법, 그리고 어머니를 배치하기 위한 법을 만들었다. 결국은 그녀를 고요하게 만들기 위해서이다. 그녀의 폭력을, 들리지 않는 분노와 이동을 고요하게 하기 위해서. 비만한 여성화된 완전히 검정색 옷을 입은 넘어진, 그러나 다시 일어날 어머니는 어머니 자체가 유령이다. 수상쩍고 탐욕스럽고 무수하고 정신을 빼앗긴 피에타. "너는 나에게 무엇을 했니, 나는 못박히지 않았니?" "천사 같은 그녀에게 손대지 마시오. 아무도 그녀에게 손대지 마시오." 녹초가 된 프루스트는 애원하고, 전날 마지막 문장을 모두 구술한 후에 죽게 될 것이다. "그녀이자 다른 사람이었다는 것을 깨달았다."

'만약 내게 시간이 있었다면' 햄릿은 중얼거렸다. "오 나는 당신에게 말할 거요──그러나 이 모든 것을 놔두시오." 프루스트는 '다시 세워질 그 완전한 세계'를 꿈꾸었다. 햄릿은 한숨짓는다. "이것들은 알려지지 않은 채로 남겨져 나 이후에도 살게 될 것이다." 이러한 세계는 가볍게 떨고, 몸을 비틀며, 영원히 요동치고, 안팎에서 '사방'으로부터 포착하기 어렵고, 그 변화에서조차 아주 거의 불안정하다. 그래서 어머니는 제일의, 기본적인, 가까이 있어서 걱정스러운, 영원히 불안한 시간 속에서 굴절되는 이미지를 구체화한다. 성적인 파동과 차이는 이제 성들간의 간격을 의미하지 않고, 상이 세워진 위상도 의미하지 않지만 방랑하는 본능·정체성을 이루는 복수적인 음란을 의미한다. 말의 배치, 의미의 일탈, 암술의 냄새, 닫혀진 두 눈꺼풀, 두 형태 사이의 간격과 죽은 음절들은 이미지의 추측, 법의 책략을 재구성할 것이지만 한계 없이 모든 윤곽, 실루엣 없는 세계를 한계 없이 변화시킨다. "너는 주변에 아무것도 없는 제로이다."

콩브레에서 아침에 비본의 물, 게르망트의 포근하고 오렌지 향기나는 저녁, 베르뒤랭 부인이 여름마다 근엄하게 행동하는 라스페리에르 쪽으로 가는 작은 전차, 이 세계는 정치 밖에서 자신의 정치를 유지하려고 애쓰는 세계이고, 그 세계의 질서가 자연스럽고 이론의 여지가 없는 것만큼 흔들거리는 완전히 묘사된 세계 자체이다. 살롱은 능변적이고, 그 정원들은 웅성거리고, 음식·주제는 세련되고, 사랑은 모호하며, 고통은 말하고자 하는 이에 의해서 격렬해지고, 세속적인 고요함은 문명화되고 심연에서 상세히 검토되며, 그 고유한 부드러움 속에서, 난폭함 속에서 붕괴한다.

한 사회의, 그 살롱들의 난폭한 고요함이 아주 분명하게 지리학적으로 지구와 다가올 우리의 시대를 점령한다. 우리가 가지고 있는 어떤 이미지, 매료하는 모델이 되는 이미지이다. 그러나 특히 각각의 기이함을 일으키는 재해이자 정치가가 그르치게 될 재해·밀물·생성의 폭력이다. 《잃어버린 시간을 찾아서》는 천천히 반영하는 것이 부족하다. 타락의 핵심이고 감미로운 쾌락, 동요의 비탄, 추락의 공포, 의기소침하에 있다. 정치가는 시대에 몰두하면서 너무나 많은 살롱과 은행의 대량적인 진출에 대해 생각하고 목표로 하면서 신성화되어 흔들리는 어머니를 실패하게 만든다──그리고 그녀와 함께 그 세계를, 그러므로 그녀가 조인한 그 세계를 실패케 한다.

스완과 게르망트에 대한 향수의 놀이는 정치가에게 연출의 끝을 증명한다. 그러나 그는 연극화의 시초, 여러 번 어머니의 세속화된 장면을 피한다. 게르망트와 수완은 다른 버릇, 다른 의복, 같은 계획으로 '파벌'을 만들게 될 것이다. 정치가는 어색한 일관성을 지닐 것이지만, 프루스트나 조이스의 작품에서 일관성은 모성의 위상에 의해 해체될 것이다. 그리고 이렇게 하므로 기독교의 정열 속에, 억압의 회귀 속에 머문다. 모든 역할이 분배되고 분류되고 짝지어진다. 영향권은 금지되지만 피할 수 없고 압제에 대항한다. 정지 상태에 대한 강박관념이다. 프루스트 작품에서는 질투, 역사 속에서는 수용소, 서명에 대해서는 십자가이다.

정치가는 정치로써 이데올로기가 어떠하든간에 물질적인 것, 무의식적인 것을 고려하지 않는다. 생명력이 없는, 두 날짜간에 시초·중간·끝을 가진 이미 안정성이 야기된 세계가 만들어진다. 안심되어 이상한 모험을 잊기만 바라고, 특히 지나치게 짓눌려서 '될 수 있을 것'을 영원히 모르게 되는 대중들을 위로하는 데 필요하다.

그래서 우리에게 경계가 설정된 것으로 나타나는 모든 것이 성공을 한다. 미사와 전쟁. 운동 광경. 축구 경기는 겉으로 보기에는 아주 믿을 만한 삶의, 역사의 한 단면을 얻는다. 사건은 우리가 출구도, 돌발적인 사건도 간파하지 못한 채 전개되지만 예정된 범주 속에 새겨지게 될 것이다. 시간·운명은 거기에 있다. 그리고 신들도 있다. 그러나 우연은 제한된다. 극작술은 철저하지 않고, 추방될 것이며, 완전히 규칙이 정해질 것이다. 시초와 중간이 있다. 끝이 있지만 죽음은 아니다. 소우주와 관계되는데 여기에서 이번에는 출생이 사망에 이르지 않는다. 존재를 조절하고 끝에서 끝으로(목적지에서 목적지로)의 민감한 전개는 용납할 만한 결말을 확실히 사로잡는다. 피조물은 다시 나타나고 수정된다. 제거된다. 결론지어진다. 마침내 합리적이다. 여기에서 우리는 조금도 주저하지 않고 위임할 것을 승낙한다.

만약 정치와 정치가가 모성의 변동과 정체성을 모른다면, 기반 위에 잘 접합된 각 행위자를 잘 간직하는 것이 중요하기 때문이다. 그리고 어머니는 보호되고 근친상간 속에서 보류된다. 어머니는 거리를 두지만 배설되지 않는다. 배척 속에 유지된다. "여자여" 그는 말한다. "무엇이 있는가……" 그리스도의 몸짓. 그는 흡혈귀와 그 사이에 자신의 십자가를 세운다. "여자여……" 그러나 어떤 여자인가? 이 여자는 결국 소매가 입혀진 팔 속에, 발가벗겨진 희생된 육체를 꽉 쥐게 될 것이다. 그러나 누구에게 바쳐졌는가? 누구의 이름으로? 아버지의 이름으로? 그것은 그의 것이다. "나와 아버지, 우리는 하나이다." "보바리 씨, 그는 나다." 하느님의 아들? 왜 아닌가? 사드는 이러한 혈통 관계에 대해 생각을 했다. 상상력으로.《줄리에트의 이야기》의 끝을 보자. 조명탄의 폭발이 굉음을 내며 얼어붙은 분지에서 밤에 날려 버린 퐁탕즈의 지독한 이미지가 아니다. 도로에서의 출발이 아니다. 언제나 밤에 혀는 떼어내지고 손목은 잘리고 고막은 터지고, 더 이상의 의미는 없으며 육체는 무덤이 되지만 사라지면서만 종결될 것이다. 퐁탕즈는 희생되지 않았지만, 영예롭게 되지 않았지만 산 채로 제거된다 "가, 네 인생을 찾으러, 계집애." 자, 여자여! 퐁탕즈의 끝은 아니지만 마지막 의식이다. 누와르쇠이유의 맹세에 따르면, 여기서 "그는 내가 생각하듯이 자신이 그 아들들 중의 하나의 신부인 동시에 다른 사람의 남편이라고 생각했고," 줄리에트는 "내 딸의 남편이자 퐁타즈의 아내"라고 이야기한다. 상퇴유 부인이 언제나 삽입하는 것을 내던지고 입어야 한다고 생각하는 사드의 순진함이다. 상퇴유 부인은 나이가 들었다. "처음 순간에 상퇴유 부인에게 있어서 당신에게 강한 인상을 주는 것은, 아마도 쇠약함 또는 추함일 것이오. 더 가까이 다가가시오. 그것이 그녀요, 그녀의 아버지요, 어머니요, 아들이요, 특히 그녀요." 어떻게 이 문장을 앙토냉 아르토의 외침. "나, 앙토냉 아르토, 나는 나의 아버지요, 어머니요, 아들이요, 그리고 나다" 에 비교하지 않겠는가?

누가 사로잡힌 어머니, 포위된 아들, 양피지화된 아버지에 대해 말하는가?

9

플로베르 씨, 그는 바로 나다

아마도 뱀이다! 첫번째 방문으로 되돌아가자——첫번째 성모 방문화! "당신은 죽지 않을 거예요." 영원한 사기를 통고하면서 그는 확신한다. 다른 정보, 정확하지만 부분적으로 삭제된 정보들이 따른다. 그는 결과를 말하지 않는다. "당신은 선과 악을 아는 신들처럼 될 거예요." 바로 이 신들이 조금은 잘 가꿔진 에덴의 모든 정원에서 쫓겨난다는 것을 덧붙이지 않는다.

무엇인가가 일어난다. 영원의 경찰이 원을 그린다. '그날 저녁 정원에서' 일어난 사건이 아주 쉽게 단도직입적으로 나약함과 허세를 드러낸다. "너는 지식의 나무를 먹지 말아야 해." 그는 위협했다. "왜냐하면 먹게 되는 날, 너는 죽을 테니까." 아담은 그것을 먹었고 대단한 것을 깨닫지도, 의미를 알게 되지도 않았다. 그리고 죽지 않는다. 이브가 나무를 혼동했나? 혹은 목적이 죽음을 야기하는 게 아니라 관리하는 것이었나? 이브와 아담의 죽음, 그것을 미루는 것이다. 그것은 그렇게 해서 그들이 우선 약간의 죽음 그러나 결국 반향되고 투영된, 훨씬 더 일찍 하느님에게 허용된 훨씬 더 악의 있는 결제에 따라 분배된 죽음을 되풀이하면서 창출하는 역사의 놀이이자 역사의 수익이다. 그리고 역사의 토대이다.

바로 그 신은 누구인가? 그 하느님인가? 계획 없고 지루하게 하고, 교활하고 술책에 능한 정치인인가? 번쩍거리는 검으로 무장된 (순수한 양상으로서) 게루빔[제2의 천사]을 부서에 배치하는 독재자 혹은 민주주의자인가? "생명의 나무를 지키기(경계하기) 위해서?" 하느님 자신은 그 나무를 만들기만 했다. 그러나 생명이 보급되어 수많은 생명체 가운데 소수파가 생명을 가지는 것이 두려운가? 하느님께서 지키신다! 피조물 중에서 강제노역자들, 로렐과 하디 같은 이들에게는 잘된 일이다. 그들은 추방되어 사라지지만 만족하여 다른 곳에서 찬양하고 콧노래를 부르면서 장래를 준비한다.

감시되는 이 기묘한 낙원은 단호하고 과감히 나에게 가치 있는 어떤 것도 말하지 않는다. 우리 동시대인들에게 욕망을 불러일으킬 강제노동수용소 중의 하나가 될 수 있을 것을 이번에는 우리에게 바라도록 하려는 여전한 술수이다. 생명 나무는 아마도 말라붙고 값이 얼마가 되든 중재하는 게르빔에 의해서 **거칠게 손에 이끌려** 감추어야 하는 것이다. 아담과 이브는 맛을 보았고, 우리는 여전히 소화하는 아주 평범한 과일과 다른 것이 없었기 때문이며, 지금 여기에서조차 요동치게 하는 놀라운 우리의 것과 다른 생명은 없기 때문이다.

그 첫번째 주인의 강박관념·무관심·저속함을 제거할 일이 남았다. 아주 고요하며 모든 것을 약탈한 그의 폭력을. 다른 제안들은? 더 동쪽의 아주 다른 수평선 쪽으로 가지 않는 헤시오도스의 제안은, 즉시 음악적이고 그 자체로 중요한 제안이다. "먼저 헬리콘의 뮤즈를 노래하자……." 그러나 이야기로부터 노래된다. 또한 몇 가지 밑그림이 이야기에서 취해지고, 이러한 이야기로까지 결정된다. "그런데 무엇보다도 먼저 심연이 있었다. 그리고 커다란 측면에 대지가 자리잡고, 모든 살아 있는 것들에게 영원히 제공된다……" 땅은 "우선 자신과 평등한 존재를 배출했고, 완전히 그것을 덮을 수 있었다. 하늘에는 별이 총총했다." 대지는 세계에 산들을 두고, "생식력 없는 바다는 난폭한 팽창중이었으며," 그리고 나서 뒤죽박죽으로 태양·거인들이 있었다. 그 중에 크로노스는 "음흉한 사상가들의 신이자 모든 아이들에게 가장 위험한 신이다." 크로노스는 아버지가 번영하는 것을 증오한다. 결국 감정적으로! 땅은 계속해서 외눈 거인들을 출산하고, 50개의 머리가 달리고 1백 개의 팔을 가진 '끔찍한 세 아들'을 낳는다. 아버지는 "첫날 이후로 증오에 찬다. 그들이 태어나자마자 빛을 보게 하는 대신 대지 가운데에 그들 모두를 숨겼다. 하늘이 이러한 나쁜 작업에 만족해한 반면, 거대한 땅은 그 깊숙이 숨막혀 하면서 신음했다."

그리고 대지는 아이들에 의해서 아버지를 죽게 한다. 또한 즉시 원초적인 살해를 저지르고 카인을 아기며, 아마도 너무나 불확실한 아버지 대신에 형제에게 미치지 않는다. 한 번 더 이런저런 살인이 같은 결과를 낳을 것이다. 이것이 수록되는 것은 바로 그쪽에 의해서가 아니다. 카프카는 잘 알고 있었다. "……아버지에 대한 갈등이 대단한 것을 의미하지 않는다. 왜냐하면 그는 나이든 형일 뿐이고 그 역시 질투하여 결정적인 전투에서, 게다가 성공적으로 막내가 길을 잃게 하기 위해 단지 비통한 시도를 한 실패한 아들이다." 그리고 '지금'

이라고 덧붙이면서 카프카는 친구 막스 브로트에게 쓴 편지를 끝마친다. "완전히 밤이 되었고, 마지막 불경한 언사에 적합한 듯하다."

그러나 헤시오도스와 함께 어떻게 신성모독적인 말을 하는가? 억압된 것도 본보기도 아무것도 없는 자에게서. 본보기를 만들기 위해서 삭제되고 다시 손질된 역사와 관계되지 않는다. 알려 주는 게 아니라 가르쳐 주는 것과 관계된다. 그리고 요동치고 율동적인 무리들이 급격히 확산되는데, 여기서 첫째 리듬은 말씀과 에너지 그리고 법이다. 심오하고 고되며 활발한 불모의 말이 아니라 금하지만 아무것도 명령하지 않는 풍부함이다.

아버지의 이러한 죽음에서 미친 소비가 솟아난다. 마치 부모 살해의 에너지가 성-죽음의 제안을 약간 뒤집어 놓는 것처럼, 그리고 과도한 죽음, 여전히 혈기가 넘치는 육체의 분할에 의해서 마치 생명의 격분이 솟아오르는 것처럼. 땅은 괴물들과 에리니에스[복수의 여신들, 아버지인 하늘이 크로노스에게 심한 상처를 입어 피를 튀겼는데, 그 피로부터 태어났다. 이들은 죄악을 추적하여 벌을 주는 여신들이다]를 탄생시킨 유혈이 낭자한 피해에 의해 수태된다. 이 대지가 어머니이다. 아들의 손에 "날카로운 이빨을 가진 거세하는 뱀을 놓고 모든 덫을 그에게 가르친" 것이 사실이다. 나쁜 어머니는 완전히 마음대로이다. 어떤 초자아도 없다. 그렇게 여성화된 나쁜 어머니에게서 바로 크로노스는 "바다에 던져져 헛된 잔해를 이루지 않을…… '아버지의 음낭을 낫으로 벤다.' ……그것들은 오랫동안 먼 바다로 쓸려 갔고, 신의 사지 주변에서 하얀 거품이 나왔다." 여기에서부터 아프로디테가 태어난다. 착상 중에서도 이상한 착상이다! 누가 거세를 수태할 수 있는 것으로 간주하는가? 거세는 아버지를 생산하고, 그것에 의해서 확고히 된다.

부활이 죽음과 시체의 부재를 보장하게 될 것이다. 생은 배아에 더 이상 도움을 구하지 않고 다시 나타날 것이다. 배는 여성을 통해 비어 있음이 발견되고, '두려움과 혼란'으로 파악된 무덤(아무것도 없는) 앞에서 여자들은 "공포의 원인을 아무에게 아무것도 말하지 않는다." 마가 혹은 무덤으로 다시 돌아온 누가는 "이 모든 것을 11명, 다른 모든 이들에게 알렸다. 그들은 이러한 말을 몽상으로 생각했지만 그 여자들을 없애지 않았다." 이 여자들은 '없음'을 알렸다. 멀리 가버린 그 여자들을 잡는 것만이 중요하다. 그녀들은 자신의 아들들을 무장시키지 않기 위해서, 혹은 아가베 ——주신 바코스의 시녀[13] ——처럼 무장되기 위해 아들들로부터 멀리 떨어져, 자매와 함께 무질서의 기이한 후손들의 사지를 뽑아내면서 살을 에는 성적 대량 학살에 몰두하지 않는다. 그리고 맹목적인 도취에서 어머니가 사자로 착각한 그 사냥감, 아들의 머리를 참으로 위협적으로 흔들기 전에 그 육체에 대해 흥분한다. 마리아는 더 신중하게 전리품을 그녀의 무릎에 바르게 두고, 환하게 승리에 차서 그녀의 팔[14] 속에서 조용히 흔들어 재운다.

복음서들의 힘과 술수가 이 나쁜 이상하게 염려스러운 어머니를 억압했지만 그대로 두었고, 남자를 접근한 적이 없고 아버지를 모르고 요람에서 무덤까지 아들을 모성 요법으로 치료하는 절대적으로 초라한 어머니의 형상을 만들었다. 상퇴유 씨는 영원히 사라졌다. 근친상간은 보류되었지만 현재의 몸짓이 있다. 육체. 그리고 아들이 부재하는 아버지와 싸우게 놔둔다. 모든 것은 남자가 없는, 명명되지 않는 유일한 그녀에게 있어서 아들의 결핍 속으로 사라졌다. 그는 십자가의 형상 아래에서 보상되고, 그녀는 팔로써 피난처 역할을 하고 종착점이 되는 듯하다.

사람들은 시도하지만 그들간에는 이야기가 부족하다. 없다. 여자·아들·십자가만이 남는다. 무기력한 풍경과 세워진 시체들. 무를 향한다. 그래서 주변의 세계는 여성의 성기처럼 다시 닫히게 될 것임에 틀림없다. 그러나 아들은 아버지에게 자기를 희생하기를 바랐다. 신은 아무것도 요구하지 않았다. 욕망되기를 바라는 아들의 욕망에 대답하지 않고 여자를 무시한다. 우리는 사랑받지 않았다. 단지 어머니만이. 그녀에게서 벗어나기를 바라는 반면, 지배하게 만들 필요가 있다면 영원한 회귀이다. 거짓된 위로. 실패한 희생. 카프카는 "또 다른 아담을 생각했다. 해야 할 때 절대적으로 희생하기를 바라는 자이고, 그 일을 하기 위해서 필요한 육감을 일반적인 방식으로 가지고 있지만 관련된 것이 바로 그 자신이라는 것을 믿을 수 없는 자이다. 노인은 혐오감을 일으키고, 그의 아이는 비열한 개구쟁이이다. 다만 관계되어 있다고 생각할 수 있을지라도 그는 물론 아브라함으로서 떠나는 것이 두렵고, 도로에서 돈키호테로 변형되는 것이 두렵다. 만약 아브라함이 행동하는 것을 보았다면, 세계는 그에 의해 겁에 질렸을 것이다. 그러나 아브라함 바로 그가 보기엔 세상이 웃음으로 터질까 봐 두려워한다……. 그가 근본적으로 두려워하는 것은, 그러한 우스꽝스러움이 이제는 그를 더 늙게 하지도 불쾌하게 만들지도 않기 때문이고, 이제 그의 아들이 더는 비열하게 하지도 진정으로 요청받을 만하게 하지도 않기 때문이다. 아브라함이라는 자는 요청되지 않고도 모습을 나타낸다!" 그러나 결코 불린 적이 없는가? 자신이 스스로를 요청할지라도. 요청하는 소리를 둘러싼다면, 헛된 자위이다.

여자는 훨씬 더 금지된다. 혹은 육식을 좋아하는 것이 금지된다. 여자가 어머니로 변장할 때, 우리는 이것을 느끼고——혹은 환영으로 보았는데——그녀는 헌납이 아니라 매장을 바란다. 그녀는 매장을 묵인하고 무덤이 비어 있기를 바란다. 내용물이 비어 있음을 누설하지 않으려 한다. 이 피할 수 없는 어머니는 충만함이며, 동시에 개방 상태이다. 도처에 퍼지게 되고, 그리스도가 그녀를 저지한다. "여자여, 나와 너 사이에 무엇이 있는가?"

그리고 프로이트는 더 질문한다. "여자는 무엇을 원하는가?" 왜냐하면 그녀는 주장했기 때문이다. 게다가 레폴렐로, "그러나 마돈나…… 그녀는 무엇을 원했는가?" 돈 주앙은 그녀를 정말 비웃는다.

그녀가 원하는 것은 우리를 그 안에 두는 것, 그리고 나가지 않게 하는 것이다. 우리를 배설함으로 훨씬 더 그 안에 있지만 다른 내장 속에서와는 결코 다르다. 그러나 그녀가 바라는 것을 그들이 바라는가? 그렇지 않으면 그들을 간직하고 취한다. 그리고 그들을 다시 취한다. 질에 대한 공포.

"나를 만지지 말라." 부활한 그리스도가 외친다. 그대로 두기를 원한다.

"그녀에게 손대지 마세요." 마르셀 프루스트가 셀레스트 알바레에게 외친다. 죽어가면서 그는 검은 옷을 입은 뚱뚱한 부인이 나타나는 것을 본다. 그는 영원히 그녀의 소유물이 된다.

그러나 그녀는? 그녀는 무엇을 원하는가? 보바리는 무엇을 원하는가? 아니면 그녀에 속한 마스크, 그녀의 마스크는 어떤 이의 마스크 아래 '그녀에게' 주어진 마스크를 감추고 있는가? 그녀는 마스크 쪽으로 달려간다. 남성 사육제, 성적인 요정의 이야기를 통해서 그녀의 최초 결핍만을 만나기 위해서이다.

한 보바리 부인은 삭제되지만 역사에 의해서 매료된다. 거기에 빠져들기를 갈망하는 그녀는 남자 없이 지루해하는 팽창된 그 현재를 거기에 도입하면서 역사를 저지한다. 반면에 그들은 역사에 대한 향수를 가지고 있다. 남자들의 이야기에 의해 매료된 그녀가 그들에게 골몰하는 동안 그들은 그녀를 찾는다. 그녀는 정신 없이 그녀 속으로 휩쓸려 들어가는 값이 떨어지는 일화를 시도한다. 모험은 일어나지 않는다. 그들이 그녀에게서 찾는 것은 그녀가 피하는 그것 자체이다. 그들에게 부족한 것은 그녀에게 부족한 것이다. 즉 남자와 여자이다. 잃어버린 차이이다.

리어나 그녀나 마찬가지이다. 그녀가 바라는 것은 그녀가 원하는 것이 아니다. 그녀는 여성의 정체성을 바란다. 그녀는 제시된 유일한 모델, 남성적 도표에 따라서 그것을 원한다. 여성성은 부재처럼 실패한 것, 삭제된 것으로 보여지기 때문에 유일한 합법적인 남성들의 세계가 이 부재 위에 세워진다. 남성들의 세계는 그녀에게서 빠져 나가고, 여자는 이를 숭고하게 만들고 환상을 품으며, 그녀에게 있어서 세계의 풍부함에 대한 책임을 전적으로 그녀가 없는 그 세계에 지게 한다. 그녀에게 그 세계는 관조적이고 정확하고 현존의 세계이고, 남성체제에 의해서 약속된 오페라에 비해 진부한 어두움이다. 여기서 성의 관례는 초보적인 방식으로 표현되고, 서정적인 말로 알려지며, 극한의 상태로 약속되고 끝없는 귀결 혹은 추월이 된다. 그러나 그녀는 선구자들, 로돌프 혹은 레옹, 그들 쪽으로 돌진한다. 그들과 함께 성적이고 약속된 전설 밖으로 그녀를 붙잡고 있는 평범한 벽을 뛰어넘기 위해서이다. 그 벽은 그녀에게 진부하고 좁은 바로 그러한 공간만을 제공하고, 그녀는 이것에서 벗어나려 한다. 그리고 정확히 그들의 것이다. 사건은 결코 일어나지 않는다. 그녀가 피하는 그러한 평범함은 단지 그녀에게 있어서 잠재력에 대한 반영이었을 뿐이고, 그때부터 파기된다. 그리고 그렇게 유지된다. 왜냐하면 이러한 평범함이 체제(성의 관습 위에 세워진 향수, 담론에 의한 포화 상태에 대한 보증, 최초의 결핍에 대한 보증, 감정적인 위장, 그리고 특히 여성성에 대한 망각)를 세우고, 이러한 진부함에 의해서 엠마는 동시에 실망의 소재(요구와 대답 없음, 그리고 강박관념과 빈틈 없음)이자 여기서 거울——아마도 거절되는 첫번째 단어——이 되는 집합소이기 때문이다. 남성이 여성에게 위임하는 남성의 일부는 덧없음이다. 보바리 부인은 그것을 받아들이지 않지만 반영한다. 사랑 없는 비밀 없는 그러한 애인들은 그녀에게 그들이 지니고 있는 초라한 이미지밖에는 아무것도 드러낼 것이 없고, 그 이미지 자체는 그녀를 괴롭히며, 그녀는 이로부터 해방되고 싶어한다. 그들은 그녀를 운명 짓는 유용성을 가리키고, 그녀는 거기에서 피하려 했던 그 자체를 알아본다. 그들의 것과의 유사함은 매력적인 마스크 아래에 감춰졌다. 그녀에 대한 결핍, 그녀의 결핍이다.

남자들의 세계로 뛰어들면서, 그녀는 '같은 날의 연속'[15]을 '무한한 사태의 급변'과 바꾸지 않는다. 그녀는 자신의 공포로 무기력함으로 권태로 향하는 투명한 유리만을 만난다. 그 것들이 그들이었다. 이 경우에는 플로베르의 것들이다. 그러나 플로베르가 텍스트에서 바로 그 보바리를 내쫓을 수 있다면, 그녀를 인정할 수 있고 "그것은 나야"라고 말할 수 있다면, 엠마는 그녀의 존재에 있어서 '무'이고, 거기에서 벗어날 수 없으며, 그녀 자신에 대해 "그것은 나야"라고 말할 수 없다. 왜냐하면 누가 그것을 말할 것인가? 그녀는 플로베르가 아니고, 거리를 두고 있지 않기 때문이다. 그러므로 "플로베르 씨, 그는 나인가?" 보바리 부인은 부족하다. 보바리 부인은 내가 아니다.

이제 자신이 부재가 되지 않기 위해서, 그녀는 남성의 디오니소스제를 통해 상상했던 축제에 이르는 게 아니라 정체성, 견딜 수 있는 차이, 그리고 플로베르의 차이를 포함하는 차이에 도달하기 위해 그녀에게는 리비도의 기재가 필요할 것이다. 리어처럼 이 무의 존재, 그녀가 피하려고 했던 존재의 공허를 맡고 결국 정착시켜야 할 것이다. 그녀는 남자에게서 자신이 더 이상 부재하지 않도록 준비될 필요가 있을 것이다. 하지만 그녀가 바라는 것의 부재는 그녀 자신의 존재, 차이가 될 것이다. "우리가 남자들을 소유하는 것, 그리고 남자로부터 여자를 떼어 놓는 것은 남자를 분리하고 우리를 바라보고 우리를 판단하는 일이다"라고 앙토냉 아르토는 알린다.

천막〔고대 유대의 이동식 성전〕에서 빈 무덤에 이르기까지, 보바리/플로베르에게서 남자들에게와 마찬가지로 여자들에게 가장 나쁜 것을 배우게 하고 볼 수 있게 해야 할 것이다. 여자들은 감춰진 약속이 아니라는 것 또한 알아야 한다. 그녀들은 차이의 나머지도, 역시 차이도 아니다.

안티고네는 죽은 그리스도가 사라진 무덤에 살아서 들어간다. 역사의 우스꽝스러움이란! 그리고 항상 거기에서 끝난다. 돈 주앙만이 그것을 피하고 동정녀 역시, 성모의 죽음으로 처녀이자 히스테릭하지 않은 유일한 여자 혹은 승리의 여자가 된다. "나를 피하지 마세요." 도나 아나는 외친다. 처음 장면부터 '접촉'되기를 바란다. 반면에 접촉된 것은 아무것도 없다. 그녀는 무엇을 원하고 있었는가? 무엇을 원했는가? 아마도 그녀가 헛되이 되기를 바랐던 먹이를 아버지 쪽으로 몰 것인가? "나를 피하지 마시오." 두번째 장면부터, 돈 주앙에 의해서 그물에 잡힌 기사는 명령한다. 딸의 아버지, 매료된 돈 주앙은 도망하지 않을 것이다. 그가 원한 것은 바로 이러한 어머니이다. 최초의 어머니, 사냥감을 이리저리 쫓아다닌 그 아담, 크게 벌린 입 속에서 당신과 관계를 갖고 당신이 떨어지게 놔두지 않는다.

돈 주앙은 우리가 보았듯이 흔적도 없고 모든 것은 소모되었다. 순회가 이루어진다. 삶은 오페라 분위기에서 소가극인 오페라를 취한다. 반면에 여자들은 다른 곳에서 "죽은 이들 가운데 살아 있는 남자를 계속해서 찾는다." 혹은 살아 있는 여자를 찾는다. 그리고 십자가에 못박힌 사람을 생산한다. 계속해서 슬퍼하고, 그를 십자가의 발치에서 달래며, 비어 있는 무덤을 발견하고 쫓아가게 되고, 열렬히 끈질기게 수음하면서 찾는 반면에 그들 사이에서 남자들은 사회와 육체 관계를 한다.

그녀들은 무엇을 원하는가? 그리고 그는? 그리스도는 성년이 되어 여자들에게 거부당하고, 발가벗긴 채로 시체 혹은 유아로 영원히 그들의 팔 속에 주어지거나 혹은 발기한 채로 죽는다. 그리고 그녀들은 항상 옷 입은 채로 화려하게 그들의 시선이 은폐하는 그 남성의 성기를 얼싸안고, 거세하고 무덤으로까지 아들을 점령한다. "나를 만지지 말라." 내가 나온 그곳에 나를 다시 두지 말라. 나는 아버지에게로 가고 싶다. 나와 너 사이에 어떤 아버지도 없다.

아들은 '아버지와 나, 우리는 하나인' 그를 생산한다는 점에서 아버지를 열망한다. 그리고 그렇게 희생함으로써 그에게 자신을 죽이게 한다. 그에 의해서, 그의 이름으로 모든 것이 이루어지게 하면서 죽이게 한다. 그러나 절망하면서 어쩔 수 없는 일이라고 생각하고 믿는다. 필요한 그 육체, 그 존재는 아버지를 위해서 아버지에 의해서 희생된다. 아! 그의 바람으로, 확실한 그에게 융합되는 것이다. 바로 그 플로베르의 보바리가 되는 것이다! 그리고 "누구든지 나를 섬긴다면, 내 아버지가 그를 영예롭게 할 것이다"를 그가 영원히 말하게 하라. 그 구절을 그의 이름으로 약속하라고 내가 헛되이 애원하게 내버려두지 말라. 그들은 나를 구하지 않았다. 그가 그의 이름을 영광스럽게 하라. 그가 한 번 더 나의 것이 그의 것이라고 말하게 하라. 젊은 보바리 그는 바로 나다. 그러나 아버지는 아무것도 말하지 않는다. 까마득하게 오합지졸·놀이·주사위·대중·정의·국가. 어떤 오르가슴이나 호소도 없다. 비극적인 순간은 소멸되지 않는다. "왜 나를 버리셨나이까?" 그는 대답조차 하지 않는다. 영원히 금지 사항을 만지는 어머니만이 남는다. 법은 없다. 아버지조차도 없다. 그렇지만 그의 찾기, 그에게서[16] 찾기인 《잃어버린 시간을 찾아서》에는 프루스트 박사가 없다. 그러나 어머니에 의해서 가로막힌다. "나는 알베르틴과 결혼하여야 해요." 유일한 결론이다. 결론지어지지 않는 결론이다. "왜 나를……." 그러면? 그러면 어머니에게 관을 씌우고 그녀, 두 처녀와 함께 에덴 동산을 되찾는 것이다. 모든 것이 다시 시작된다. 이번에는 아내와 함께 여자와 어머니를 말소하고, 그래서 아마도 아버지와의 막을 지운다. 있다면 말이다. 시든 정원 속에.

10

잔존의 이름

아버지와 아들·성령의 '아니다'에 대해 이제 어떻게 말하지 않을까? 아버지·아들·성령의 부인, 자기 포기, 근본적인 후퇴에 대해 이제 어떻게 관심을 가지지 않겠는가? 그러므로 그 이래로 어머니의 이름을 어떻게 더 이상 말하지 않겠는가? 말을 생산하면서 육체를 막고 폐쇄하는 어머니의 입장을 어떻게 더 이상 말하지 않겠는가? 그 어머니는 상징의 들판에서 추방되고 끊임없이 그 들판을 요구하고, 그 들판에 관계하며 비추어 보고, 그 들판을 부르며 들판에 개입하는가? 아마도 역시 그 유리디스·여자·그녀가 그랬다고 이제 그만두었다고 생각하는, 이제는 역시 그녀가 되지 못하는 그 '망각된 여성성'을 거기서 되찾기 위한 것인가? 그렇지만 반면에 그녀가 여자라는 말을 받아들인다.

사실상 기도하고 생각하고, 춤추고 노래하며 명상하고 계산하는 남자 혹은 여자는 다른 이의 편, 다른 쪽, 거기에 없고 생각하는, 말을 거는 찾는 이의 쪽에 항상 있다. 그녀 편인 이쪽에 있다. 기도하고 징후를 만드는 남자와 여자는 차이를 이루고 차이를 인정한다. 융합을 찾는 데 있어서 차이——그러므로 여자이다. 따라서 동정녀이다. 왜냐하면 어떤 성령, 어떤 주님, 어떤 신도 주인이 아니고, 그러므로 어떤 남자도 위험한 일에 ——말장난이 아니라——육체를 발산함으로써 말려들기를 원치 않을 것이기 때문이다. 그리고 성교를 하지 않음으로써 아껴두는 것이고, 이야기 속에서(그리고 수난에서조차) 동정녀가 아니라 남자, 가능성 있는 감추어진 종축이 된다. 남성성은 영원히 의기양양한 부재에 손대지 않은 지시물로서 보호된다. 굳어진 부정이다. 순조로운 승화. 보증된 회귀이다.

아버지·아들·성령. 있을 수 있는 근친상간의 생식은 더 이상 없다. 세대는 끝난다. 발생, 있을 것이 있다. 우리는 우리끼리 남는다. 더 이상의 어떤 가능한 접목도 변경도 없고, 가장 비천한 변형도 없다.

그렇지만 성스러운 불모의 삼위일체를 얻기 위해서 여자가 필요했다. 왜? 그래 왜 남성성으로 끝나는 그 이야기에서? 어차피 무엇인가 해야 할 바엔 메시아는 육체를 통해 그렇게 태어나지 않을 수 있었다. 그러나 육체는 그러므로 남게 될 것이고, 이것은 영원한 나머지이다. 생식 기관을 가진 육체는 차이와 양면성이 있다. 그리고 여성은 조심성 없는, 비밀스러운 육체이며 파렴치한 다산성이다. 육체, 분명한 육체와 때아닌 생산, 즉 잠재적인 역사를 끝내기 위해, 꿈틀거리는 정열의 무기력을 보장하기 위해 유토피아적인 닫힌 사회를 고정하여야 했다. 거기에서 어떤 다른 육체가 솟아오를 수 없다. 남성성을 세우고, 필요한 경우에는 그를 십자가에 고정하여야 했다. 이렇게 하려고 나무랄 데 없는 여자를 생산하는 것이다. 그리고 배출한다.

이렇게 해서 에덴을 되찾고, 거기로부터 동시에 아담과 이브를 추방했으며, 이주하는 것을 허락했던 최초의 실수를 만회한다. 그래서 아담을 다시 기용하지만 이브는 없다. 아담이라는 자는 무감각해진다. 사과·뱀, 많은 사물로부터 태어났지만, 진정한 어머니와 함께 혼자 돌아온다. 이번에는 면역된다. 그리고 진짜로 죽는다. 왜냐하면 부활했으니까.

그런데 한 장면이 잔존한다. 원초적이고 유일하며 정체적이고 강박관념의, 조작되지 않은 장면이 잔존한다. 영속적인 잔존말고는 관례에서 생기는 것은 없다. 그런 관계를 삼키는 정열은 잇따른 후속·변화, 다른 도래를 모두 흡수하고 폐지한다. 삼위일체는 다른 어떤 수를 야기할 수 없는 자신의 요소들 중에서 전혀 다른 것으로 보호된다. 암컷이 없다. 양쪽 사이에 거울이 있다. 그러나 알리스는 그것을 통과하면서 마주치지 않는다. "여자여, 나와 너 사이에 무엇이 있느냐?". 여전히 아무것도 없다. 남자도 없다. 결정이 정신으로부터 귀에 알려진다. 귀, 배의 지성당. 귀-질, 여기에서 숨결-정액이 흘러 나온다.

다른 텍스트에서 귀-질이 발견되는데, 여기에서의 시도는 또한 아버지로부터 아버지를 태어나게 하고 거기에서 여전히 처녀들을 즐기려고 한다. 이번에는 독 있는 정액이 귓속으로 흘러 들어가고 그를 죽인다.

《햄릿》 내내 오필리어 같은 이들을 떠오르게 하는 무수한 아버지들을 좀 보자. 그 또 다른 다공질의, 널리 퍼지고 훨씬 일시적인 수난 속에서 헛되이 아들과 흔적 없는 성령, 아니면 유령, 게다가 천벌받은 유령의 흔적에 대해 말하는 이름에서 헛되이 아버지를 발견하려고 고집하는 것이다.

여기서는 하나가 아니라 두 결과물이다. 햄릿과 오필리어.

남자와 여자를 찾으면서 결합되지 못할 것이다. 이런 것은 합쳐지고, 저런 것은 섞이지 않는다. 햄릿은 미친 척하면서 구매하고, 오필리어는 미쳐 가면서 지불하는 과학이다.

햄릿은 아버지를 드러내기 위해 아들이 되고자 한다. 이를 위해서 아버지나 왕이 되지 않으려 한다. 그로서는 위상을 확고히 해야 하고, 아버지·자식의 기능이 같은 육체——같은 이름 대신에 서로 다투게 되는 마그마 속으로 들어가지 않아야 한다. (그리고 이것은 아버지·기사에게 잘 보이기 위해 부성으로부터 아들과 처녀를 지키는 주앙의 근심이 아닐까?)

그러나 어떻게 동시에 아버지와 어머니의 아들이 될 것인가? 어떻게 이것 혹은 저것을 제거하지 않고 그들을 구분하는가? 사실상 햄릿이 죽이고자 하는 이는 게르튀드 여왕이다. 아담이 다시 어머니가 되게 하라. 유일한 방법은 아버지와의 만남을 허락하는 것이다. 그리고 제거될 것은 어머니이다. 아버지를 만나고 나서 그는 마침내 말할 것이다. "안녕히, 사랑하는 어머니여." 한 방으로 해방된다.

어머니를 포기하기 위해, 죽이기 위해서는 한 가지 방법이 있다. 모독하는 것이다. 근친상간이다. 햄릿은 귀에 의해서 이를 시행한다. 또한 (잠재적인) 살해이다. "단도 같은 너의 말들이 내 귀를 찌르는구나." 여왕이 말할 때 폴로니우스는 그들의 대화를 듣기 위해 순수한 귀, 귀를 기울인다. "승낙하신다면, 제가 그들의 대화를 엿듣겠습니다"라고 그는 왕에게 제안했다. 폴로니우스는 머물러 귀 혹은 질을 찌르고, 양탄자 뒤에서 강간한다. 아들의 분노가 도달하는 것은 공식적이지만 생물학적이 아닌 우롱된 아버지들에 대해서이다. 위상이 박탈된 의심스러운 아버지들에 대해서이다. 불확실한 아버지들에 대해서이다. 이 모든 아버지들은 어떤 존재가 될(혹은 되지 않을) 수 있을 것이다.

그는 자신이 찾는 매력을 지닌 왕자가, 시체화된 이러한 것에서 탄생하는 것을 보기 희망하는가? 기사? 그러나 기사들은 제어되지 않는다. 혹은 어머니 아담? 아버지의 시체로부터 역시 아주 수상한 다른 아버지들이 탄생한다. 오히려 아버지의 이름으로서이다. 죽어가는 아버지에 의해서이기 때문인가? 어떤 확실성이 있는가?

최초의 햄릿? 햄릿 아버지, 햄릿 왕, 암살된 야유된 죽음, 요컨대 진정한 아버지이다. 완벽한 아버지, 아버지의 본보기 자체이다. 즉 아버지의 환영이다.

폴로니우스? 그는 모든 언어를 모방하고, 아버지의 담론을 포함하여 모든 언어들을 약화된 담론으로 변형시키며——그러나 정말 아버지의 담론인가?——아버지라는 그 유희 속에서 어떤 졸의 역할을 할지 모르는 자손들이 아주 거추장스럽다. 죽음. 분명하다.

그러나 클라우디우스·애인·형제·삼촌·남편·왕이자 아버지라고 불리지 않는 왕, 현실적으로 본다면 그는 햄릿의 아버지가 아닌가? 그리고 왜 오필리어의 아버지는 아닌가? 햄릿·오필리어·형제·누이, 그들은 다른 존재일 수 있는가? 또한 삼촌이자 애인이 왕이 되기보다는 그때까지 완전히 숨겨진 아버지의 그러한 역할을 더 한층 형상화하려고 다가가는 게 아닌가? 적자로 인정하게 위해서, 또한 아들에게서 어떤 감동을 일깨우기 위해서가 아닌가? 어머니 아담, 그는 나다.

귀-질, 폴로니우스, 햄릿 1세, 공식적인 아버지들은 또한 암컷에 속한다. 그러나 클라우디우스는? 애인·형제·삼촌·남편, 잠재적인 아버지는? 햄릿은 거기에 속지 않고 "안녕히, 사랑하는 어머니"라고 말을 거는 것이며, 그들의 자리에 육체를 두면서 그 장소에서 아이들이 아니라 어머니를 만드는 것이다. 아이들은 거기에 어머니가 있기 위한 핑계이다. 육체를 엄폐하는 어머니가 있다. 어머니들이 있다. 그로 인해 오필리어는 죽을 수 있고, 미칠 수 있을 뿐이며 그녀가 구현하지 않는 여성성으로, 여성성의 아버지로, 생식 기관을 가진 어머니로 가득 채운 이 땅을 떠날 수 있다. 여자 목동들이 이름짓고, 게르튀드가 '죽음의 손가락'으로 가리키며, 목동들이 더 노골적인 이름으로 부르는 꽃으로 장식된 어머니를 만지기 위해서, 물을 통해 만지고 단지 모성적일 수밖에 없고, 그녀가 잃어버린 모든 의미만을 되찾을 수 있었던 태내의 페니스처럼 그곳에 흡수되기 위해서이다. 이것으로부터 우리는 기계적인 살해에서 기계적인 살해로 이끌릴 것이다. 묘지, 황폐된 음모 속에서 우리가 간파하듯이 모든 것이 다시 시작할 수 있을 정치적인 꿈 쪽으로 이끌릴 것이다.

그러나 하나의 장면——혹은 **왜냐하면**——은 생생함을 야기할 수 있을 것인데, 여기서 말이 오가고 충동들이 고백되고 눈은 서로를 바라본다. 햄릿과 어머니는 서로를 사랑한다. 해방된 그들은 서로에 대해 두려움·증오를 말한다. 그들의 사랑을 말한다. 햄릿은 귀를 통해, 목소리를 통해 말로써 어머니와 육체적인 관계를 맺고, 그를 위해서 자신을 지키도록 설득하고, 그녀는 이를 약속한다. 그들이 성교하지 않는지는 문제될 것 없다. 그들은 《햄릿》에서 모두가 아는 바와 같이(그리고 그렇기 때문에 그들은 모두 죽어야 한다) 이러한 관계의 부질 없음을 알고 있다. 그리고 햄릿이 어머니를 비난하고 절망하게 되는 것은 다른 사람이 아니라, 클라우디우스와 성관계를 가졌다는 사실에 대해서이다. 이번에 햄릿은 어머니를 우선 자신의 아내로, 그리고 딸로 만든다. 그는 그녀에게 자신의 성적인 행동을 구술하고, 그녀는 이에 동의한다. 공모자인 그들은 성욕이 더 이상 제어하지 못하는 리비도의 영역에서 서로 결합한다. 햄릿은 어머니를 죽이고 여성, 한 명의 여성이 아니라 자신의 여자를 태어나게 했다.

그렇다. 오필리어는 죽을 수 있다. 더 이상 그녀를 위한 공간, 의미는 없다. 아버지들이 어머니들의 장소를 차지했다. 그리고 게르튀드 여왕은 어디에나 있고 전지전능하며, 모든 여성성 ——어머니를 배척하는—— 을 차지하고 다시 흡수한다. 어머니는 나머지가 된다. 상징은 성관계에 의해 시대에 뒤진다. 어머니 그는 여전히 가족 소설을 믿는 클라우디우스, 왕이다. 그리고 남편이자 커플의 잔재이다.

오필리어는 어머니가 없었고, 어머니가 되지 못할 것이며, 아버지들과 지나가고 이끌려 간다. 위험한 오필리어! 그녀가 분만했을지라도, 그녀는 "우리가 무엇이 될 수 있을지가 아니라 누구인지를 안다는 것"을 간파했다. 바로 그 "사느냐 죽느냐"는 상식을 말한 것이었다. 혹은 아주 짧은 의미를. 어머니의 아들로 변장한 어머니가 아니라 여성이었던, 익사한 오필리어는 부활하지 않은 것이다. 결국 그녀에게 햄릿은 말을 건다.

왜냐하면 햄릿의 말을 들을 수 있었던 이는 여왕이고, 결국 그가 말을 걸 수 있는 이도 여왕이기 때문이다. 둘 사이에 극도의 직접적이고 감정적인 교환이 일어난다. 누군가가 누군가를 듣는다. 그렇다. 여왕은 신음할 때 햄릿을 듣는다. "오 햄릿, 더 이상 말하지 말라, 단도가 내 귀를 찌르는 것 같은 너의 말들을. 더 이상 말하지 말라, 다정한 햄릿이여." 그리고 아직 오르가슴 속에서 '더'라는 흐느낌이 있다. 여왕은 주어진다. 그러나 햄릿은 여왕을 위해 상실된다. 그가 그녀를 갖는다. 그녀는 그의 여자이다. 그녀는 상징의 들에서 나온다. 많은 여자가 있다. 그러므로 더 이상 남자는 없다. 이미 햄릿의 눈은 공허하거나, 혹은 비어 있음에 처한다. 여왕은 여자에 대해 한탄한다. 그는 어머니를 죽였고, 이미 새로이 아버지를 찾는다. 유령 아버지, 항상 그의 고백이 미치는 거리에 있다. 햄릿은 매력적인 유령이 구술하는 것에 복종할 뿐이다. 그 이후로 그가 말한다면, 명령에 대해서이다. "잘 지내요?" 그가 열이 있는 왕비에게 묻는다. 그녀는 신음한다. "아아! 또 너로군! 네 눈은 허공을 향하고 공허하게 지껄이는구나? 너는 무엇을 보느냐?" 햄릿은 "그예요! 그예요!"라고 말한다.

그녀는 그녀일 뿐이지 진정한 혹은 '그녀'가 아니다. 왜냐하면 그 역시 아니기 때문이다. 그녀는 찌꺼기가 되고, 딸이 되는 여성이 오필리어의 자리를 차지한다. 반면에 햄릿, 결국 아버지(자신의 어머니의)는 야릇하게 폴로니우스의 톤을 취한다. 예를 들면 그가 게르튀드에게 말할 때 그러하다. "한 번 더, 좋은 밤. 나는 잔인하게 보이지만 선해지기 위해서일 뿐이야. 이렇게 해서 악이 시작되고 가장 나쁜 것이 멀어지지." 걱정스럽다. 그는 무례하게 덧붙인다. "한 마디 더, 선한 부인." 그리고 진짜 오필리어로서 여왕은 "나는 무엇을 해야 하는가?" 혹은 "나는 무엇을 할까?"라고 하는 편이 훨씬 낫다. 그는 그녀를 클라우디우스의 침대에 둔다. 왜냐하면 그 이후로 더 이상 그녀에 대해 근심하지 않고, 자신보다는 아니지만 그녀를 경험한 어떤 남자들에 대해서도 걱정하지 않기 때문이다. 이 모든 아버지는 진짜이거나 가짜이다. 낡아빠진 싸구려 물품이다. 딸들·아들들의 아버지들이다. 그는 어머니, 그의 여자의 아버지이다. 그가 복수하고자 하는 왕이자 아버지이다. 그는 중요하지 않은 그를 내버린다. 이 아버지는 "각각의 신이 그가 남자임을 세상에 증명하는 특징을 준 형상"이 되고, 햄릿은 과부에게 '곰팡슨 귀'를 설명한다. 타락한 어머니이다.

어머니는 정복된 여자가 되고 다음을 약속하는 숨가쁜 여자가 된다. "만약 말들이 숨결, 생명의 숨결이 된다면, 네가 내게 말한 것을 숨쉴 수 있는 생명을 가질 수 없다." 햄릿이 요구한 신중함을 따른다. 호흡-정액에 다시 갇힌다. 둘러싸이고 임신된다. 그렇다. 그가 그녀를 떠날 때, 이 여자는 아주 다루기 쉽게 된다. 우리는 이러한 아버지들·어머니들·존재들, 혹은 존재가 아닌 것들에 대해서 끝까지 전쟁터에 누가 머물 것인지를 자문할 수 있을 것인가? 아니면 햄릿이 머무르는가? 이 작품 끝에 포틴브라 같은?

그러나 햄릿 ——《햄릿》 전작품과 햄릿이라는 인물——은 포틴브라의 무의식적 기의가 아니다. 이 모든 것은 그가 아버지가 잃어버린 것을 되찾게 될 순간에 어린 포틴브라에 의해 체험된 위기의 표상이 아니다. 갑자기 그에게 벌어진 조작적인 삶이 정치가 뒤에서 드러난다. 끈적끈적한 모든 것, 땀내,

침대의 축축함, 발산된 것들. 위기가 지나가고, 포틴브라의 이 분신, 이 무의식적이고 햄릿이 될 포틴브라가 군인의 모습으로 복귀하여 죽고, "그를 위해 군인의 음악과 전사의 의식을 소리 높이도록 놔둘 때," 그는 정치 자격을 되찾는다. "오, 나는 죽는다. 호라티우스, 영국의 소식을 듣지 못하고 죽을 것이다. 그러나 나는 포틴브라의 선출을 예언한다. 그는 나의 사그라져 가는 투표권을 가지고 있다······. 그리고 이젠 침묵뿐이로구나." 햄릿은 분명히 투표하면서 죽는다. 그래서 포틴브라는 그때 모두에 의해서 억압된 결정을 할 수 있다. 그는 군인들에게 사격 명령을 내린다. 한 방. 그렇다. 한 방 발포함으로써 어쨌든 커튼이 왕에게 내려질 수 있다. 그러나 햄릿, 햄릿은 왕이 될 수 없고, 되기를 바라지 않았다. 그는 죽어가는 투표권으로 포틴브라의 군림을 임명할 것인가?

항상 동요할 것이지만 시의적절한 긴급함으로 은폐되고 질식될 것이며, 이러한 세대의 뒤죽박죽·혼합에 대한 질문이 천천히 제기될 것이다. 생성의 무분별한 음란함. 포틴브라의 비전은 사회적으로 해석된 세계, '신문 잡지의' 세계, 이야기의 세계, 문명으로 개화된, 정치에 관심을 가진 세계, 순화된 왕조의 세계, 우리가 지지할 수 없는 것처럼 보이는 것과 공포 자체를 결합하는 왕조의 세계에 대해 예기치 않게 변화한다. 조직, 조직체, 잠재된 냄새이다. 그들이 부추기는 유혹, 수치와 죄와 역효과. 그리고 이러한 말의 부조리이다.

포틴브라의 비전, 이제 누가 무엇을 먹는지 알 수 없는 햄릿의 그 방대한 향연에 마침내 음식·관·혼잡의 이상한 문제가 관계된다는 것이 이해된다. 그래서 시체인지 생명인지 이제는 알 수 없는 시체-양식과 생명-먹이가 시작한다. "육체는 왕과 함께 하지 않는다. 왕은 육체가 없다." 왕은 먹히고 소모되고 시작하여 결코 끝나지 않으며, 시작과 끝이 조직체를 영원히 끝내지 않고 상호 의존하는 거대한 조직의 부이야베스(지중해식 생선 스튜)에 있는 무이며 어떤 것이다. 시체는 거의 익명적으로 쌓이고, 모든 것이 성이나 기능의 차이 없이 뒤죽박죽으로 죽는다. 평범하게 계승·왕조, 독특한 전기로 드러나는 즉각적인 비전이다.

예전에 이름이 없었는가? 이름들? 혹은 항상 같은 얼굴, 같은 반사 작용을 부여받고, 같은 리듬으로 무의식적인 그러한 리듬을 춤추는 같은 육체의 연속이다. 복수적인 육체들은 항상 비슷비슷하다. 하나의 얼굴이다. 이러한 우글거림은 분비물로 끈적끈적하고, 때로 외침이 있다——어느 달 쪽으로?

어떤 외침? 우리는 아무것도 외칠 수 없고, 무에게 안녕이라고 말할 수 없기 때문이다. 최초의 태가 거기 있게 하라. 아버지가 그것을 삽입하는 데 적합할지라도 항상 누군가 있을 것이다. "안녕히, 사랑하는 어머니." 살해에 의해서보다 아버지들, 클라우디우스로부터 더 잘 벗어난다. 분석은 끝났는가? "안녕히, 사랑하는 어머니." 보아야 한다. 게다가 햄릿은 다시 돌아온다. 어머니가 돌아오는 것과 마찬가지이다. 그녀가 태어나게 했던 것으로써 죽을 수 없다. 단지 잠자는 것이다. (시체가 아니다. 무덤이 아니다. 그녀는 돈 주앙과 재결합하는가?) 그녀는 이브보다 더 추방되어 제거된다. 그녀의 이름은 리스트에서 지워진다. ~의 이름으로? 아니다. 그녀의 이름으로가 아니다. 그녀는 생산했다. 그녀는 아무것도 보장하지 않는다. 아무것에도 이름이 소용되지 않는다. 그녀는 배제된 육체이다. 아버지·아들·성령. 모성은 영원히 과거를 상실한 사건 속에서 보류된다. 여자의 육체는 회피되고, 더 비워지며 마침내 제외된다. 그리고 함께 하는 탄생. 밖에서의 탄생이다. 탄생 밖에서. 그러나 출구 없는 죽음은 없다.

"안녕히, 사랑하는 어머니." 햄릿이 아버지의 암살자, 클라우디우스에게 외친다. 그 혹은 그녀를 제거하는 유일한 방법인가? 혹은 그녀를 해방할 단 하나의 방법인가? 햄릿 역시 그가 필요로 하지 않았던 모성의 봉인이다. 어머니가 아직 장면에 영향을 미치는 무관심 속에서 막 다시 태어날 준비가 되어 정말 죽는다. 거기서 어두움의 시대 이래로 '계속되는 나날들' 속에서 한없이 보바리 부인처럼 처신하면서, 그들 자신의 이미지에 대해 새로운 포기를 하게 만드는 불성실한 플로베르 같은 이들 없이 냉정한 군중이 걸어간다. 우리는 이러한 '돌발' 속에서 영원히 발을 구르게 된다.

엠마는 원한다. 우리는 모든 것을 원한다. 그 때문에 플로베르가 옳다. 보바리 그는 우리이다 ──우리를 욕망하지 않는 세계의 한가운데서 에로틱할 수밖에 없을 운명의 애인이다. 서로를 바라지만 자아 대신에 여기저기에서 같은 갈망을 얻는 것이다. 에로스는 없다. 최초의 근친상간도 없다. 세계는 '무'라고 대답하거나 대답조차 하지 않는다. 엠마는 살찌고 정확한 삶, 현실적인 그러나 '비현실적인' 삶으로 지나치게 부담을 지며 다른, 변질된 세계에 넘겨진 세계 속에서 무너진다.

보바리 부인처럼 행동한다? 헛되이 설명을 요구하는 것이다. 버지니아 울프는 '오래 된 공포'란 "원하고, 원하고 가지지 않는 것"이라고 적는다. 원한다. 제거되는 것을 예감하는 것이다. 그러나 삶에서 지워지는 연습이라고 여기는 중재인에 의해서, 친절하게 무관심을 ——차이를—— 왜곡하기 바라는 것이다. 즉 남자. 그러나 미친 엠마!는 같은 무관심, 그녀가 무너지게 될 그런 낙심을 겪는다. 그녀에게 향하는 거울에 의해 덥석 붙잡혀서 코델리아에 의해 고요해진 그러한 '없음' 밖에는 아무것도 보지 않지만 그녀는 비어 있음으로 간주하고, 여전히 리어보다 많이 알려고 하지 않는다. 이 '무'에 대해 햄릿은 절망하여 오필리어에게 비밀을 가르쳐 준다. "부인, 제가 당신의 무릎 사이에 누울 수 있을까요? ——아니오, 주님—— 나는 당신의 무릎 위에 머리를 대고 싶다고 말하려는 겁니다 ——네, 주인님——당신은 제가 규칙에 관한 일을 생각한다고 여기시나요? ——나는 아무것도 생각지 않아요. 주님——여자의 다리 사이에 아주 정말 적합한 사고가 있어요 ——어떤 생각이오, 주님? ——무(無)." 오필리어는 인정되고, 햄릿에 의해서 보여지며, 그녀에게 있어서 일탈을 인정한다. 그러나 그녀는 단지 미친 여자이고 햄릿은 떠나고, 그녀는 그에게 대답할 수 있을 것이며 정의할 수 없음에 동화될 수 있을 것이다. 그들은 함께 아무것도 볼 수 없었거나 말할 수 없었다. 오필리어는 도망할 것이고, 그녀의 부재는 햄릿에 의해서 표명되어 물에 의한 죽음, 아무것도 아닌 ——반대 방향으로의—— 죽음이 되는 그러한 탄생을 재결합시킬 것이다. 무를 사라지게 하는 것이다.

물, 거울의 놀이들. 햄릿은 왕비를 위협한다. "당신은 내가 당신의 가장 내밀한 부분을 볼 수 있을 거울을 앞에 세우지 않았다면 떠나지 않았을 테죠." 노련한 게르튀드, 그녀는 어떤 점에서 이것이 치명적이 될지 알고 있다——그리고 살인자에게 외친다. 거울 속에서 이미지는…… 쥐가 된다. 비난하지 마시오! 그리고 폴로니우스는 죽는다. 햄릿은 원하는 것을 반영된 모습으로서 상상할 수 있을 것이다. 그가 어머니에게, 클라우디우스에게 내지르는 작별 인사는 어떤 사람에게라도 건넬 수 있는 것이다. 더 이상 위험은 없다. 도처에서 아버지에게로의 접근을 막는 어머니만이 존재하는가? 현재, 어떤 장소에도 햄릿을 위한 어머니는 이제 없다. 아버지는 없지만, 곰팡내나는 귀가 있다. 그렇다. 아프로디테처럼, 그는 아들에 의해서 어머니의 질서로 절단된 남자의 성에서 태어나게 하여야 했다. 게르튀드가 줄 수 없었던 그러한 질서이다!

그러나 햄릿이 리어와 코델리아처럼 모든 것을 사라지게 하고, 거울을 보았더라도——로돌프·레옹과 다른 플로베르들은 거기서 자신을 보지 않도록 조심한다. 그들은 거기에서 엠마가 보게 될 것을 알지 못한다. 그들은 십자가가 없어서 그녀 앞에 그 거울을 세우는데, 그 육체에 거리를 두기 위해서이지만 반영은 비슷하다. 힘을 얻기 위해서이지만 '무'에 대해서이고 멀리서이다.

집단적으로 보바리처럼 행동하기? 삶을 정치적이고 사회적인 군력에 위임하는 것은, 마치 엠마가 삶의 행사가 지나가는 것을 상상하고 그렇게 갖추지 않은 그들에 의해서, 그들을 통해서 삶의 행사가 살아 움직이는 것을 상상하면서 자신의 것을 남자들에게 위임하는 것과 같다. 반대로 이러한 삶은 그녀가 살고 있는 거대한 고요함의 폭력 속에서 나타나고, 그녀의 요구, 그러한 헛된 반항, 자기에게 욕망을 바라는 갈망의 거대한 폭력 속에서 나타난다.

이렇게 해서 냉담한 군중은 나아간다. 모든 권력이 위임되고, 신문을 통해서 역사를 통지받는다. 정책은 역사에 의해서 책임을 맡지만 실패한다. 신화가 생명력의 장소가 된다는 점으로 이동되지만, 반면 역사의 거짓된 전개는 역사를 인위적인 유동성으로 고정한다.

그렇지만 때때로 예를 들면 직물이나 나무 위에 희미한 빛이 있다. 트레센토 혹은 카트로센토의 작품에서는 가족의 일원, 격렬함 자체로 억압된 열정의 요소, 연속적인 막에 있어서 다르게 된 생식으로 분배된다. 과거의 무리들은 우리 같은 쌍둥이 얼굴로, 우리 같은 다리로 같은 공포를 지니고, 같은 곳에 거주하면서 행진한다. 유령의 무리는 우리의 즐거움을 모방한다. 그리고 소식을 알린다. 그들은 우리의 육체와 삶과는 다른 무덤을 가지고 있다는 것을 알린다. 삶에 있어 그들의 것과 결합된 기계적인 반복만을 할 뿐임을 알린다. 어떤 이름 하에 유지하려는 것을 시의적절치 않은 시퀀스에다가 부여함으로써 일시적으로 활기를 띤 우리는, 우리라는 물질 가운데서 이 물질을 인정하고, 거기에서 빠져 나오며 바로 그 물질이 우리라고 말하도록 억압되어 약간 동요한다. 그리고 말해야 하는 것, 말해야 하는 모든 것을 말한다. 망각의 문턱에서 망각만은 말하지 말자. 우리는 두려움에 질려 약간 비난에 찬 시선으로 기다린다. 미친다.

이러한 시선, 우리가 가지고 있는 이러한 시각을 본다면, 우리는 나갈 수 없다. (우리는 거기에서 나오지 않는다.) 그저 죽는 것이다. 이러한 이미지는 우리가 참을성을 가지는 영원히 잠든 어머니에 대한 것이다——보아야 할 것은 부활·십자가형·숭배가 아니라, 예를 들면 자신 스스로가 그린, 스스로 만들어 내는 반 고흐의 시선이다. 이러한 시선(그리고 나는 시카고에 있는 파인아트 박물관의 자화상에 대해 생각한다)으로 화가는 드라마틱한 시퀀스에 더 이상 자신을 투영하지도 특별한 인물로 더 이상 분열되지도 않고, 자기 자신에 의해서 거세되지도 않지만 전이되지 않은, 참을 수 없는 더 가혹하고 임종에 처한 어떤 수난의 장면보다 더 생에 찬 자신을 보고, 그러한 엄청난 공포 속에서 '인간적인, 너무나 인간적인' 자신을 드러낸다.

그림은 1인칭에 대한 것이다. 왜냐하면 다른 사람은 없었기 때문이다. 아무도 없었다. '나'는 잔존의 이름이고 들리지 않는다.

우리가 기억하는 반 고흐는 자기의 귀를 잘랐다.

11

한쪽 눈을 감으세요

'나'는 아우성과 잊어버린 언어와 죽음을 당한 격렬함의 다발이다. 곧 기억에 의해 많은 일들이 선별되고, 잘려서 강렬한 것에 집중된다. 강렬함은 종을 결정하고, 점령하여 더 효과적인 세력으로 관리하며 착복하기에 이른다. 경제란 **어떤** 생산성에 이르는 것이다.

왜 서구적인 방식이 이러한 생산성을 결정하는가? 어떻게 서양적인 사고와 헤라클레이토스에서 바흐, 치마부에서 프루스트에 이르는 언어들은 유일한 담론의 길을 개척하고 기술적인 것을 항상 조롱하는가? 그리고 민속적인 다른 모든 순환이 '문명'이라는 용어에 동일시된다는 점에서 세계적 차원의 다른 모든 사고의 흐름을 휩쓸어 갔다. 나는 다음 작업에서 약간 이러한——사명을 꿈꾸고 싶은가?

그 사명은 '나?'를 감금하고, 살아 있는 것을 세간살이 속에 채우고 파묻는 것인가? 도나 아나는 아주 많다. 거래와 퇴폐. 사랑한다? 각인한다. 안다? 사용한다. 모든 쾌락은 금지된다. 교환을 하는 것이지 생산이 아니다. 그리고 구체화가 아니다. 그렇지만 때때로 어떤…… 아르토·네르발·니체·지오다노 브루노·울프·반 고흐·파솔리니…… 그들은 구체화했기 때문에 죽는다. 어쨌든 죽는 것인가? 그러나 거기에서 우리는 누가 죽는지——누구들이 죽는지 알고 있다. 누가 탄생 뒤에 남는지를 안다. 그럼에도 불구하고 생을 살았다. '나'로서. 자폐증을 노래하도록 강요되는 게 아니라 살아갈 위험에 처하는 것이다. 즐기는 위험에 처하는 것이다. 금지에 이를 위험에 있다.

가짜 상연, 아연실색케 하는 무대 아래에서 파토스·죽음·출생·생성·생명의 동요와 동시에 죽을 지경의 동요, 불안의 공포를 즐긴다. 어쨌든 지옥이고, 자아의 파편들이자 차이를 이루었던 것의 잔해들이다. 사랑하도록 허용된다. 살아 있도록 허용된다.

그러나 허락된 공간에 비해 터무니없는 우리 욕망의 능력을 받아들이는 것이다. 생의 공간은 생의 사라짐의 기간 자체이다. 이러한 삶을 측정하고 그 한계를 받아들이며 삶의 내용을 관리하는 이 모든 것은, 죽음과 동시에 탄생할 수 있고 형성될 수 있으며 포함될 수 있는 이에게만 너무나 끔찍한 것인가? 역사가 책임지는 비장하고 어마어마한 관리이다. 우리는 역사가 죽음을 다루는 것을 알고 있다. 욕망은 무엇으로 이루어지는가?

서양의 힘은 기독교가 흡수하지 않는 것에 관계되는 게 아니라, 기독교가 모든 리비도를 집중시키는 성욕을 배설하지 않는 데 있다. 그래서 유보된 쾌락과 제거된 성적 쾌락, 고조된 욕망이라는 유죄의 흔적의 흥분 속에서 인구가 유지된다. 그러한 **어떤** 생산 쪽으로 이끌린 승화의 전략적인 환기이다. 생산의 분배, 이익의 분배는 겉보기에는 다양하고 적대적인 이데올로기의 대상을 만들지만, 당연한 것으로 보이고 모두가 격려하는 **어떤** 생산성에 대한 헌신으로 이해된다. 타락의 심오한 지능이다. 불편함의 정확한 과학이다. 문학의, 조형적인, 음악의 텍스트로 번역된 위반들조차 그만큼의 선동, 억제된 충격, 장래성 있는 돌파구로서(종종 작가들을 제거한 후) 회복되고 기능하며, 이것들의 이익은 도약의 책임과 협상의 끝으로 갈 때부터 박탈되고 재분배된 그 긴장 속에 있게 된다.

이 강제적인 억압이 권력을 만든다. 같은 방식으로 그리스도의 근본적인 이야기 속에서 아버지의 제거, 어머니를 직면한 아들의 후퇴, 항상 지연된 근친상간에 대한 시간증이라는 보상 등이 행해진다. 항상 대기중인 위반·전이, 이것들의 시행에 대한 아주 날카로운 직관이 있다. '분석'은 세밀하게 아주 정확한 점들에 고정된다.

만약 정신분석이 오늘날 어떤 질문들을 해방시키고, 암묵적인 발화 내용을 되살리며, 의식의 깊은 곳을 특히 지적하여 말하고, 지배력이 어디에서 오는지, 우리가 어디에 묶여 있는지 더듬어서 인식하게 되더라도, 정신분석은 우리가 고아가 된다는 것까지 깨닫게 하는 끊임없는 가족사에 끼어든다. 정신분석은 특히 가톨릭이 그렇듯이 환영들의 변모의 모델을 만들기 위해 앞에서 언급된 모성의 주변에 환영의 변모를 투영하지 않는다. 정신분석은 위기의 결과를 세우는 대신 가장 영향을 미치는 위기를 드러내고, 가장 모호하고 매력적인 불편함을 검토하고, 이를 드러내며 설정하여 그 영향력을 약하게 만든다. 그러나 우리는 모든 것이 향하는 그러한 위상 속에 빠진 아들의 역사 속에 머물고 있다. 우리가 늘 말하고 있듯이 아버지가 아니라 아들의 사회에 있다. 그 역사 속에 있다. 아버지를 믿는 아들. 이 아버지는 아들의 특성을 전부 지니지는 않을 것이다. "나이가 든 형이자 그 역시 실패한 아들일 뿐인"[17] 보기 드문 아버지의 아들이다. 아버지가 되고 이에 동의한 이상한 아버지, 아들은 누가 될 것인가? 반면에 그는 생산할 뻔했는가? 처녀들에게 이야기하는 선한 역사는 그녀들에게 '그것'이 일어나지 않을 것임을 '알린다.'

"안녕히, 사랑하는 어머니." 햄릿이 클라우디우스에게 말하지만 그는 오필리어를 어머니로 만들지 않을 것이다. 그의 어머니는 그에게 자신이 형상화하게 될 여자를 만들기에 충분하다. 남자는 여자에게 도움이 될 것이고, 유령은 귀-질에 도움이 될 것이다. 복수를 하려고 그가 만들 아버지는 항상 부족하다. 그리고 마찬가지로 그리스도는 자신이 되지 못하는 ──아버지의 이름을 공유하는 것을 제외하고는, 아버지를 요구하면서 그에게 자신의 육체를 희생할 것이다. 그렇게 하면서 그 역시 비극적으로 외친다. "왜 나를 버리셨나이까?"── 그의 예정된 부재는 그의 존재할 수 없으므로 절망스러운 예상에 대립된다. 부재 · 거부는 그의 장래성을 가장하는 아버지에 의해 예정된다.

우리에게는 가족이 필요하다. 세계는 우리의 구유이다. 하늘은 우리의 지붕이다. 말, 아버지의 결여. 그리고 이것이 아버지에 속했다면, 항상 십자가의 발 아래에서 방해가 되는 그러한 프루스트 부인들은? "여자여, 무엇을 원하는가?" 다른 질문들을 간직한 채 프로이트가 묻는다. 그녀는 발음할 수 없다. "남자여, 무엇을 원하는가?" 가족을 만들지 않지만, '인류'를 만들지 않지만, 남자는 여자와의 차이 속에서 여성을 독차지하려는 결심에 빠져든다. 그리고 이것에 의해서 여성을 대신하는 여성성에 대한 것을! 그러므로 아마도 "여자여, 어디에 있는가?"라는 질문 혹은 대답을 듣게 될 것이다.

여자는 무엇을 원하는가? 그리고 여자가 없었다면? 이브·알베르틴은 별로 신뢰할 수 없다. 가족의 특징을 지닌 행위. 프로이트는 여자의 자리에 어머니를 둔다. 오이디푸스가 바로 그런 경우이다. 여성화된, 성적 의미가 부여된 어머니가 아니라 나이가 지긋한 주부이다. 아버지는 알려졌고, 완전히 죽음을 당했다. 이번에도 아들에 의해서이다. 사망 후에 그의 존재를 부인하러 가시오!

후에는? 눈멀어 다른 곳에 가는 오이디푸스에게서 구속받지 않는다. 우리는 더 비싼 대가를 치르고 벗어나게 될 것이다. 양자택일적이다. 빛 속에서 눈멀거나, '검은 대륙' 속에서 볼 수 있거나이다. 그러나 애꾸가 될 수도 있다——의사 푸어처럼.[18] 한쪽만을 볼 수 있다. 그리고 남자들의 한쪽만을 보았다면? 만약 푸어 박사가…….

그것은 사실이다. 여기에서 푸어 박사는 프로이트가 《꿈의 해석》에서 상세하게 비난했던 자라는 것을 알게 될 것이다. 그것 역시 사실이다. 푸어 박사는 그의 머리에서 떠나지 않는다. 아주 고요한 폭력의 역사는 살해로 끝난다. 또한 강제의 역사는 프로이트 그 자신이 푸어, 요제프 푸어를 알아보게 될 것임을 예언한다——마치 프로이트가 억제함으로써, 프로이트의 주석가들과 해석자들이 도처에서 한 번 더 《도둑맞은 편지》 같은 수준에 이르는 프로이트의 흔적을 찾아내리라고 예언하듯이!

그러므로 《꿈의 해석》은 프로이트에 의해서 구축되고 구체화된 망각의 기념비, 관능적이고 야만적으로 체험되고 날카로우며 생명력이 강한 작품을 손질하게 될 억압처럼 보일 수 있다──이 텍스트는 언어의 고요함과 거기에서 작동하는 폭력을 해결하는 것으로 끝나지 않는다. 그 자체가 같은 거세 폭력을 거치는 것으로 끝난다. 목소리, 이것이 금지되는 만큼 더욱 더 중요한 프로이트의 목소리 중의 하나는 아마도 사라질 것이다. 이 목소리는 솟아오르게 할, 침묵되게 할 목소리들 가운데 하나이다. 규칙과는 다른 규칙을 줄 수 있을 목소리들 가운데 하나이다. 이 한 목소리는 어떤 우회적인 수단·구속·계략에 의해 거기에서 다시 순환하는 질서를 벗어날 수 있을 그런 것을 들으려고 사라진다. 아무도 이름을 가지고 있지 않다.

요제프 푸어의 이름? 도처에서 그 애꾸눈 의사의 흔적이, 현존이 발견될 테지만 프로이트는(그 이후에 어떤 사람도) 결코 유아기의 의사에다가 그런 모든 애꾸눈을, 그러한 '유일한 눈'을, 한쪽만을, 시각을, 프로이트의 꿈과 그 해석에서 우글거리는 외눈 거인들을 연결하지 않을 것이다. 대개는 구전에 의한 이야기와 관련된다. 푸어는 그의 친구 빌헬름 플리스에게 보낸 편지와 《꿈의 해석》의 5행에서 언급되는데, 그 구절에 대한 정보를 주기 위해서일 뿐이다. 결코 프로이트는 무의식 속에서 푸어의 존재, 흔적을 인식하지 못할 것이다. 그렇지만 우리는 아주 분명히 푸어가 거기에서 지배함을 보게 될 것이다.

나는 앞에서 슈어 박사[19]가 요제프에게 유리하게 '슈어/푸어'라는 동일 모음의 반복을 적당히 얼버무리는 것을 보고

놀랐다. 스승의 권한으로 부과하는, 우선 자기 자신에 대한 거부 반응이자 계략이다. 전조이다. 이러한 청취와 시선은 다른 이유로 아주 민감한 막스 슈어로부터 벗어난 것이고, 그는 지그문트 프로이트의 이름, 항상 같은 이름하에서 푸어라는 사람, 그리고 나서는 슈어라는 인생에 있어서 두 극단으로 영향을 입은 어린아이와 노인의 그 얼굴의 비애감에 무관심하다. 그러나 이르마의 주입에 대한 꿈에서 의사 M이 적어도 의사 푸어를 압축한다는 앞[20]에서의 그러한 직감을 어떤 권리로 가정하는가? 어떤 권리로 M=P라는 것을 단언하는가?

꿈 이야기를 다시 읽어보자.

"커다란 홀——초대받은 많은 사람들을 맞는다——이 초대받은 사람들 중에서 나는 이르마를 곧 따로 만난다. 그녀의 편지에 대한 답장에 적은 나의 '해결책'을 아직 받아들이지 않았음을 그녀에게 비난하기 위해서이다. 나는 그녀에게 말한다. "만약 당신이 아직도 고통스럽다면, 정말로 당신의 잘못이오." 그녀는 대답한다. "만약 당신이 내가 목이, 위나 배가 아픈지를 안다면, 나를 질식시킬 거예요." 나는 겁이 났고, 그녀를 바라본다. 그녀는 창백하고 부어올랐다. 나는 생각했다. 어떤 조직적인 징후를 놓쳤던가? 그녀를 창문 가까이로 끌고 가서 목구멍을 검사한다. 그녀는 여자들이 치아가 상했을 때 그러하듯이 완강히 저항한다. 그렇지만 나는 그녀가 그럴 필요가 없다고 생각한다. 그래서 그녀는 입을 잘 벌리고, 오른쪽에서 커다란 흰 점과 왼쪽에서 코의 원뿔형 외양을 한 특이한 뒤틀린 모양, 그 위의 커다란 엷은 회색의 딱지가 보인다. 나는 즉시 의사 M을 부른다. 이번에는 그가 환자를 검사하고 확인한다. 의사 M은 평소처럼 아주 창백하지도 다리를 절지도 않고, 턱은 아주 짧게 면도되었다. 내 친구 오토 역시 지금 그녀의 곁에 있고, 내 친구 레오폴트는 코르셋 그 아래에서 그녀에게 충격을 준다. 그는 말한다. "왼쪽 아래에 탁음이 있군." 그리고 그는 또한 왼쪽 어깨 부분 피부의 침투된 부위를 가리킨다. (나는 그처럼 의복에도 불구하고 이 사실을 확인한다.) M은 말한다. "의심할 바 없이 전염된 것이지만 아무것도 아니에요. 거기에 이질이 추가될 것이고, 독소들이 제거될 것이오." 우리는 또한 어디에서 이 전염병이 직접적으로 왔는지 안다. 내 친구 오토는 그녀가 고통스러워했던 어느 날, 최근에 그녀에게 프로필기·프로필렌·프로피온산·트리메틸라민을 준비하여 주입했다. (내 눈앞에 처방에 따라 주입을 한 두툼한 흔적이 보인다.) 이러한 종류의 투입은 간단히 처리되지 않을 것이다. 아마도 주사기는 적합치 않은 것이다."

왜 이러한 주입인가? 의사 M은 1899년에 출간된, 1895년의 꿈에서 이르마의 입을 괴롭게 한다. 슈어 박사가 프로이트의 입을 괴롭게 할 것처럼. 푸어 박사가 어린 지크문트의 입을 괴롭게 했던 것처럼. 1895년의 이르마의 입은 1923년부터 암처럼 확산되는 프로이트 입의 전조가 된다. 그리고 의사 M은 꿈속에서——현실과 다르게——면도하여 턱에 수염이 없다. 프로이트의 턱은 예전에 푸어 박사에 의해 괴롭힘을 당했다. 이르마의 성병에 걸린 입과 꿈을 꾼 남자의 입을 예전에 푸어 박사가 돌보았다. 그것은 별것 아니다. 검사? 그러나 우선 출전을 제시하지 않고 슈어가 언급하는 턱에 관한 사고를 프로이트가 인용하는 구절이 있다. "어린 시절의 기억을 되살아나게 하는 사고에 관련된 것이 하나 있다. 프로이트는 사고가 일어난 때는 2,3세 사이였을 거라고 추측한다. 그는 턱 왼쪽 아래에 상처가 났고, 몇 점을 봉합하여야 했다. 프로이트는 꿈 가운데 하나를 해석하면서, 이 상처로 자신을 돌보았던 의사가 애꾸눈이었다는 정확한 결론에 이른다. 사즈너(1968)는 이 사실을 확인했고, 그 의사의 이름이 요제프 푸어라는 것을 발견하기까지 했다." 그리고 페이지 아래에 슈어 박사는 다음과 같이 적고 있다. "요제프라는 이름은 훨씬 뒤에 프로이트의 생에서 중요한 역할을 할 것임에 틀림없다." 요제프 푸어라는 이름의 옆, 음성적으로[21] 거의 유사한 자신의 이름과 역할을 무시한 채.

프로이트가 플리스에게 보낸 편지는, 1897년에 프라이베르크에 살았던 처음의 3년에 대해 어머니로부터 들은 정보를 설명하고 있으며 쉽게 위치를 알 수 있는데, 3세 때 프로이트는 빈에 거주하려고 모라비아의 작은 도시를 가족과 함께 떠나기 때문이다.

지크문트의 어머니 아말리는 요제프 푸어라는 이름을 언급하지 않았고, 프로이트는 확실히 의식적으로 그를 무시했다. 그러나 아주 어린 시절의 침묵된 기록 속에 매몰된 이 말들은 아마도 더 난폭한 말이었다. 아말리의 폭로? 프로이트는 플리스에게 쓴다. "프라이베르크에서 우리를 돌보았던 의사가 나타났어." 나는 적의로 가득한 그의 시선을 꿈에 보았다네. 그가 뒤에 숨어 있는 그 몽롱한 인물을 분석하면서, 어떤 v. K. 라는 인물이 떠올랐지. 고교 시절의 역사 선생님이었는데 그는 내게 무관심해서 관계가 오히려 편안했거든, 내 상황에 맞지 않는 것 같네. 그런데 어머니는 내게 어린 시절 나를 돌보았던 의사가 애꾸눈이었다고 이야기했지. 그런데 선생님들 중에서는 v. K. 선생님만이 그런 신체 장애를 겪었단 말야!"

턱 사고는 거기에 언급되지 않는다. 그러면 어디에? 서신을 교환할 때 프로이트는 《꿈의 해석》을 쓰기 시작했다. 이런 에피소드 찾기와 푸어 박사의 흔적에 대한 이 작업을 거치면서 우리는 거기서 정확히 금지된 길, 그리고 그것과 관계된 것을 발견하게 될 것이고, 사실상 프로이트가 그 책 전부를 통해서 되고자 하였던 어떤 고고학자, 그러나 발굴되는 대신에——표면에서——묻히게 될 '반대 방향으로의' 한 고고학자를 세심히 감추고 몸을 숨겼던 것과 관련 있다는 점을 발견하게 될 것이다!

푸어 박사를 찾아서 《꿈의 해석》 서신들을 지그재그로 가로지르면서, 앞에서 혹은 더 나중에 주가 가리키는 페이지의 노트를 건너뛰면서, 거기서 되풀이되는 "X라는 페이지를 보시오"에 따르면서, 이미 멋지게 해체된 텍스트의 이 부분에서 저 부분으로 보내져 담론도 이론도 듣지 않으면서, 처음에는 알아채지 못하고 금지된 여정을 따른다. 즉 책의 의미 자체이다. 그리고 작용과 충동으로 전복하고 전복될 때부터 텍스트의 의미 자체가 되며 이상한 동요를 나타낸다. 움직임 자체에서 얻어진 분석과 저항의 동요이다.

그리고 나서 표시로 인해 증거, 아주 예측하지 못한 공통점이 나타나고 결국 우리는 의심하기까지 한다. 감히 다음 구절로 가지 못하고, 페이지를 넘기는 데 주저하면서 숨이 끊긴다. 이야기·이론·페이지들의 여백메우기를 위한 글들은 들리지 않는 소문이 되는 반면, 1인칭에 금지된 끈질긴 강박관념에 사로잡힌 목소리·유령·공포, 끝없는 향수가 나타난다. 조금씩 장면과 극작술이 그려진다. 악착 같은 비극은 80년 이상을 지속할 것이고, 프로이트에 의해 무시된다. 오늘날까지 무시된다——거의 한 세기 전부터!

게다가 M박사=P박사, M=P인지를 확증하고 싶더라도, 이와 같은 약어가 많지 않은 책에서 P라는 이니셜처럼 M이라는 머리글자가 가득하다는 강한 인상을 받는다. 문자 그대로 《꿈의 해석》에서 'P'는 파네트, 프로이트의 친구이자 동료로 그 당시 몇 년 전에 죽었다. 왜 이렇게 신중한가? 왜 파네트는 편지에서 언급된 다른 친구들보다 더 은밀한가? 그가 또한 요제프라고 불리기 때문인가? 꿈속에서 '요제프 P'는 또한 자주 문제가 될 것이다! 우리는 거기로 다시 돌아갈 것이다.

'M'에 대해서 문제는 더욱 미묘하다. 우선 두 명이 있다. 'M박사'와 'M교수'이다. 처음 단계에서는 같은 인물에 관계되지 않는다. M박사는 프로이트의 제자이자 전기작가, 어니스트 존스에 따르면 그는 브로이어다. 요제프 브로이어! 프로이트는 이르마의 꿈에 대해서 다음과 같이 주목한다. "우리는 집단적인 인물을 창조할 수 있다. 여전히 다른 방식의 압축을 사용하면서, 둘 혹은 여러 인물들의 독특하고 육체적인 특징들을 하나의 유일한 이미지로 합치면서. 그렇게 해서 내 꿈의 M박사가 형성되었다." 프로이트에 의하면 이 사람이 M박사의 행동을 가지고 있지만, 그의 "독특하고 육체적인 특징들은 다른 사람, 나의 나이 많은 형의 것들이다." 프로이트의 의붓형 엠마누엘은 그보다 24세 더 많다. 그는 프라이베르크 시절의 지크문트 프로이트(그리고 푸어의) 가족 가까이에 살았다. 그러므로 무대에 M 박사와 함께——비록 그가 이미 언급되었을지라도——존 엠마누엘의 아들이자 지크문트의 조카, 삼촌보다 한 살 더 많은 조카가 들어간다.

M교수는 메이네르트 교수이다. 만약 프로이트가 아마도 요제프 브로이어의 이름을 감추는 이유가 있더라도, 메이네르트의 이름을 줄여야 하는 이유는 아니다. 한 꿈에서 프로이트는 '나의 아버지'는 "이름만 빌려 준 남자를 대신한다. 그는 위대한 메이네르트이다. 나는 그를 따라서 아주 심오한 존경심에 차서 걸어갔다. 내가 보기에 그의 행동은 금세 호의에서 반감으로 명백히 변형되었다"고 적는다. 뛰어난 인물들 가운데, M이라는 사람들 중에 M박사 역시 "우리의 그룹을 지배했던 인물이다." 결국 프로이트가 푸어 박사에게 적의를 느낀다면, 메이네르트 교수는 프로이트를 아주 적대시한다!

우리는 '내 아들, 근시'라는 제목이 붙여진 한 꿈에서 M교수라는 이름으로 메이네르트를 발견한다. 이 꿈에서 그는 곧 문제가 될 것이지만 그렇다……. 애꾸눈들 중에서! 그 이후로 우리는 《꿈의 해석》의 모든 측면에서 푸어 박사와 그의 한쪽 눈을 만나게 될 것이다. 그리고 프로이트는 결코 배합을 하지 않을 것이다! '내 아들, 근시'와 M교수에 접근하기 전에, M교수가 M인지를 확인하기 전에, 모든 것이 분절되고 꿈이 분석처럼 분해되어 그 조각들의 불규칙한 틈에 주어지는 《꿈의 해석》의 은밀한 고리 가운데 하나를 왜 재구성하지 않을까?

꿈은 '내 아들, 근시'보다 앞선다. 주제는 전문적 기술이다. 하나의 주제/외눈? 두 가지 꿈은 전문적 기술과 연관이 있다.

첫번째 꿈에서는 1884년 프로이트가 코카인에 대한 연구를 출간한 것과 연결되는 시클라멘(애꾸눈?)에 대한 작업과 관계된다. 그 당시 그는 아깝게 명성을 모면하지만, 두 친구들——안과 의사들!——은 연구를 계속하여 이들 중의 한 명이 속도를 낸다. 프로이트는 단지 물질의 마취 특성을 막연히 예상하고 지적케 한다. 그의 조언으로 두 의사들은 소(小)안과외과학에서 이 물질을 실험한다. 프로이트는 이러한 방향에서 쾨니히스테인 박사가 깊이 있게 탐구를 하도록 맡긴다. 그리고 그는 휴가를 떠나고 약혼녀 마르타와 합류한다. 그가 없는 동안에 두번째 친구, '완전히 눈병에 헌신한 콜러라는 인물'은 코카인의 마취 특성에 대한 보고서를 출간한다. 그 보고는 센세이션을 일으키고, 소분야의 외과학으로서 '안과외과학에 혁신을' 일으키게 될 것이다. 콜러는 국부 마취술을 실행하는 최초의 인물이다. 그는 즉시 세계적인 명성을 얻는다. 프로이트의 작업은 주에서 언급되고, 그후 콜러의 성공 앞에서 고통만을 느끼게 된다. 일화는 섞여 모순되는 차원을 보여 준다. 실제로 그는 이 연구에 관심이 없는 듯, 안과 분야로 방향을 정했을 때부터 어떤 불편함을 느껴왔던 것 같다.

그 시기에 프로이트는 '게으름'으로, 특히 '지각을' 했다는 죄의식을 느낀다. 죄의식은 꿈에 나타나지만 프로이트는 이를 늦은 세대가 된 애석함으로 해석한다.

주목을 끄는 실수가 있다. 프로이트와 동시대이자 그에 의해 수정된 《꿈의 해석》의 독일어판은, 전부 코카인에 대한 연구 출간 날짜에 있어 같은 오류를 범한다. 1884년 대신 1885년이라는 연도가 늦은 오류이다!

코카인에 관련된 더 중대한 다른 유죄성이 있다. 프로이트는 외과 수술 처리 후 모르핀 중독에 이른 친구 폰 플라이쉴에게 코카인을 **조언한다**. 처음에는 눈부신 성공…… 왜냐하면 폰 플라이쉴은 코카인을 구강을 이용해 취하는 대신에 스스로 주사하고 코카인 중독이 되기 때문이다. 6년 후 견딜 수 없는 고통으로 죽는다. 플라이쉴에서 프로이트는 인생을 점철하게 될 강렬한 우정을 느꼈다. 그는 당시 약혼녀 마르타에게 다음과 같이 쓴다. "만약 당신이 나로 하여금 표현하는 것을 허락한다면……, 나는 그를 존경하고 지적인 열정으로 사랑하오. 당신이 그에게 질투할 필요는 없소." 그리고 환상을 품게 하고 약혼녀에게 그 친구에 대한 쾌활한 꿈을 심어 주며, 마르타가 프로이트보다 우수한 플라이쉴 곁에서 느끼게 될 행복감을 서술한다. 그녀는 프로이트가 오랫동안 꿈꿔 온 여행, "알프스 산맥, 베네치아의 운하, 로마의 성 베드로 대성당의 웅장함"을 함께 경탄할 것이다. 그리고 그는 더 나중에 마르타 없이 이 여행을 시도할 것이다…… 어떤 쾌락을 느끼지 못할지라도 마르타는 "애인에 대한 신임과 애정으로, 자신보다 9세 더 많은 이 남자가 전례 없이 느낄 그만큼의 행복을 누릴 것이다." 프로이트는 자신을 위한 행복을 열렬히 바라는 것 같다. 그것이 사람에 의해서 놓여진 환상일지라도!

그러므로 코카인은 안과외과학과 동시에 유죄성이라는 감정에 관계된다. 늦게 취했다는, 너무 많이 말했다는, 친구를 사라지게 했다는 감정이다. 우리는 다른 곳에서 요제프 푸어와 관련된 이런 감정을 다시 보게 될 것이다.

전문적 기술에 대한 꿈을 꾸기 전날, 프로이트는 기꺼이 공상에 잠긴다. 남몰래 그는 외과 의사를 택하게 될 친구 플리스의 집에서 자신의 녹내장을 수술하게 될 것이다. 이 사람은 코카인의 효과를 칭찬할 것이다. 프로이트는 아무것도 말하지 않을 것이고(이번에는 말하지 않을 것이다), 그가 발견한 부분을 침묵할 것이다.

프로이트는 그 당시 아버지 야코브 프로이트(M교수, 메이네르트의 '이름을 대신하는 사람')를 떠올린다. 아버지는 코카인 일화 후, 쾨니히스테인이 수술한 녹내장으로 약간 고통스러웠다. 마취자는 콜러 박사였다. 코카인이 사용되었고, 그 발견에 책임이 있는 세 사람이 야코브 프로이트의 주위에 있다는 것을 주목했다.

우리는 다시 야코브 프로이트를 만난다. 꿈에 노인이 나타나는데 "어쨌든 한쪽 눈이 먼 것 같다." 그리고 그 사람은 "틀림없이 나의 아버지다. 왜냐하면 그의 실명은 한쪽의 녹내장에 기인하기 때문이다." 아래에 주가 있다. "다른 해석이 있다. 그는 신들의 아버지 오딘처럼 애꾸눈이었다."

그리고 프로이트는 이 눈먼 한쪽 눈에다가 그 애꾸눈을, 어린 시절의 의사를 연결하지 않는다. 그렇지만 그에 대해서 그는 알아보았다!

야코브 프로이트는 1896년 7월 30일에 죽는다. 11월 2일 지크문트는 플리스에게 장례식 다음날에 꾼 '깜찍한 꿈'을 묘사한다. 그는 상점 앞에 있다. "상점에서 나는 다음과 같은 비명을 읽었다네.

눈을
감으세요.

나는 즉시 장소를 알아챘지. 내가 매일 가는, 물론 수염을 손질하러 가는 이발소였어." 그러므로 여기에서 우리는 턱과 눈을 다시 발견하게 된다. 프로이트는 이 이발소에서 차례를 기다리느라고 장례식에 늦게 도착하게 되었다. 그는 생존자의 유죄성이라고 결론짓는다.

《꿈의 해석》에서 취해진 이와 같은 꿈은 여러 가지로 이야기된다. 그런데 프로이트는 다음과 같이 적는다. '내가 환자들의 꿈을 분석할 때 항상 성공한다. 꿈 이야기는 이해하기 어렵다. 나는 꿈 이야기를 다시 시작하라고 요구한다. 환자가 같은 말을 사용하는 것은 드문 일이다. 다르게 표현된 구절들이 바로 꿈을 드러낼 수 있게 될 약점이다. 그 표시는 지그프리드의 튜닉에 장식된 표시만큼이나 확실하다. 해석은 거기서부터 출발할 수 있다."

그럼 꿈의 두번째 차원을 검토하자. 이번에는 "역의 대기실에서 흡연을 금하는 것 같은 어떤 것, 일종의 벽보"가 문제된다. 강박적인 흡연가 프로이트는 한때 오래 전의 알콜 중독으로 약화된 후 코카인 중독자가 되지는 않았지만, 시가에 대한 열정을 결코 그만둘 수도 바라지 않을 수도 없었다. 그는 이를 '근원적인 욕망'에 대한 보상에 연관시켜 해석했다. 즉 자위. 역으로 말하자면 특히 그는 대기실에 극도의 공포증에 가까운 근심에 차서 접근한다는 것이다. 아마 어린 신경증 환자는 우리가 더 나중에 보게 될 것인데, 존과 푸어 박사에 관련된다.

그러나 이 벽보에는 '눈을 감으세요' 밖에 그 이상은 씌어 있지 않다.

"눈을 감으세요
혹은
한쪽 눈을 감으세요."

프로이트는 "나는

눈을

감으세요.

한쪽 눈을……

이라고 쓰는 습관이 있다"고 설명한다.

외눈! 분명히 요제프 푸어는 존재하지 않는가? 프로이트가 모르는 사이에 아버지는 여전히 막의 구실을 한다. 그가 '위대한 메이네르트,' 그 'M교수'의 '이름을 대신한 사람'이었던 것처럼 이제 다시 결합할 시간이다.

'내 아들, 근시'라는 꿈의 분석은 우리에게 M교수의 아들, 아이가 눈으로 고통스러웠다는 것을 알려 준다. 의사는 심각하게 여기지 않고, 병이 **'한쪽에'**(프로이트에 의한 강조) 국한되었다는 것을 미리 알려 주었다. 프로이트는 주에서 잠재적인 이러한 일방성에 대해 오랫동안 논의한다. 그리고 나서 그는 플리스와 함께 한 브레슬라우(브로추아프) 거리에서(우리는 브레슬라우가 프로이트의 무의식에서 어떤 다른 역할을 하는지를 보게 될 것이다)의 산책을 기억한다. 그들은 모두 양쪽 좌우 상칭에 대해 말하면서 한가로이 거닐다가 갑자기 어떤 건물의 표지판을 보게 된다. '헤로데 박사, 진찰.' 프로이트는 농담을 한다. "우리의 동료가 소아과 의사가 아니기를 바라세!" 끔찍한 푸어 박사! 왜냐하면 그는 방황하기 때문이다. 플리스는 일방 대칭에 대해 의견을 편다. "만약 우리가 키클로

페스처럼 이마 한가운데 외눈을 가지고 있다면." 프로이트는 여전히 '바로 그 꿈, 근시(외눈 거인 분석에서)'(프로이트의 강조) M교수의 아들에 결부된 일방성, 근시를 상기시키고 강조하고 있다. 또한 M교수의 야코브 프로이트——그리고 그의 일방성의 실명——는 다른 꿈에서 이름을 대신한 사람이었고, 우리를 외눈 거인들의 나라, 요제프 푸어, 애꾸눈 의사의 나라로부터 이끈다.

우리는 M=P라는 것에 기본을 둔 직관을 고려할 수 없는가? 'M박사' 혹은 'M교수' 혹은 'P' 혹은 '요제프 P' =요제프 푸어 박사?

그리고 프로이트는 《햄릿》을 인용하면서 이 꿈의 분석을 마친다. "나는 남쪽 바람이 불 때, 북-북-서 바람에 의해서만 미친다. 나는 매와 왜가리를 구분할 수 있다." 1938년 런던으로 그가 결국 출발하기 며칠 전, 빈에 있는 프로이트의 아파트에서 구한 사진[22] 앨범의 문예란. 고대 입상의 인상적인 무리가 그의 책상을 가득 채우고 있다. 사진사는 근접 촬영으로 인화된 사진 한 장을 따로 눠두었는데, 맹금(매가 아니라 새매의)의 머리를 한 호루스 신의 사진이다. 사진에는 특히 호루스라는 존재가 강조되어 있고, 투쟁중에 삼촌 세트가 그에게서 한쪽 눈을 뽑는 격투가 잊지 않고 언급되어 있다! 프로이트는 자신의 어머니를 앗아가는 새매 꿈을 꿀 때, 그가 이집트 저부조의 '새부리를 지닌 이상한 형상' 조각을 설명하는 필리프송 《성서》에 몰두했었음을 기억한다.

거기에 M박사에 대한 것이 있다 그러나 머리글자 P가 있는가? "귀를 가지고 보아라." 리어 왕은 말했다. 살아 있지 않았다라는 꿈 이야기를 들어 보자. 여기서 P는 중대한 역할을 한다. 열쇠가 되는 텍스트이다.

"나는 밤에 부뤼케의 실험실로 갔고, 가벼운 노크 소리에 문을 열어 보니 플라이쉴 교수(feu)였다. 그는 몇 명의 낯선 이들과 왔고, 책상에 앉았다. 그후 몇 마디 말을 나누었다. 두 번째 꿈이 뒤를 이었다. 내 친구 플리스(Fl.)는 알리지 않고 빈에 왔다. 나는 교수 플라이쉴(feu)과 대화를 하면서 가다가 친구를 거리에서 만나 어떤 장소로 데리고 갔다. 거기에서 그들은 작은 탁자 같은 것을 두고 마주 앉았다. 나는 탁자의 가장 좁은 쪽에 앉았다. 플리스는 그의 누이에 대해 말했고, 그녀가 45분 만에 죽었다고 했다. '그때가 고비였다' 같은 몇 마디를 덧붙였다. P가 이해하지 못하는 듯하자 플리스는 내 쪽으로 몸을 돌리고, P에게 자신에 관한 일을 어느 정도까지 말했는지 물었다. 나는 기묘한 감정에 휩싸였다. 나는 플리스에게 P(는 당연히 전혀 아무것도 이해할 수 없었다. 왜냐하면 그)는 살아 있지 않다는 것을 설명하려고 했다. 그러나 내가 말한 것은 사실상——그리고 나는 스스로 내 실수를 알아차렸다—— '살아 있지 않았다'였다. 그리고 나는 P에게 날카로운 시선을 던졌다. 이러한 시선에 그는 창백해지고 희미해졌고, 그의 눈은 병약한 푸른빛을 떠었다——그리고 마침내 그는 사라졌다. 그때 나는 강렬한 행복을 느꼈고, 어니스트 플라이쉴 그 역시 단지 환영, '유령'이었음을 이해했다. 내게는 이러한 유의 존재들이 우리가 바라는 만큼만 존재한다는 것과, 단순한 고백으로 이를 제거할 수 있다는 것이 아주 가능하게 보였다."

프로이트가 이 텍스트를 쓸 때, 빌헬름(그리고 이 꿈을 꿀 때) 플리스는 아직 '유일한 그의 독자'이고, 그에게 열정적이지만 여전히 갈등을 일으키는 우정의 대상이다. 프로이트는 자신의 자기-분석을 시작했고, 이러한 관계(특히 서한문에서 플리스는 베를린에 살고, 이 두 친구는 드물고 짧은 만남을 가지며, 그들의 '성교'를 호소한다)가 반대 감정의 양립과 극단적임, 특히 사랑의 몰입을 동반함을 발견했다. 그리고 금지된 것에 대한 경의(특히 플리스의 경의)를 받아 신경증적이었다. 단절은 플리스에게 기인한다. 플리스는 책을 출간한 후에 거의 개입하지 않지만 단절은 이미 잠재적이다.

그러므로 정욕의, 모호하고 어수선한(플리스 부인은 확실히 질투한다. 융 부인이 그럴 것처럼) 우정은 유죄성의 감정, 적어도 불편함의 감정과 함께 한다. 우리는 프로이트의 꿈속에서 빈에 알리지 않고 온 플리스를 길가에서 P와 이야기를 하다가 발견하는 프로이트의 공포를 간파할 수 있다. 그가 플리스에게 P교수는 "이제 살아 있지 않아"라고 말하는 대신 "살아 있지 않았어"라고 말하는 그러한 공포이다. 그리고 프로이트는 이것을 《꿈의 해석》을 통해서, 그의 전생애 동안 증명코자 한 것이다. 즉 푸어가 존재하지 않았다는 것. 우리는 프로이트의 목소리, 나이들지 않은 목소리를 들을 수 있다. "플리스, 너는 푸어에게 우리의 유죄성을 밝혔니?" 혹은 "내가 푸어에게 플리스에 대해 말했나?" 마찬가지로 "아이야, 내가 유죄성을 푸어에게 말했나?"(M박사가 이르마의 입을 정면으로 하고 말했던 독소는 이질 덕분에 제거될 것이다.) 아이에게는 의사의 외눈이 무서울 수 있으므로, 끔찍한 시선으로 푸어를 상심케 하려는 욕망이다.

꿈의 이런 끔찍한 시선은, 프로이트에게 심리학연구소에서 실험 교수 시절 그가 늦게 도착했던 때를 상기시킨다. 스승 브뤼케의 눈에는 분노가 역력했다. 프로이트는 '어린 죄인의 감정'을 떠올렸다. 바로 그 지각이(장례식의, 코카인의, 세대의 지각을 재결합한다) 카이저 요제프의 강림, 이 황제의 기념비와 P(파네트)가 받을 만했던 그 다른 기념비에 연결된다. 그러므로 "나는 그에게 꿈에서 그 기념비를 제공할 것이다. 우연히 나는 당시 그의 성이 요제프라는 것을 기억했다." 우연히!

애정/적의라는 반대 감정의 양립을 파네트(혹은 P──요제프 P)의 시선에서 느낀 프로이트는, 그 등가를 단지 브루투스가 죽은 카이사르에게 한 작별 인사의 긴 독백에서 발견한다. 그런데 꿈에서 빈에 온 플리스와의 예상치 못한 만남이 일어난 것은 7월이다. 7월 율리우스력은 프로이트에게 1층 좌석의 아이들 관객 앞에서 브루투스의 역을 했던 14세 때를 생각나게 한다. 누가 율리우스 카이사르였나? 존이다. 그의 조카, 빈에 일시 체류한 15세의 존이다. "그 역시 유령이다"라고 프로이트는 덧붙인다.

존이 무대에 등장한다. 이 드라마에서 존은 누구인가? 주인공이다. 프로이트는 꿈에서 그가 죽인 폰 플라이설에게 문을 열어 주면서 존, 프라이베르크 시절, 요제프 푸어 시절의 엑스트라가 지나가게 놔둔다. 그러나 푸어 박사를 벗어나면서 프로이트는 존이 근원적인 요소가 되는 고통, 사람이 아니라 증오로써 지크문트가 결코 따르지 않을 그 유죄성에 연관된 원초적인 장면을 아마도 피한다. 존을 겨우 언급하기만 할 뿐

푸어를 피하기 때문에 프로이트는 분석을 그르칠 수 있을 뿐이다.

존은 프로이트의 조카이지만 한 살 더 많다. 존의 아버지 엠마누엘, 야코브의 맏아들은 의붓엄마, 아말리, 지크문트의 어머니의 나이이다. 세 세대가 서로 포개지고 이상하게 섞인다. 가족이 빈 혹은 맨체스터에 정착하기 위해 갈라질 때(지크문트는 3세), 그것은 심층 분석 같은 것이다. 진정한 위상은 난폭하게 나타난다. 지크문트의 가족 소설은 붕괴된다. 그는 누가 누구인지 발견한다. 그는 엠마누엘의 아들이 되는 꿈을 꾸었는데, 그렇지만 그는 가족에 3세대가 있다는 것과 자신, 지크문트가 세번째라는 것을 자신에게 잊지 않도록 했다. 한 세대 늦은 것이다. 유죄이다. 존보다 한 살 적다는, 1년 지각. 코카인 발표의 출간 날짜처럼.

3세 때, 아이는 너무나 좋아하는 농촌 정원의 장식, 어렴풋한 위상, 복잡하고 만족스러운 분배를 가진 가족 양피지를 잃는다. 특히 존은 사라졌다. 어린 지크문트에게 사라진다는 것은 죽는 것이다. 그는 기차로 빈에 가는 여행중 밤에, 브레슬라우 역에서 가스 가로등의 불꽃을 무서워한다. (브레슬라우에서 플리스는 훨씬 나중에, 지크문트에게 헤로데 박사의 훈장 앞에서 외눈 거인들에 대해 말할 것이다!) 아이는 가톨릭교도인 유모가 자주 프라이베르크에서 아이에게 품게 했던 지옥에 대해 생각한다. "브레슬라우는 어린 시절의 내 기억에 어떤 자리를 차지하고 있다. 프라이베르크에서 라이프치히로 가면서 역을 통과해 지나갔을 때, 3세였던 내가 거기에서 본 가스등의 불꽃은 처음으로 지옥에서 불타는 영혼을 생각케 했다. 그때

나는 내용을 어느 정도 이해하고 있었다. 내가 극복하여야 했던 여행에 대한 공포는 또한 거기로부터 유래한다." 우리는 그가, 존이 지옥에 있다고 생각하는 이유가 물론 있다는 것을 알게 될 것이다. 지크문트의 실수 탓이다. 왜냐하면 그는 푸어 의사에게 너무 많이 말했기 때문이다. 그래서 아마 더 나중에 기차 여행에 대한 공포가 있게 될 것이다. 우연의 일치이다! 엠마누엘은 1914년에 철도 사고로 죽을 것이다!

　푸어와 유모와 프라이베르크 숲과 함께 사라진 존이 거기에 있다. "우리는 서로 사랑했고 서로 싸웠다." 프로이트는 회상한다. "그 시절 이후로 조카 존은 여러 번 환생했다." 그리고 그후 프로이트는 항상 같은 꿈을 분석하면서 뒤쫓는다. "내 친구 모두는 '예전에 나의 혼란스러운 눈앞에 나타났던'[23] 그러한 첫번째 형상으로부터 다른 육체에 깃들였다. 그들은 모두 유령들이었다. 내 조카도 어린 시절에 다시 나타났고, 우리는 그때 카이사르와 브루투스의 역할을 함께 연기했다." 이러한 분석 내내 유령들에 대한 주술이 생긴다. "내 어린 시절 친구의 연속적인 환생. 그것은 내게 인물의 대체물을 항상 발견하여 느끼는 만족감의 커다란 근원이 되었다. 그러므로 나는 막 잃은 친구의 대체물을 발견할 수 있다고 생각했다. 누구든 다른 사람으로 대체될 수 있다." 그 친구는 플리스가 될 수 있었을 것이고, 그가 살았더라면 그는 플리스가 되는 것이다. 그는 대체물을 가질 것이다.

　프로이트의 리비도적 삶은 '대체물'에 초점이 놓여진다. "나의 감정적인 삶은 항상 강렬한 우정과 미워할(유년기의 이상적인 상황에서처럼 나 혼자만 있는 것으로 종종 혼동된) 적을 요구했다. 나는 항상 새로운 대체물을 얻을 수 있었다." 어쨌든 식인귀의 구강의 음식의 만족이다. 프로이트는 아직 '새로운' 미래도——슬픔도 모른다. 그는 아직 융을 모르며 만나지 못한 유령들, 페렌치·아브라함을 알지 못한다. 가장 비극적인 하이넬레에 대해 말하자면 그는 아직 태어나지 않았다. 다른 것이 있을 터이다. 결국 프로이트는 주장한다. "유령들만이 있을 뿐이다. 우리가 잃어버린 모든 이들은 다시 돌아온다."

죽은 캐시에게 울부짖는 히스클리프[24]를 생각해 보자. "나를 찾아오란 말이오! 죽은 사람은 죽인 사람에게 귀신이 되어 찾아온다면서? 난 유령이 지상을 돌아다닌다는 것을 알고 있어. 언제나 나와 함께 있어 줘——어떤 형태로든지——차라리 날 미치게 해줘! 제발 당신을 볼 수 없는 이 지옥 같은 세상에 나를 버리지 말아 주오!" 히스클리프는 귀찮아져 부재의 독재를 거부한다. 리비도의 물결이 무덤임에도 불구하고 순환한다. 조롱된 죽음의 강압적인 구조, 성생활은 이제 실패한 전기 속에서 가두어지지 않는다. "이 바닥을 내려다보기만 해도 그녀의 모습이 깔린 돌마다 떠오른단 말야. 밤이면 온 하늘에, 낮에는 눈에 띄는 온갖 것 속에, 난 온통 그 여자의 모습으로 둘러싸여 있단 말이야! 흔해 빠진 남자와 여자의 얼굴들, 심지어 내 자신의 모습마저 그녀와 닮은 점이 있어. 온 세상이 그 여자가 전에 살아 있었다는 것과 내가 그 여자를 잃었다는 무서운 기억의 진열장이란 말이야!" 소설의 두번째 부분에서 히스클리프는 어린이 방에 대한 이야기 속에서 발이 옭매여 사라진 원수들의 아이들에게 악마 같다기보다는 유치한 복수를 한다. 그는 막 도착한 세대를 통해서 이전 세대들을 다시 태어나게 하고, 현실의 삶 속에 예전의 엑스트라와 캐시를 다시 끼워넣으려 하며 예전의 삶 속, 그의 유년 시절의 이름 가운데 자신을 다시 삽입하려 한다. 어린 캐시〔히스클리프의 아내 캐시의 조카. 동일한 애칭〕와 어린 히스클리프〔히스클리프와 아내 캐시 사이에 낳은 아들. 역시 동일한 애칭〕가 있다. 그들의 얼굴은 분할되는 것 같다. 모든 어린이들의 눈은 캐시의 것이다. 캐시 2는 동명이인과 유사한 이마 부분, 콧구멍을 갖는다. "시체는 동명이인에 의해서 부인된다." 히스클리프는 만져질 수 있는 육체를 갖는 이 어린아이를 다룬다. 하지만 유령의 이름으로서이다. 그는 캐시의 죽음 후 저지된 사도-마조히스트적인 본능을 그들에게 발휘한다. 그는 세대를 통해서 거대한 심리극을 구성한다. 심리극 속에서 비장하고 실패한 재연출을 통해서 최초의 장면을 재구성하는 데 열중한다.

마치 프로이트와 같다. 누가 현재 프로이트의 삶에 있는가? 명백히 플리스가 있다. 플리스는 코의 병리학에 매혹되어 있다. 콜러가 안과병리학에 매혹되어 있는 것보다 더하다. 그는 거의 신비스러운 이론을 심사숙고하여 구상하고, 그래서 모든 것이 코 부분에 귀착된다. 징후, 성적인 것과 특히 다른 고찰, 즉 월경의 주기가 숙명적인 숫자에 속한다는 것이다 —— 남자에게는 23, 여자들에게는 28 —— 모든 운명을 결정하는 주기이다.

우리는 프로이트가 플리스에게 느끼는 호감으로 인해 '사이클/사이클롭'이라는 유사 모음의 반복을 끌어낼 수 있다고까지는 생각할 수 없을 것이다. 그러나 푸어는 양성애라는 생각에 이르게 되는 양성성에 '관계되지 않을 수' 없다. (그리고 두 친구의 결정적인 오해가 일어나는 것도 바로 이러한 문제에 대해서이다.) 어쨌든 푸어는 두 측면의 일부에 속한다. 한쪽 눈, 한쪽 눈이 없다. 그는 한쪽 눈이 있다. 그러나 그는 한쪽 눈만 **있다**. 그의 한쪽에는 무가 있다. 그러나 그는 무만을 가지고 있다. 그러므로 그는 무를 가지고 있지 않다. 그는 무보다는 덜 가지고 있다……. 있거나 없거나 그것은 그래서 무엇이 되는가? 눈이 먼 오이디푸스는 눈의 이야기를 중단하지만 본다. 푸어는 무엇을 보았는가? 그리고 만약 그것이 남자들의 한쪽에 속했다면?

성적인 분야로 향한 플리스 작업의 방향은 분명히 프로이트에게 접근하여야 했다. 그 시절에 그것은 드물고 비난받는 태도이다. 그럼에도 불구하고 프로이트에 대한 그러한 합의는 아주 정교해서, 그는 점점 더 친구의 사고 방식을 따르는 데 집착했음에 틀림없다——융과 함께도 마찬가지일 것이다——점점 더 신비롭고 교조주의적이 된다.

그러나 플리스는 그의 사정 거리에 지나가는 모든 이들의 매력의 중대한 요인, 얼굴-코만을 너무나 좋아한다. 프로이트는 그에게 환자들 중의 한 명, 엠마를 보냈는데 그녀는 장으로 고통스러워한다? 플리스는 주저하지 않는다. 그는 그녀에게 코수술을 한다. 그는 상처에 거즈를 대는 것을 '잊는다.' 이것은 다량의 피, 몇 가지 수술, 끔찍한 정육점으로 끝난다. (플리스는 이미 베를린으로 되돌아간다.) 이것은 프로이트에게 해를 끼치게 될 것이고, 엠마는 빈정거리며 그에게 말한다. "굉장한 성기가 거기에 있더군요."[25] 플리스는 그들의 '성교' 중에 틀림없이 프로이트의 코에 관심을 가지고 두 번 시행한다. 얼굴에 행하고 아직 혹은 이미……. 푸어 박사에 대한 기억!

그것이 전부는 아니다. 플리스의 누이, 꿈에서 언급되고 몇 년 전에 죽은 그녀는 파울리네이다. 존의 누이의 이름은 무엇인가? 파울리네! 1895년, 이르마의 꿈의 날짜, 아말리의 폭로, 플리스와 아내는 아이를 기다린다. 프로이트는 그 아기가 딸일 거라고 확신하고(그가 옳다), 사망한 누이를 기억하면서 그에게 파울리네라는 이름을 지어 준다. 항상 1895년이다. 우연의 일치! 또한 딸이 프로이트가에서 태어난다. 그 애는 안나라고 불린다. 이 이름은 지크문트가 2세 반이었을 때 태어난 그의 누이의 이름이다. 존과 푸어 시절의. 그러므로 1895년에 존이라는 자(플리스의 유령)가 그의 누이 파울리네와 함께 있는 것처럼, 여기 1895년에 지크문트라는 자가 그의 누이 안나와 함께 있다. 이 여자들은 플리스와 프로이트가 자신들과 함께 있다고까지 생각할 수 있을 것이다. 혹은 존과 지크문트가. 프로이트는 1897년 프라이베르크에 대해서 아말리에게 들은 정보를 플리스에게 가르쳐 주면서 이상한 식으로(그는 어머니를 인용한다) 편지를 썼다. "내가 안나를 낳았을 때(내 두 살난 막내)"를, 우리는 "내가 두 살난 막내 안나를 낳았을 때"라고 읽지 않는가? 게다가 프로이트는 친구에게 다음과 같이 썼다. "만약 네가 불편하지 않다면, 내 다음 아들에게 빌헬름이라는 이름을 붙일 거야. 그리고 만약 **딸이라면** 안나라고 할 거야." (우리는 강조한다.)

1936년, 프로이트는 말년에 《요셉과 그의 형제들》(아직 어떤 요셉)을 막 출간한 토마스 만에게 편지를 썼고, 그 이야기에서 누가 요셉이라는 이름으로 혼동하게 되었는지 자문한다. 요셉

(역시 요셉을 압축하는)이라는 자에 의해서 스스로 강박관념에 사로잡힌 이의 그 몇 줄을 잘 읽어보라. 프로이트가 이름을 '잊었고' 직면하기를 피했지만, 그도 모르는 사이에 전생은 물론 작업을 사로잡았던 요제프 푸어에 의해서, 프로이트는 결코 말하지 못하면서도 그 푸어를 되살린다. 그들을 말한다. "나는 우리로 하여금 요셉의 환영을 요셉의 복잡한 전기적 초상화 뒤에 있는 악마 같고 신비스러운 동인으로서 간파할 수 있도록, 요셉의 삶이 신비한 모델이 되는 그런 사람이 이야기 속에 있는지 생각해 봅니다." 우리는 프로이트가 푸어의 경계선에서 현재 파악하지 못하는 그의 무지로 인한 괴로움으로 너무나 고통받고 지쳤다는 것을 안다. 그렇지만 그는 이 남자가…… 나폴레옹이라고 결론짓는다. 그는 맏형 조제프와 고전적이지만 코르시카인의 성격으로 격한 경쟁 관계에 있지 않은가? "조제프를 제거하고, 그의 자리를 차지하며, 조제프 자신이 되는 것은 아이 나폴레옹에게 가장 강한 동인이 되었을 것임에 틀림없다……. 처음에 그는 조제프를 맹렬하게 증오했지만, 후에 자신이 이 세상 어떤 존재보다 더 그를 사랑했음이 알려진다."[26] 그리고 프로이트는 조제핀과 나폴레옹에 대해서 "나폴레옹이 조제핀과 결혼하기로 결심한 것은 그녀가 조제핀이라고 불리기 때문이다"라고 확신한다. 존처럼 파울리네의 오빠가 된다는 것(여자 속에 유입된), 이것은 프로이트에게 플리스를 아주 매력적인 인물로 만들 수 있는 것이다. 플리스라는 인물은 존과 푸어를 압축한다. 유년 시절을 압축한다.

현재 무대에 누가 남아 있는가? 존·푸어·파울리네·안나·

플리스·플라이쉴이다. 모두 리비도의 망이다. 그리고 프로이트는 유죄성의 감정에 관련된다. 애매한 우정, 친구의 살해, 지각, 코카인, 존보다 한 살 덜 먹은, 한 세대 늦음. 이것은 프로이트가 엠마누엘의 아들(존이 되었을)이 되는 것을 방해한다. 프로이트는 이것을 매우 바랐다고 고백한다.

프로이트는 지나치게 많이 고백한다. 그는 **살아 있지 않았다**라는 꿈에서 플리스가 P에게 무엇을 전했느냐고 물을 때, '이상한 감정에 사로잡힌다.' 아마도 현재에 목소리가 중얼거린다. 내가 사라지게 하여 아마도 지옥에 가게 했을 존에 대해서 뭐라고 말했을까? 턱의 상처는 고백했다는 사실에 의해서가 아니라, 고백된 장면에 대한 벌이다. 그것은 끝나지 않았다. 아직 밀고의 대가를 지불해야 할 것이다. 입이 고백한 것 때문에 입에 벌받는다. 아직 고백하지 않았다. 푸어의 위협은 항상 울린다. 그리고 플라이쉴에게 문을 열어 준 후에, 내게 말하러 되돌아온 존의 위협은 '너 역시'[27]이다.

프로이트는 더는 말하지 않을 것이다. "더 좋은 것이 있다는 것을 소년들에게 말하지 말라."[28] 그는 인용을 잘한다. 그의 분석은 침묵 상태일 것이다. 그 분석은 입 밖으로 나오지 않을 것이다. 그는 좋거나 나쁘거나 '해결책'을 토하지 않을 것이다. 이르마는 입이 벌받는 부위가 될 수 있다는 이미지를 제공한다. "아직도 고통스럽다면 그것은 당신의 잘못이오"라고 프로이트는 꿈에서 이르마에게 말했다. 그녀가 입벌리기를 거절했기 때문이다. 그녀가 "썩은 치아를 가진 여자들이 그러듯이 고집을 부리는 것"처럼, 그 역시 상한 치아들을 내보이기를 두려워할 것이다. 그는 유령 슈어에게 더 나중에 턱뼈를 대체하는 끔찍한 치아 교정을 내보여야 할 것이다.

상한 치아? 턱의 사건을 상세히 이야기하는 꿈 자체에서 상한 치아는 문제될 것이다. 책 끝부분에 고립된 꿈이고, 게다가 1919년에야 편집되는데 반면 《꿈의 해석》은 1899년에 나타난다. 우선 꿈은 페이지의 아래에 주로 덧붙여진다. 1930년에야 텍스트에 합쳐진다. 프로이트는 제1차 세계대전 동안에 아들, 장교가 '언뜻 보아 얼굴과 이마를 붕대로 싸매고' 되돌아오는 꿈을 꾼다. 아들은 "입 속에 뭔가를 정돈하고 거기에 뭔가를 끼워넣는다." 그의 머리털은 희끗희끗하다. "나는, 그가 머리가 희어질 정도로 지친 건가? 그의 이가 상했나?라고 생각한다." 그 사이에 아들은 찬장에 뭔가를 두려고 바구니 위에 올라갔다. (장면은 식당에서 이루어진다.)[29] 그는 프로이트에게 훨씬 더 젊은 누군가를 상기시킨다. 그의 어린 아들. 그리고 프로이트는 그 당시 자신이 아주 어렸을 때 식당에서의 다른 장면을 기억한다. "나는 찬장이나 탁자 위에 있었던 뭔가를 잡으려고 식당에서 발돋움 위로 기어올랐다. 발돋움이 엎어졌고, 내 아래 턱뼈는 그 모서리 뒤에 부딪혔다. 나는 이 전부가 몽땅 깨졌을 것이라고 생각했다. 기억은 훈계와 함께 떠올랐다. '네게는 잘된 일이야!'"

세 살난 아이는 이가 상해서 턱뼈를 대신할 끊임없이 변형되는 아주 고통스럽고 끔찍한 보정술을 받게 될 것이다! "네게는 잘된 일인가?" 다른 곳에서도 이러한 심각한 훈계가 발견될 것이다. 여기서 프로이트가 턱이 아니라 턱뼈를 언급한다는 것을 주목하자. 4년 후에 거기에 암이 나타날 것이다.

턱이 언급된 유일한 구절, 특히 《꿈의 해석》에서 인용된 유넌 시절의 애꾸눈 의사가 나타나 있는 유일한 구절을 인용할 시간이다. 책 한가운데서 '나의 애꾸눈 후원자'라는 세 마디 말을 따르는 괄호는 v. K란 고등학교 선생님과 관계되며, 우리로 하여금 책의 앞부분을 들추어 보게 함으로써 그 간략한 구절로 이끈다——그리고 아직 우리가 상기하듯이——프로이트가 푸어를 외눈 거인, 애꾸눈, 감기를 기원했던 눈, 다른 징후들에 결코 연결시키지 않았던 모든 이유가 여기에 있다. 예를 들면 고등학생 시절 그는 애꾸눈 한니발[30]에 대해서 너무나 많은 환상을 꾸었다는 것이다. 여기에 프로이트가 요제프 푸어에 대해 쓴 모든 것이 있다. 그는 게다가 그의 이름을 (의식적으로) 무시한다. "나는 어떤 사람 꿈을 꾸었는데, 그는 내가 태어난 도시의 의사였다. 그의 얼굴은 분명치 않지만 내가 아직 가끔씩 만나는 내 중등 시절 교수 가운데 한 분의 이미지와 섞였다. 잠을 깨고 나서도 그 두 인물 사이의 관계를 알아내지 못했다. 나는 유년 시절 아주 초기까지 거슬러 올라가 그 의사에 대해서 어머니에게 물어보았고, 그가 애꾸눈이었다는 것을 알았다. 교수의 얼굴은 의사의 얼굴을 분간하지 못하게 했는데, 그 교수 역시 애꾸눈이었다. 내가 그 의사를 본 이후로 38년이 흘렀지만, 도시의 상태에 대해 기억하는 한 그에 대해서 결코 생각해 본 적은 없지만, 여전히 턱의 흉터로 그의 수고를 기억할 수 있었을 것이다."

그게 전부이다. 꿈 자체로는 결코 그를 알 수 없을 것이다. 마지막 페이지의 그 부분, 끔찍한 표시는 턱의 상처를 눈에 띄게 하고, 프로이트는 이를 1909년에 덧붙인다.(첫번째판 1899년의 날짜) 그는 첨부된 1922년판을 다음의 5판에서도 유지한다. 1925년에는 제거한다. 1923년 턱뼈에 암이 나타난다.

정보는 없다. 상처 왼쪽에 국한된다. 슈어만이 이를 언급한다. 그렇기 때문에 11년 동안 수염이 이를 가리고 있음에도 불구하고, 그는 일상적으로 알아차릴 수 있고 만져 볼 수조차 있었다.

프로이트는 살아가면서 어떻게 더 나중에 《꿈의 해석》을 다시 읽었는가? 특히 이르마의 꿈을? 그리고 그는 모든 것을 의식적으로 신중하게, 그렇지만 무의식적으로 또한 명백하게? 언어 속에서 작업하면서 다른 언어들을 듣는 아주 놀라운 그러한 탄생 속에서? 숨을 거치는 모든 것을 듣지만, 그가 먼저 듣는 그러한 의미에 특권을 주지 않고 모든 말, 모든 요소들의 등가를 받아들이면서 간격에, 실수에 중요성을 부여하면서. 언어를 새로이 들으면서, 그때부터 모두가 말하고 동요하고 담론의 실어증에 귀멀고 이러한 실어증은 다른 것을 말하는 데 빠져들며, 프로이트는 자신의 꿈을 해석하는 것과 관련되거나 다른 사람들의 꿈 중에서 그들의 해석이 자신에 대한 어떤 것을 두드러지게 할 위험이 있을 때, 특히 주저하고 부자연스럽게 된다. 그렇게 중요하지 않은 그의 해석은 꿈 같은 생에 대해서이다. 그는 친구들에 대해 좋게 생각지 않았다. 게다가 지나치게 소심하다고 비난받았던 전문적인 실수에 대해 자신을 정당화하려고 시도했다. 한 꿈은 '자식에 대한 연민'이 동기가 된다. (기억의 혼란함으로.) 그는 자신의 실수를 고백하는 아주 솔직에 찬 사람들과 비슷하다. 그들은 너무나 관대하고 자발적이고 감성적이다.

그렇지만 꿈과 해석은 적어도 분명히 그들이 언술하지 않는 것의 일부분을 드러낸다. 프로이트는 아마 넌지시 말할 것이다. 한 예로 물항아리의 꿈이 그러하다. 부추겨지기 쉬운 공상이 문제가 된다. 만약 저녁에 프로이트가 올리브나 멸치류를 먹는다면, 밤에 그는 "큰 컵으로 물을 한 모금 마시는 꿈을 꾼다. 물은 목말라 할 때 어떤 것에도 비길 수 없는, 시원한 음료의 달콤한 맛을 준다." 그는 깨어나서 정말로 마신다. 그런데 어느 날 밤 꿈은 변형을 거치게 된다. 프로이트는 매우 목이 말라서 잠들기 전에 침대 가까이에 놓인 물병을 마신다. 마시기 위해서는 그에게 '적합하지 않는 것' 아내의 침대 가까이 놓인 것을 찾아야 할 것이다. 그러므로 꿈은 '상황에 부응한다.' 그는 아내가 그에게 에트루리아 장례의…… 항아리에다가 마실 것을 주는 꿈을 꾼다. 그리고 이것으로 그는 갈증을 면하게 된다! 그러나 이번에 물은 짜다. '물론' 프로이트는 '항아리 속의 재 때문이라는' 것을 알게 된다. 그는 깨어나서 꿈이 잘 구성되었기 때문에 다만 누가 그를 깨웠는지 확인한다. 반면에 물잔은 아내의 테이블 위에 있고, 그러므로 '그의 영향력 밖에' 있다. 프로이트, 분석가는 이 꿈을 어떻게 다시 읽었는가? 거의 갈증을 풀어 주지 못하는, 재투성이의, 짠물의 분배자는 너무나도 순진하게 마르타와 프로이트 사이의 관계를 숨기거나 드러내려고 시도하는가?

위에서 '내 아들 근시'라는 꿈의 지적되지 않은 부분에서 '짠'이라는 말이 발견되는데 여기에서 프로이트는 슬프고, 뒤죽박죽이 되어 우물가에 앉는다.[31] 그는 한 여자, 수녀 혹은 간호사를 만나는데, 그녀는 두 소년과 함께 있다. 희한하게도(그것은 분석에서 드러나지 않는다) 두 아이는 하나가 되고, 떠나기 전에 여자를 포옹하지 않지만 작별의 몸짓으로 '아우프 게제레스(Auf geseres)'라고 말하며, 프로이트에게('아우프 비더지엔(Auf Wiederzehen)' 대신에) '아우프 운게제레스(Auf Un-geseres)'라고 말한다. 게제레스(geseres)는 '부과된 고통, 치명적인 운명'을 의미하는 히브리어 표현이다. 이디시어 은어로는 '울고 신음한다'이다. 프로이트는 음성학적으로 '짠' '짜지 않은'(게잘렌(gesalsen) / 운게잘렌(ungesalsen))을 이에 연관시킨다. 아이는 항아리 꿈을 꾼 사람처럼 '짜지 않은 것'과──그가 말을 거는 사람에 대한 선호를 나타내는 것 같다. [꿈의 상황에서 아이가 해야 할 인사는 '안녕히 가세요(독일어로 아우프 비더지엔)'이다. 그러나 아이는 그 대신 '아우프 (운)게제레스'라는 무의미한 말을 한다.]

항아리 꿈을 뒤따르는 꿈[32]에서, 한 여자는 턱에⋯⋯ 막 수술을 받고 고통스러워한다! '나는 말해야 해.' 그녀는 생각한다. 물론 짠물을 마신 후의 프로이트처럼. 그리고 그가 생각하게 될지라도 24년 후에 16년 동안 턱뼈에 12번의 수술을 할 것이라는 16년의 흐름을 아직 모른다. "나는 더 즐거운 것들을 상상할 수 있을 거라고 말해야 한다." 다음 꿈은? 한 여자는 "아이의 짐을 면케 해주려" 한다. 다른 사람이 그녀를 따르고 "뭔가 즐거운 것이 생길 멋진 시간이다!"라고 판단한다. 책은 정말 설득력 있다!

그리고 그로드덱만이 프로이트가 사는 동안 암호를 풀 수 있었다. 그와 함께 분석을 따라가는 것 역시 가능한가? 단지 그는 거기에 대해 생각할 천진한(혹은 비뚤어진) 용기를, 선생에게 이의를 제기할 무모함을 가지고 있었다. 1924년 암이 나타나는 해에, 그로드덱은 부인이 스웨덴어로 번역한 《일상적인 삶의 정신병리학》을 프로이트에게 공들여서 연구하기를 간청한다. 그녀는 그 책에서 "그 당시 나는 현행범의 일격하에 적었던 것을 그대로 인용한다(!)"(플리스에게 보낸 편지 중에서 프로이트가 베낀 구절)를 주목했다. 프로이트는 그 책에서 '2천4백67가지 실수'를 범했던 것을 밝히고 있다. 그는 이러한 숫자의 괴상스러움에 충격받고 이를 해석하려고 시도한다. 거의 설득력 없는 그의 설명, 설명 자체가 이상스러움으로 산재한다. 그로드덱 부인은 텍스트가 작성된 날짜가 1899년임을 주목한다. 그런데 24년 후는 암이 나타난 1923년이고, 프로이트는 67세이다. 그로드덱은 미묘하고 명확한 표시들의 연속을 전부 빨리 훑어보면서 또한 주목한다. 그는 우리가 오늘날 어떤 점에서 그것들이 의미가 있었는지 알게 하는 중요한 요소를 간파한다. 물론 그로드덱은 프로이트의 서신들을 읽지 않았기 때문에 그 당시에는 무시한다. 그가 접근하는 분야로 인해 우리는 현재 그 서신들이 비난받았음을 알 수 있다. 그는 약간 성공한 것 같다. 혹은 적어도 성공에 접근할 수 있는 듯하다. "이런 여담으로 여전히 당신이 병에 몰두하게 된다는 것——과 바덴……에 오도록 자극된다는 것을 알기 바랍니다"라고 결론짓는다.

그러나 누가 프로이트보다 그 저항을 잘 할 수 있는가? 버릇 없는 그는 대답한다. "그러면 당신 혹은 정확히 당신 부인 역시 알아차렸군요! 나는 불가사의한 힘에 확신을 줄 수 있는 것에 대항하여 내내 분해했소. 지금 나는 다행히 그것에서 벗어난 듯하오. 나는 작업을 위한 새로운 해를 맞이했소!" 역시 그로드덱(너무 은폐하는가?)과 푸어를——누가 아는가?——세상에 내놓는 분석을 피한다. 프로이트는 그로드덱이 전년도에 출간된 프로이트의 《이드와 자아》의 주제에 대해서, 그의 아내가 될 사람에게 편지를 쓸 수 있었다는 것을 간파하지 못했다. "이 작업은 나에게 절대적으로 영향력이 없다. 사실상 슈테켈과 나에게서 이루어진 모방을 비밀리에 엄습할 수 있는 글쓰기이다." 단호하게 "더 좋은 것이 있다는 것을 소년들에게 말하지 말라!"

그러나 너무나 말하고, 모든 치아를 잃을 만한 프로이트의 입으로 되돌아가자. 살아 있지 않았다라는 꿈의 몽상가의 혼란으로 되돌아가자. 분석에서 언급된 '감정적인 뇌우로' 돌아가자. 프로이트가 플리스에 의해 ……라고 이야기했다고 의심받았을 때, 프로이트는 근거 있는 예상이기 때문에 마음이 흔들렸다고 고백하고, '내 생의 정말 오래 된 시절'의 에피소드를 상기한다. 그러나 유년 시절로까지 거슬러 가지 않는다. 다른 친구가 그에 대해서 말했던 것을 친구에게 알리는 에피소드에서 멈춘다. 그는 그들을 혼동했다. 이 친구들 중 첫번째는 폰 플라이쉴(존의 유령, 아마도 첫번째)이었다. 두번째 친구는 프로이트가 밝히기를, "나는 그의 이름을 '요제프'로 명명할 수 있지——그는 또한 P라는 이름의 내 친구였고, 꿈속에서 적수였다." 우리는 요제프 파네트 혹은 요제프 푸어와 관계된다고 말할 것인가?

프로이트는 아직 이를 모르지만, 같은 실수를 되풀이할 것이다. 플리스를 희생시켜서. 그들의 단절 4년 후이자 책의 출간 후에, 플리스는 프로이트가 양성성에 대한 그의 이론을 폭로했고, 이 주제에 대해 그에 앞서 바이닝거에게 책을 쓰게끔 했다고 고발한다. 플리스는 부분적으로 착각한다. 그러나 에피소드는 모호하게 된다. 그리고 프로이트는 고발된다. 푸어 박사가 거기에 있다. 소년들에게 소년들에 관해서 말하는 지크문트는 유죄이다. 그는 말하는 것에 두려움이 있는가? 그것에 관해 더 한층 말하지 않는다. 유죄이다. 요제프 푸어는 이를 안다. 이 요제프는 모든 것을, 아마도 꿈조차도 간파한다. 프로이트가 "요셉이라는 성이 내 꿈에서 중요한 역할을 한다"라고 적고, "내 자신의 에고는 이 이름을 가지는 이들의 뒤에 숨기가 아주 쉽다라고 덧붙인다면, 요셉은 《성서》에서 꿈의 해석가로 유명했기 때문이다." 그러나 야곱의 아들 요셉에 대해서 역시 《성서》는 첫번째 줄부터 말하는데, 그때 요셉은 의붓형제와 함께 논다. 그리고 "그는 아버지에게 그들의 나쁜 의도를 이야기했다."

유죄인가? 푸어는 그에게 고백케 하면서, 고백 자체에 의해서 존으로 인해 유죄가 되게 한다. "너 역시!" 눈에 유죄이다. 역시 푸어의 한쪽 눈에 대해서. 그러나 또한 요제프와 **함께** 유죄이다. 그리고 새로운 요제프! 그렇다! 아직 다른! 괄호가 《성서》의 요셉에 대해 주를 방해한다. ("요제프 삼촌의 꿈의 X 페이지를 보라.") 요제프가 너무 많은 게 아닌가. 또 한 명의 아저씨. 프로이트가 존의 아저씨였던 것처럼. 그러므로 프로이트는 야코브 프로이트의 형제, 그 요제프 아저씨에 대해 꿈을 꾼다. "이 모든 것이 어떤 의미를 지닌다. 내게는 한 아저씨, 나의 아저씨 요제프뿐이었다." 그는 '기억의 편협함'이라고 다투지 않으려고 페이지 아래 주에서 즉시 외치고 당연히 설명한다! 그는 사실상 다섯 명의 아저씨가 있고, 그들 모두를 알고 있다. 그렇다. 그러나 그는 단지 한 명의 요제프만을 기억한다. 그리고 한 명의 요제프에 대해, 유죄인 삼촌에 대해 기억한다. "그는 법에 의해 중하게 제재받기로 합의되었다. 벌을 받았다." "아버지의 머리카락은 어느 날 근심 탓으로 회색빛이 되었다." 발돋움 꿈의 아들의 머리카락처럼. "내 삼촌은 죄인이었다." 삼촌의 막 구실을 하는 친구는 '나무랄 데 없다.' 그러나 그는 자전거를 타다가 소년을 넘어뜨렸고 보상금을 지불해야 했다. 두번째 친구는 항상 꿈에서 협박의 희생물이었고, "벌로부터 박해자를 구조하는 가장 큰 어려움을" 겪었다. 얼마나 죄가 많고, 얼마나 피고들이 많은가! 만약 우리가 아저씨라면 어떻게 죄인이 되지 않을 것인가! 요제프 아저씨는 누구인가? 우리는 금방 이를 알게 되었고, 프로이트는 그 주제에 특히 신중하다. 요제프 아저씨는 역량이 적은 사기꾼이고, 위조 지폐 밀매범이다. 체포된 그는 **모두를 자백했다.** 그리고 공범자들을 누설했고, 이들은 청중 앞에서 그를 모독했다![33]

요제프 삼촌은 말했다. 너무나 많은 것을 말했다. 이 꿈에서 삼촌의 막으로 사용된 친구의 얼굴은 갑자기 수직으로 기지개를 켠다. 흥분한 얼굴? 아저씨의 얼굴? 이상한 아저씨들! 이상한 조카들! 그러므로 프로이트는 누구였는가? 학자라는 것을 제외하고 우리가 아는 천재는? 세 살난 그 아이는 시대 착오적인 한 조카의 전생, 미숙한 햄릿이 추구한 전생을 애도하는가? "안녕히, 사랑하는 어머니." 그러므로 그의 조카는 그에게, 클라우디우스에게처럼 외칠 것이다. 프로이트 / 이오카스테? 혹은 아직 소녀인 프로이트는 기절하여 딱 바라진 유령, 융의 팔에 이끌리어 뮌헨 파크 호텔 살롱의 환자용 침상(!)으로까지 간다. 그리고 깨어나서 깜짝 놀란 제자들 앞에서 중얼거린다. "누가 죽는 것이 감미로운 일이라고 하는가?" 혹은 배반자 브루투스인가?

유죄? 그리고 말한다는 것? 살아 있지 않았다라는 꿈의 분석의 발췌, 느닷없이 강렬한 단편들을 들어 보자. 이것은 프로이트가 취하고자 주장하는 담론 밖에서 호소를 한다. "젊은 죄인의 그 감정." "그가 해로운 고백으로 유죄가 되었기 때문에, 나는 고백을 파기했다." "비탄과 적의의 감정들은──나는 이상한 감정에 대해 말했다──내가 두 마디로 내 친구와 적수를 없앴다는 점에서 쌓였다." "나는 너무 늦게 도착했고, 전생 내내 그것을 뉘우칠 것이다." "내 친구에 대한 근심, 그를 보러 가지 않았다는 비난, 이 모든 것을 이유로 하여 내가 느꼈던 수치," "이 모든 것은 감정적인 폭우를 이루도록 결합된다." "감정은 그것을 받아들이는 꿈속에서 맹위를 떨친다. 우물 속에서 우물에 따르는 물처럼" "나는 파울리네의 이름을 들었다……. 이러한 일치에 대응하여, 나는 꿈에서 요제프라는 사람을 다른 사람으로 대체했다." "그들의 이름은 아이들을 유령으로 만들었다." "나는 비밀을 간직할 수 없었다." "나는 너무나 행복해서 단순한 욕망으로 유령들을 소멸시킬 수 있었다."

아! 만약 푸어와 존과 플리스가 흔적을 남기지 않고 사라질 수 있다면! 돌이킬 수 없는 장면이 이제 반복되지 않고, 전개될 어떤 지역도 더 이상 발견되지 않는다면! 나는 요제프 푸어에게 무엇을 말했는가? 나는 아직도 그에게 무엇을 말할 것인가? 사람들은 그에게 나에 대해 뭐라고 말하는가? 우리는 프로이트가 두 번, 갑자기 융 정면에서 기절했다는 것과 네 번(그는 이것을 바이닝거에게 알린다) 플리스 앞에서 기절했다는 것을 알고 있다. 다소 분쟁이 잦은 장면이 너무나 강렬하게 나타나고, 원초적인 장면을 너무 많이 모방한다. 우리가 여전히 모르는 몇 가지 자질구레한 일들로 프로이트가 '유령'이 사라지기 바랄 때, 사라지지 않아 프로이트가 그 역할을 뒤엎을 때 '기절하는 것은' 바로 그이다. 우리 모두와 마찬가지로 그는 자신의 생의 유령이 아닌가?

성가신 형상들을 떼어 놓는다? 이르마의 꿈의 분석에서 하나의 절규, "이 사람들을 치우시오! 그들 대신에 내가 선택한 다른 세 명을 내게 주시오! 그러면 나는 그 부당한 비난에서 해방될 것이오!"가 프랑스어 번역[34]에서 제거되었다.

그 사람들을 치워 버리시오! 살아 있지 않았다라는 꿈의 분석에서 솟아오를 욕망이다. 프로이트는 거기서(그러나 그는 환상인지 기억한 일인지 확신하지 못한다) 각자가 제일 먼저 도착했다는 주장과 관련된 존과의 갈등을 발견한다. 할아버지, 프로이트의 아버지에게 다투었다고 불만을 호소하게 될 사람은 바로 존이다. 그리고 정당화될 사람은 바로 지크문트(승리자!)일 것이다. 그는 처음에 충격을 받았다. 그리고 프로이트는 한 번 더 책의 다른 부분을 참조케 하고, 여기에서 그가 어떻게 플리스의 위험한 문제에서 벗어났는지 발견된다. 존에 대한 기억에서 "너는 P에게 나에 대해 무엇을 말했니?"는 하이네의 시를 매개로 한 것이다. "넌 날 거의 이해하지 못했어 / 난 널 거의 이해하지 못했어 / 우리는 갑자기 단 한번만 알게 되었지/우리 둘이 함께 **진흙** 속에 있다는 것을." 프로이트는 진흙이라는 말을 강조한다.

"너는 P에게 나에 대해 무엇을 말했니?"에 존과 지크문트가 '진흙' 속에서 결합되었던 기억이 부응한다!

살아 있지 않았다에 대한 분석으로 다시 돌아오자. 이드처럼 존에 대한 기억에서 솟아오르는 생각으로 당황하는 프로이트가 재발견된다. 구절들은 다음과 같다. "내가 거기에 둔 것을 치워"(이 텍스트에서는 프랑스어로)가 발돋움 꿈에서와 같은 감탄으로 뒤따른다. "그것은 네게 잘된 거야!" 혹은 더 정확히 말해서, 이번에는 "내게 자리를 남겨두었다면 네게 잘됐어. 너는 왜 나를 추방하려고 했니?" 프로이트는 "내가 거기에 둔 것을 치워라"를 왕자 핼[뒤에 헨리 5세]에게 연결한다. 그는 셰익스피어 작품에서 죽어가는 아버지의 침대 곁에서 아버지의 왕관을 써본다. 프로이트는 이런 핼 왕자가 폴스탑에게 말한 문장으로 인해 어머니가 그에게 주방에서 보여 준 것을 생각한다. 그때 어머니는 손바닥을 다른 손바닥에 비비고 ('크노델'을 만들기 위해 반죽을 준비한 후에), 거기에서 떨어져 나온 죽고 작고 검은 피부들을(여성의 대륙 같은?) 어린아이에게 보였다. 그 문장은 이것이다. "너는 자연에 죽음을 빚지고 있어."

죽음의 빚. 너는 내가 거기에 둔 것을 치워라. 네가 나에게 자리를 남겨두었다면 그것은 네게 잘됐어. 아마도 여기에서 작업하는 것이 이미 보여지고 있는 것이다. 암종성의 세포가 같은 역할을 할 것이다. 그리고 어쨌든 유령들 역시.

융과의 단절 후에 잠재적인 '유령들,' 대체물인 친구들은 그저 초라한 '대신하는 사람들,' 대용품에 속할 뿐일 것이다. 페렌치·아브라함은 어떤 리비도적인 흥분도 일으키지 않는다. 프로이트는 더 이상 '새로운 것'을 얻지 못한다. '해결책은'? 새로운 하나를 얻는 것이다. 그러나 비극적으로 그는 속을 것이다. 두 유령이 같은 해인 1923년에 나타날 것이라는 점에서이다. 지나친 것 중의 하나이다. "내가 거기에 둔 것을 치워라." 그들 중의 하나가 사라질 것이다. 아마도 가장 바라는, 가장 만족스러운 것이었을 터이다.

1923년, 암이 나타난다. 지크문트 프로이트는 막스 슈어에 의해서 첫번째 수술 '괴상한 악몽'을 치른다. 프로이트는 정말로 벌을 찾는 듯하다. 그는 자기가 볼 때는 가장 무능한 사람이라고 여러 번 말했던 그 외과 의사에게 부탁하여 부랴부랴 남몰래 수술이 시행된다. 한 친구만이 알고 있고, 가족은 모르고 있다. 수술 후 의사이자 이미 유명한 학자인 프로이트는 외딴 작은 방에 내버려져서, 피로 덮인 주방 의자에 백치 난쟁이!와 함께 앉아 있다는 걸 안다. 시간이 걸린다. 출혈은 드라마틱한 순서를 취하고, 핏방울은 멈추고, 친절한 난쟁이, 어린 존의 괴물 같은 환생은 도움을 청하러 가면서 프로이트의 생명을 구한다. 푸어젤: 난쟁이, 젤: 세포. 프로이트는 푸어의 '독방'에서 꼼짝 못하게 된다! 존과 함께! 프로이트는 꿈을 재구성하려 했다. 이 꿈에서 플리스에 의해 선택된 그러므로 나쁜, 상처에 붕대를 감는 것을 잊은 플리스와 비슷한 외과 의사에게 수술을 받는다. 그런데 플리스는 엠마의 집에서 억수 같은 그 출혈을 조장했는가? "피는 아주 특별한 액체이다"라고 프로이트는 슈어에게 말할 것이고, 1939년말경에 입·따귀에서 소량의 출혈이 일어날 때 한 번 더 《파우스트》를 인용한다. 그러나 프로이트는 여느 때처럼 아주 금욕적이어서 그것에 이상하게 감동되는 것 같다. 슈어는 어린아이의 턱뼈 상처에서 많이 출혈된 것 같다고 저서에 적고 있다. 또한 우리는 아말리의 편지가 애꾸눈 의사와 어린 하녀의 존재를 동시에 확신시켰다는 것을 기억할 터이다. 프로이트는 이 하녀에 대해서, 그녀가 그 당시 화장실의 붉은 물 속에 그를 씻겼던 일을 기억한다.

수술은 1923년 4월 20일에 행해졌다. 몇 주 후인 6월 19일, 프로이트의 손자 하이넬레가 죽는다. 그는 할아버지와 거의 동시에, 또한 목구멍에 편도선 수술을 받았다. 그는 아주 천천히 할아버지 곁에서 결핵성 뇌막염으로 죽는다. 그 아이는 특별한 약간 신비로운 아이들 중의 하나이다. 딸 소피, 하이넬레 엄마의 3년 더 이른 죽음을 '이상하게도 잘 견디었던' 프로이트가 4세였던 손자의 죽음에는 어떤 위안도 있을 수 없다고 적고 있다. 존도 마찬가지이다. 그러나 이번에 유령은 사라지지 않는다. 그는 죽는다. 그는 사라졌을 때 존의 나이를 넘지 못한다. 프로이트는 이 죽음에 책임이 없다……. 그러나 유령의 차원에서는?

거기서 순환은 끝맺는 것 같다. 모든 것이 완성되었다. "나는 한 인간을, 결코 한 아이를 거의 그만큼 사랑할 수 없었다"라고 프로이트는 카타와 라오스 레비에게 쓴다. 그는 만에게 편지를 쓰면서 나폴레옹이 처음에는 싫어했고, 나중에는 '세상 어느 누구보다 더' 사랑했던 조제프처럼 하이넬레에 대해 생각했다. 하이넬레는 유령과 화해할 수 있는 가능성이었다.

프로이트는 3년 후 막 아들을 잃은 바이닝거에게 "하이넬레는 내게 나의 모든 아이들과 다른 손자들을 대신했지. 그 아이가 죽은 후로 난 이제 손자들을 사랑하지도 생을 즐기지도 않는다네. 바로 그렇게 해서 무관심해지는 거라네. 내 자신의 삶을 짓누르는 위협에 직면하는——것을 용기라고 하더군"이라고 편지를 보낸다. 페렌치에게 그는 자신의 삶에서 처음으로 우울증을 확실히 느낀다라고 적는다. 그는 레비에게 또 적는다. "결코 이런 고통을 느낀 적이 없었던 것 같네……. 요컨대 다 부질없는 걸세."

무관심. 리비도적인 흐름이 더 많다. 그것으로 끝났다. 존은 죽는다. 그는 이번에 영원히 사라진 것 같다. 그러나 존은 사라지지 않았다. 우리는 그것을 이해했다. 현재 놀이를 이끌 것은 바로 존이다. 누군가 항상 그를 이끌었다.

이르마가 '숨막힌다'라고 생각한 것처럼 프로이트를 항상 조른 것은 그 존이다. 지크문트는 너무나 많이 말했고, 존은 그의 목구멍에서 입을 결코 가만히 있게 놔두지 않았다. 항상 시가가 물려 있었다. 일화? 약혼 시절에 마르타는 프로이트에게 진주 반지를 준다. 프로이트는 그녀에게 편지를 쓴다. "너의 명예를 걸고 대답해 봐." "지난 목요일 아침 11시, 네가 날 사랑하지 않게 되거나 습관처럼 내게 더욱 화가 나거나, 혹은 아마도 내게 신의를 지키지 못했는지를——상송에서처럼 말이야. 그 순간에 내 반지가 깨졌어." 그 순간에 마르타는 과자를 먹고 있었다! 그러나 프로이트는? 프로이트는 목구멍에 외과용 메스의 일침을 받았고——그는 구협염의 부종으로 고통스러웠다——고통으로 책상 위에 손을 두드렸고, 반지는 깨졌다. 다음해에 반지는 또 깨질 것이다. 아직 구협염으로 위기를 겪는 중에! 바로 이번에는 진주를 잃게 될 것이다. 마르타는 유령이 아니다.

게다가 그녀는 마지막 장면에 나타나지 않을 것이다. 마지막 장면에서 모든 것은 제자리에 있다. 역할은 분배된다.

1938년, 전쟁 전날이다. 프로이트는 오래 전부터 그의 꿈을 더 이상 출간하지 않는다. 그는 암으로 고통받음에도 불구하고, 또한 지금으로부터 15년 전 82세의 나이에도 불구하고 일하며 연구하고 쓰고 진료한다. 그는 죽기 두 달 전까지 환자를 진찰할 것이다. 1938년 장면은 영국에서 일어난다. 나치즘으로 피난한 프로이트는 존이 생을 보낸 나라에 다시 돌아간다.[35] 프로이트는 마지막 편지 중의 하나를 (1939년 7월) H. G. 웰스에게 보내 영국 국적을 주기 바란다. "그렇지만 당신은 내가 18세 때 처음으로 영국에 머무른 후, 여기에 정착해서 영국인이 되고 싶다는 욕망으로 상상하면서 아주 만족했었다는 것을 거의 모르시겠죠. 내 의붓형들은 이미 15년 전에 그렇게 되었죠. 하지만 현실은 유아 같은 환상을 겪기 전에 몇 가지 시험을 당해야 했답니다." 사실이다!

그러므로 지리학적으로 프로이트는 존을 다시 만났다. 푸어 박사 역시 거기에, 유령인 슈어 박사의 특징으로 있다. 프로이트는 슈어에게 항상 엉뚱한 거리를 두었다. 어떤 열정과 자주 분명하고 가득한 애정을 배제하지 않는, 습관적인 자제와는 아주 다른 것이었다. 슈어에 대한 그의 냉담함은 놀라운 것이다. 프로이트가 그에게 보낸 건조한 몇몇 편지. 거의 항상 (의사의) 사례금에 관한 것이고, 끝에서는 '의사-작가'에게 완전히 양보된 독특한 봉헌의 스파르타주의이다. 프로이트가 편지 속에서 다른 사람에게 슈어에 대해 말할 때, 슈어는 그런 방식으로 언급된다. 친구로서라기보다는 오히려 고용된 사람으로서. 반면에 그들은 둘 다 모두 공범으로 악착스럽고 일상적이고 효과적인 투쟁을 하여 프로이트가 암에 대항하도록 이끌었다. 프로이트는 상대적으로 슈어에게 일종의 의존감을 느꼈다. 바로 이 슈어가 미국으로 잠깐 떠날 때 프로이트의 비탄이 이를 증명한다. 그의 반응은 우선 상처받는 것으로 나타나고, 의사가 프로이트의 마지막 몇 주 동안 다시 돌아올 때 화해한다. 그렇지만 그들 사이에 아무것도 일어나지 않는다. 나는 앞에서 이 태도를 어머니와 지니는 거리에 연결했다. 그러나 오히려 슈어가 그 '유령'이었던 것 같은 푸어에게 품은 의심과 관계되지 않는가? 프로이트는 푸어 박사에게 더 이상 말할 수도 없고, 말해서도 안 되며 말하고 싶어하지도 않는다. 푸어 박사는 계속해서 프로이트를 수술하고 벌주지만, 프로이트는 그를 방심하지 않는다. 그는 이제 빈둥빈둥 살아가지 않을 것이다! 그는 이제 그에게 '순수한 진실'을 말하지 않을 것이다.

여기 존이 거주했던 섬에 프로이트와 푸어와 안나가 있다. 안나는 1859년 파울리네 · 플리스와 함께 유령으로 태어난다. 안나는 너무나 많은 단역 배우를 압축한다. 두 명의 파울리네, 다른 안나와 빌헬름 플리스 역시, 그러므로 지크문트 · 푸어 · 안나 · 파울리네 · 플리스. 그러나 존은? 존은 거기에서 결정적인 유령이다. 프로이트는 그것을 말하고 종종 현재 자신에게 적는다. 마지막 유령은? 암이다.

그가 알렸던 것과 같다. 우리는 만에게 편지 쓰는 프로이트를 기억한다. "요셉을 제거해, 그의 자리를 차지해. 나폴레옹의 추진력 있는 감정, 스스로 요셉이 돼." 카이사르/존이 브루투스/지크문트에게 '너 역시!'라고 비난받은 후 "네가 비켜, 내가 앉게" "내가 네 자리를 차지한다면 그것은 네게 잘된 일이야"라고 한 말을 기억하자.

프로이트가 사망한 해인 1939년 3월 5일, 그는 아이팅곤에게 편지를 쓴다. "생체 조직은 실제로 내 자리를 차지할 암의 새로운 시도에 우리가 볼일이 있다는 것을 밝혀 주었소." 유머인가? 포위당한 사람은 80년 훨씬 전부터 포위자를 기다린다.

여전히 1939년 3월 5일, 프로이트는 그의 별난 친구 아널트 츠바이크에게 편지를 쓴다. "아널트 선생, 나의 친애하는 오래된 암의 공격과 관계된 일이라네. 나는 그 암과 16년 전부터 내 존재를 공유하고 있지." 또 유머인가? 그러나 이 문장의 끝을 들어 보자. 그 특별한 실수는 슈어에 의해 기록된다. "과거 속에서 누가 가장 강할지, 우리는 당연히 그것을 예상할 수 없지."

시제의 경이로운 섞임! 진정한 문법, 그리고 생이라는 분야, 기억을 설명한다. 3세 된 아이의 동시대인 83세 노인. 결코 연극 같은 장면의 행위자 노릇을 그만두지 않고, 오래 전부터 결말을 기다리며 두려워한다. 시간은 열정 속에 사로잡히지 않고 연대기를 뒤집는다. "과거에는 누가 있을 것인가?" "어떻게 과거를 예견하는가?" 모든 작업, 이러한 실수 속에서 프로이트의 작품과 작업은 분석가와 연대기적인 고요함을 침해하는 피분석가를 침해한다.

그렇지만 자신의 많은 후손들, 더 젊은 친구들, 제자들, 그리고…… 의사들의 장례를 치른 83세 노인의 죽음이 매우 감동적이라는 것은 얼마나 놀라운가! 1939년 9월에 다른 많은 사람들의 비극적인 죽음을 선행하는 한 죽음.

1939년? 그러나 40년 더 일찍, 1899년(그로드덱에게 위험을 알리는 숙명적인 2467의 기원이 되는 날짜)에 프로이트는 플리스에게 자신의 작업에 관해 편지를 썼다. "그 작업은 점진적으로 다른 모든 능력들과 수용성들을 흡수한다네. 마치 일종의 종양 조직이 인간의 조직에 스며들고 조직을 대체하는 것으로 끝나는 것처럼……. 나는 완전히 암이 되었지. 종양은 성장의 마지막 단계에서 포도주 마시기를 좋아하네. 오늘 나는 극장에 가야 하지만, 그것은 —— 암에 조직을 이식하기 바라는 것처럼 약간은 우스운 일이야. 아무도 거기에 동조할 수 없어. 나의 생의 기간은 이후로 암의 기간이야."

무엇을 덧붙일까? 이와 같은 편지에서 나중에 이러한 몇 줄 말고. "억압된 사고와 억압하는 사고가 욕망을 동시에 실현할 수 있는 바로 그곳에 징후가 나타났다네. 예를 들면 벌의 징후는 억압하는 사고의 실현으로 나타나는 반면에 자기 분석은 자기 만족, 즉 다시 말해 자위라는 마지막 대체물을 구성하지."

마지막 대체물! 프로이트가 한 번 더 '얻게' 되는 벌이다. 다시 암·자위·정체성이라는 같은 문제로 이끈다. 자기이자 동시에 '타자'이다. 그 자신 속의 이방인. 살해 혹은 쾌락 속에 있는. 자신과의 근친상간.

프로이트의 입, 유죄의, 밀고자? 그러나 어떤 다른 입인가? 우리는 상상할 수 있다. 나는 여기서 모든 분석은, 보다 정확히 말해 이러한 조사와 마찬가지로 가정일 뿐이라는 것을 강조하고 싶다. 그리고 프로이트나 다른 사람들에 의해 이루어질 수 있었지만, 단지 거기에 덧붙이고 '제안되는' 다른 어떤 분석을 침해하려는 게 아니다——그러므로 페니스와 입에 관련된 행위(행위의 욕망이 무의식 속에서 변형될 수 있는 한)가 있는 장면을 상상할 수 있다. 존과 지크문트가 즐긴 펠라티오를 하는 장면, 혹은 지크문트에 의해 환상에 빠진 장면을. 그러므로 꿈에 요제프 아저씨의 너무나 죄 있는 발기한 얼굴이 그 장면에 관련될 것이다. 레오나르도 다 빈치의 입을 방금 친 독수리의 꼬리는, 프로이트에게 《레오나르도 다 빈치의 어린 시절의 기억》을 쓸 정도의 강한 인상을 준다. 그리고 그는 열렬하고, 그에 의하면 해로운 시가에 대한 취향(담배, 알코올 혹은 몰핀에 대한 욕구)을 '대체물, 대체의 결과물'(그러므로 '유령들'과 유사한), '원초적인 욕구, 유일한 위대한 습관, 즉 자위'로서 분석한다. 이러한 프로이트의 유명한 시가 사례에서 왜 오럴 섹스는 안 되는가? 약간 쉬운 지표들인가? 단지 가정일 뿐이다.

우리는 또한 해석 중에서 이야기된 이 기억을 상기한다. 젊은 프로이트는 처음으로 영국에 간다. 그는 엠마누엘 집에 체류하고 존을 다시 만난다. 그리고 나서 여행중에 아일랜드 해안에 있게 된다. 그는 '밀물에 쓸려 온 해조류를' 주워 모은다. '귀여운 어린 소녀'가 와서 묻는다. "불가사리인가요? 그것은 살아 있나요?" 그녀는 영어로 중성의 동물에 적합한 그것(it)을 사용한다. 프로이트는 대답한다. "네, 그는 살아 있어요." 그는 부적절하게 그 사람, 남자를 지적하는 'he'를 사용한다······. 아일랜드 해안에서 프로이트가 다소 의식적으로 존을 생각했고, 방금 '살아났다'고 다시 생각한 것으로 어떻게 조금 낭만적으로 상상할 수 없을까? 몇 줄 뒤에서 프로이트는 자신의 문법적인 실수를 설명한다. "종류와 성이 잘못 쓰인 것을 보여 주는 통례 중에서 '있을 법한 가장 순진한' 예이며, 난 적당치 않은 성(그)을 사용했다"고 설명한다.

또 다른 지적. 존의 공간, 이르마의 입, 불결한 주입의 장소? 우리는 마침내 결합된 존과 지크문트가 하이네의 시 속에서 뒹군 진흙을 기억한다. 이르마의 그 입은 꿈속에서 프로이트에 의해 여성적이고 부인과적인 것으로 해석된 코의 형상을 내포한다. 그러나 그 입은 아주 통속적으로 페니스에 관련된 코의 이미지를 별로 감추지 않는다. 끝으로 다른 꿈이 있다. 아들이 "그의 입 속에 어떤 것을 넣자," 곧 프로이트는 턱에 입은 것과 같은 사고를 당한다. "그의 치아들이 부서진다."

하지만 마지막 장면에 가보자. 1939년 장면은 항상 영국이다. 세 인물이 있다. "이 모든 사람들을 제거하세요. 그들 대신에 내가 선택한 다른 세 명을 주시오." 이루어진다. 그들은 거기에 있다. 푸어·존·지크문트. 그리고 무대 뒤 성가대에 안나가 있다. 16년 전부터 존은 프로이트의 존재를 공유한다. 11년 전에 푸어가 그들을 다시 결합시켰다. 이 시기에 프로이트는 유령 슈어에게 물었다. "때가 되면 당신이 내게 쓸데없이 고통스럽게 하지 않을 거라고 약속하시오." 슈어는 당시 ······을 주입할 것을 약속했다. 치명적인 순간이 왔다. 프로이트는 동의한 의사에게 약속을 상기시킨다. "안나에게 말하세요." 프로이트는 덧붙인다. 마르타는 장면에서 없다. 그녀는 유령이 아니다. 벌의 시간이다. 예정된 결말. 푸어 박사는 **지크문트 프로이트를 죽인다.** 그와 함께 존이 사라진다.

그렇다. 과거에 가장 강한 것이 있을 것이다……. 그후로 소년들에게 아무도 그것을 말하지 않을 것이다.

내 앞 벽 위에 있는 사람들 중에서 프로이트의 심각하고 슬픈 얼굴의 82세 때의 사진이 있다. 비록 고요하고 당당하지만 괴로움을 겪었다. 그리고 나는 아주 조심성이 없다고 느낀다. 이 얼굴은 얼마나 많은 환영들·흡혈귀들을 은폐하는가? 너무나 불안케 하는 기묘함이다. 아주 명백하다. 자신이 오이디푸스가 되려는 자에게 악착스러운 이런 맹목은 무엇을 위한 것인가? 혹은 반쯤 오이디푸스인 푸어 박사를 피하기 위해서인가. 푸어의 눈은 무엇을 보는가? 비난받았다! 특히 그를 무시한다. 친애하는 오이디푸스! 친애하는 어머니! 특히 거기에 만족하자! 끝없는 성행위! 무한히 현혹된 요람! 어머니들 사이에 머무르자. 검은 대륙의 그림자 속에. 여자들이 아니다. 남자들도 아니다. 어머니들은 "너를 보지 않을 것이다. 그녀들은 단지 표상만을 본다."[36] 여자는 무엇을 원하는가? 남자는 무엇을 원하는가? 태어나는 것? 특히 거기에 대해 생각지 마세요! 이론의 막은 십자가가 그랬던 것처럼 흡혈귀들을 대항하여 방향을 돌린다. 빛 속에서 태어나기? 오히려 눈이 먼다. 푸어의 눈을 뚫는다. 그렇게 하려고 오이디푸스가 거기에 있다. 푸어는 아마도 오이디푸스와는 아주 다른 것을 본 이러한 이야기를 끝낸다. 오히려 여성과 관계된 대륙, 남성들이 흥분하는 이 대륙은 비난받는다. 푸어·존·지크문트. 누가 아는가? 우리는 어머니를 잊을 것인가? 여자는 무엇을 바라는가? 이러한 질문에 누가 대답할 것인가? 어머니 아담? 클라우디우스? 늙은 기사에 의해서 기회가 제거된 돈 주앙? 혹은 '침해된' 그리스도? 혹은 플로베르, 아마도 일명 보바리 부인? '그녀'가 아니다. 그녀는 그것에 대해 무엇을 알게 된 것인가? 그녀는 어디에 있는가? 위엄 있고 감추어지고 넘쳐나는 무대에서 여성성이 남자들 사이에서 상연되지만 여성성만이 단지 남자들 세계에서 상연된다. 다른 곳에서? '아무것도 없음'이다. 그러나 코델리아의 "아무것도 없어요"는 리어의 것이었고, 아르토·조이스·파솔리니, 차이를 이루는 사람들의 것이었다. 오이디푸스 뒤에 누가 있는가? 거기에는 막만이 있는가? 거기 버려진 어머니에 의해서 그 순간 푸어가…?

'고독·침묵·모호함에 대해' 프로이트는 "우리는 아무것도 말할 수 없다"라고 적고 있다. 그러나 그들이 아무것도 말하지 않기 때문이다. 어디에 고독이 있는가? 언제 이 모든 다른 이들이 자신 속에서? 프로이트가 말해지지 않은 것의 소리 자체, 망상·에코·풍부함을 표현할('귀를 가지고 보라') 수 있을 때 어디에 침묵이 있는가? 모호함에 대해서 말하자면, 그것은 오이디푸스의 뽑혀진 눈 속에, 두번째 파우스트에 의해서 맹인이 된 그들 속에, 아마도 '구조만을 보는' 어머니의 눈 속에 머물 것이다.

프로이트의 시선은 절망적이지 않다. 더 나쁘지 않다. 나를 정면으로 하고 벽 위에서 그를 둘러싸는 사진의 사람들과 유사한 시선이다. 아르토·울프·프루스트나 카프카·셀린 혹은 포·플로베르, 그리고 조이스의 얼굴이다. 알고 있는 시선은 다른 곳, 여기에서 어떤 것을 알았고 찾고 있다. 그리고 나는 지난 세기에, 그리고 이 세기에 역시 빈에서 거니는 프로이트를 본다. 작업에서의 이러한 모든 지식은 그와 함께 하는 작업의 여정이 되는 것이다. 그리고 나서 이러한 무지는 근본적인 것에서 차단된다.

냉담한 무리가 그의 주변에서 걷고 있다. 그리고 그처럼 너무나 많은 물질에 의해, 죽음일지라도 너무나 많은 생에 의해서 포위된다. 비인간적인 불편함으로 인간의 무지를 취함으로써. 자신에 의한 자신의 게걸스럽게 먹기이다. 육체는 상실의 은유이다. 복수적이고 야만적이며 사람들이 이 말을 만들 듯이 전쟁을 하는 정체성이다. 예상과 정체성의 고통 속에서, '페넬로페의' 모순은 생산자를 증가시키는 대신에 그를 다치게 한다. 생체 프로그램에서 죽음은 성욕과 단절을 이룬다. 갈등은 말로 다할 수 없으며, 언어의 기반이 된다——상실되지 않는 것은 확실해지지 않는다. 언술 속에 언술이 내포하는 점진적 쇠퇴·결핍을 어떻게 포함시키는가? 왜냐하면 언술의 역학이 언술의 정보에 모순되기 때문인가? 그리고 억제를——덧붙이기만 한다. 여기 아마도 언어가 무너지는 실수 속에서, 언어는 언어가 마비시키기를 바라는 움직임 그대로이다. 무력한 탄생은 죽음이 아니라 그 이면이다. 그러한 퇴폐가 생을 결정하고 지탱한다.

어쨌든 지옥인가? 어디에서 쾌락을 위협하는가? 지적인-창조자(?)가 향유하는 개인을. 언어의 비난, 역사의 은폐물, 무의식의 은폐, 성적인 우화……에도 불구하고 개인의 쾌락은 예견되지 못하거나 너무 늦게 도달한다. 그렇기 때문에 개인은 긴급하다. 그는 긴급하게 시간을 취하고, 모든 시간을 요구한다.

그리고 실수할 권리도. 확실한 결과 쪽으로 가지 않는 실수, 정확한 의견을 공공연히 표방하지 않거나 권력에 의해서 조직된 체계적인 논쟁에 참여하지 않는 실수, 그러나 일탈을 위협하는 실수. 오해하는, 적어도 그런 위험을 취하는 의무. 선택된 사람보다는 삭제하려고 밑줄 그어진 남자(혹은 여자)가 된다. "내가 어제 했던 확인들은 오늘 무엇을 의미하는가" 카프카는 생각한다. "어제라는 상황이다. 확인은 법의 커다란 돌 사이 푹 팬 홈 속으로 피가 한 방울 한 방울씩 흐르는 경우를 제외하고는 진실하다."

창조한다는 것, 그것은 욕망을 위태롭게 한다. 그리고 거기에 없다는 것을 발견할 위험이 있지만 공허함은 이익과 거세의 놀이, 하나가 다른 하나를 조작하는 놀이에 의해서 감춰진다. 고네릴의, 리건의 담론이다. 승자들. 때때로 리어라는 인물의 흔적은 고요함을 포기하면서 '무'의 폭력에 맞서고, 사랑을 발견한다. 그러나 이익은 없다. 무료이다. 이득은 없다. 그렇지 않으면 삶은 불안정 속에 있다. 더 나쁜 고통이 아니다. 그래서 삶에서, 사는 데 미친 왕의 날카로운 소리와 가장 나쁜 것의 황홀을 배우는 날카로운 소리가 있다. "울부짖어라. 울부짖어라. 울부짖어라. 울부짖어라! 오 당신들, 돌로 만들어진 남자들이여, 만약 내가 당신들의 혀와 눈을 가진다면, 둥근 천장을 찢는 데 사용할 것이오…… 나는 사람이 언제 죽고 언제 사는지 알고 있다." 이상한 보상이다. 아르토·니체·조이스는 다른 것이 없다는 것을 알고 있었다. 쾌락은 이러한 대가이다.

덧없음은 더 이상 참을 수 없는 상실도 결핍도 아니다. 위로하는 모든 허위, 보상하는 압제, 모든 협박에 대해 대접을 요구하는——그리고 공간이 열리고 호흡이 탄생하고 차이에, 사랑에 장소가 제공된다——한 번 확인되고, 벗어난 거세의 환상.

정열로부터, 지옥의 이면으로부터 유기적인 육체, 지리 쪽으로 신성화된 육체의 회귀. 고요함 속에서 매년 기아로 살아 있는 사람들 중에서 4천만 명을 죽이는 데 징집되는 소모적인 군대는 우리에게서 이것들을 박탈한다. 나치 캠프에서 죽은 6백만 명의 고통보다 덜 고통스러운 통계상의 고통이다. 왜? 왜냐하면 우리는 이런 고통으로 인해 기아로 죽은 이들을 즐긴다고는 염려하지 않기 때문이다. 쾌락의 위험은 없고, 우리는 유죄가 아니다. 이렇게 해서 사람들은 우리를 취한다. 수용소에 대해 두려움을 주는 것——특히 나치——과 고문이 독특한 의미에서 지나간다. 폭력 주변에서 즐기는 명백한 쾌락이다. 각자는 그것을 공포와 / 혹은 매력 속에서 인정할 수 있다. 그리고 그것은 각자에게 감내할 수 있는——마찬가지로 유발할 수 있는 죽음이다. 희생자들은 우리와 비슷하지만 또한 사형집행인이다. 문화의 문제이다. 여기로부터 바로 이러한 사건들에 대한 수용성이 나온다. 그러나 아프리카·아시아의 죽음들, 혹은 우리 도시 가까이에서의 늙은이들, 가난한 이들의 죽음 혹은 그 안에 있는 인생들은 쇠약해지고 침묵한다. 아니다. 모두와 모든 것들을 우리가 죽이고 있다는 것을 파악할 만한 충분한 상상력이 없다. 혹은 아마도 고요한 고통에 대한 충분한 관심이 없는 것인가?

사드의 작품에서 쥘리에트와 생 퐁의 단절? 쥘리에트는 "끔찍한 독점으로 프랑스의 3분의 2를 죽게 하려는" 생각에서 물러선다. 그리고 생 퐁 곁에서 신임을 거의 잃지만——쥘리에트가 자신에 대해 그러하듯이 그도 잘못 알고 있다. 물론 그녀는 이와 같은 암살자들의 성욕을 자극하는 가련함에 저항한다!

매년 4천만 명? 그렇지만 맛있게 식사를! 죽은 이들? 영양실조로? 그 사람들은 우습다. 너무나 많은 식당들이 있다. 4천만 명이 죽는다. 다른 이들은 남는다. 시초에, 시작에 있어서 잘못된 불균형이다. 그러나 어떤 삶에 대한? 숫자화된 살덩어리, 이들에게 정치가는 말을 걸고 참조한다.

낯선 나라에서 사람들이 바라든 바라지 않든간에, 그리고 담론에도 불구하고 도처에서 이드는 요동치고 혈관은 무수하며 머리는 움직인다. 그리고 기적은 근육일지라도 움직이게 할 수 있고, 타자를 볼 수 있게 할 수 있다. 이상한 나라, 역사, 피의 지리는 밤 이후로 유사하고 다양한 너무 많은 피부 아래에서 순환한다. 태초에 말씀이 있었다고 〈창세기〉는 말하지만, 〈창세기〉는 시작이 아니다. 아담의 근원적인 범죄도 아니다. 원죄는 훨씬 더 묻히고, 더 가혹하고, 훨씬 더 비밀스러우며 말씀 이전에 있었으며 물론 결정되었다. 창조는 하느님이 멀리 의자에 앉아 만들었던 이야기의 투영일 뿐인가? 그리고 누가 거기로 회귀하는가? 시작 전의 행위는 출생 전의 방향에서 일어났을 것이고, 하느님에게 권력에 대한 욕망을 주었지만 욕망에 대한 권력은 없다.

그렇기 때문에 바로 이러한 권력, 목소리가 말하는 것이 아니라 권력을 지니는 목소리를 간파해야 할 것이다. 이 목소리는 우리의 것이지만 문법적인 소음으로 뒤덮인다. 이 권력은 각자의 속에 내재하고 금지 사항, 항상 복수가 되는 단수의 금지 사항 속에 내재한다. 셀 수 없는 이러한 육체들의 각자의 육체 속에 이러한 무수한 '나'가 있으며, 각자의 육체 속에 다른 이들과 목소리의 모든 망이 있다. 범죄를 말할 목소리들. 여기에 불공평한 연보, 백과사전을 써야 할 필요가 있을까? 무엇에 소용이 되는가! 모든 신문·매체들은 매일 그것을 담당하고, 우리를 분개하게 한다. 나를 분개하게 만든다. 그러나 그들의 언어는 전달하기를 바라는 것을 삼키고, 정보로부터 고요해지는 질서만을 전달한다. 우리는 고요해지지만, 그렇지만 고문받는다.

칠레의 광부들의 육체, 강제노동수용소의 죄수들, 파리의 생미셸 광장의 행인들의 육체? 그들은 해체될 수 없다. 각자에게서 삶만이 사라진다. 성과 시대의 동요 속에서 생겨난다. 아무것도 고정되지 않는다. 고정될 수 없다. 아무것도 고정하지 않는다. 질투도 수용소도 죽음도 십자가도 아니다. 알베르틴, 알베르틴, 나를 버리다니!

냉담한 군중이 여전히 이 순간에도 지나간다. 당신은 읽고 나는 쓰고, 사람들은 죽고 우리는 죽인다. 언어라는 것을 어떻게 말할까? 고요함과 고요함의 폭력 밖, 어디에서 거주할 것인가? 말해야 할 것을 침묵하지 않고 여기에서처럼 어떻게 쓸까? 외친다? 그러나 외침은 아무것도 아니다. 목구멍 자체가 아니고는.

원 주

1) 셰익스피어, 《템페스트》.

2) 프랑수아 자코브, 〈산 자의 논리〉, 갈리마르, 1970.

3) 프랑수아 자코브, 앞의 책.

4) 같은 책.

5) 침상에서 죽어가는 사드를 목격했던 당시 젊었던 라몽 박사의 회상. 질베르 렐리, 《사드 후작의 생》, J. -J. 포베르, 1965.

6) 상동.

7) 227쪽 참고.

8) 막스 슈어, 《프로이트 생에서 죽음 *La Mort dans la vie de Freud*》, 갈리마르, 1975.

9) 제11장에서 그러한 몇 가지 관찰, 보다 정확히 말해 가정들로부터 어떻게 프로이트의 무의식에 의해 지금까지 비난받는 분야에 이르는지를 보라. 그리고 《꿈의 해석》과 다른 많은 텍스트들이 이해되지 않게 하는 원초적인 장면, 모든 극작법이 아마도 어떻게 드러나는지를 보라. 생명과 병·죽음의 기반이 되는 비밀이고, 어느 정도는 프로이트의 작업이기도 하다.

10) 팜플렛.

11) '모친 살해죄'라고 말하지 않는데, 아버지들은 완전히 홀로 죽어가기 때문이다. 그러나 아버지(오이디푸스의)와 어머니(반 블라렌베르흐스의)가 여기서 혼동되는 듯이 기록될 것이다.

12) 괴테, 《제2의 파우스트》.

13) 에우리피데스, 《주신 바코스의 시녀들》.

14) 수사본에는 누락되어 있다. 자신의 '실수'를 발견하는 아가베의 한탄 중 가장 위대한 부분이다. 그렇지만 이 한탄의 일부분은 다른 기독교 작가에 의해서 마테르 롤로로사라는 자의 한탄 속에서 이용되었음을 시사한다. (《비극적인 그리스》, 에우리피데스, '라 플레야드' 갈리마르, 마리 델쿠르 퀴르베가 쓴 주 참고.)

15) 귀스타브 플로베르, 《보바리 부인》.

16) 쥘 르콩트 뒤 누이가 그린 아드리앵 프루스트의 엄숙한 초상화를 참조할 수 있다. 하단 오른쪽에 모래 시계가 있다.

17) 카프카, 181쪽 참고.

18) 118쪽 참고.

19) 제6장을 참고.

20) 118쪽 참고.

21) 흥미로운 세부 사항: 독일어로 '푸어(Pur)'는 '순수한'을 의미하지만, 단지 '순수한 진실'이라는 의미일 뿐이다. 또 다른 독일어가 정확히 같은 제한 속에 같은 의미를 지닌다. 이것은 '슈어(Schur)'는 아니지만 거의 '쉬어(Schier)'이다. 게다가 '슈어(Schur)'는 '작은 털'을 의미하며, 쉽게 수염과 턱이라는 생각에 연결될 수 있다.

22) 에드문트 엥겔만, 《프로이트의 집》, 쇠이유, 1979.

23) 괴테, 《파우스트》.

24) 에밀리 브론테, 《폭풍의 언덕》.

25) 《프로이트 연구》, 15/16호, 막스 슈어, 〈엠마 소송 사건, 프로이트가 펠리스에게 보낸 미발간 편지〉.

26) 프로이트가 '아크로폴리스'에 대해 기억이 혼란스러웠을 때, 그는 '자신에게 연민'의 감정을 틀림없이 느꼈을 것이다. 이 감정은 아버지를 추월하는 것을 금지했고, 문화적으로 헬레니즘을 무능한 것으로 평가하지 못하게 했다. 여행도 하지 못했다. 프로이트가 형제 알렉산데르를 동반하여 생각한 이는 나폴레옹이다. 대관식날 조제프, 즉 귀찮게 구는 조제프 쪽으로 몸을 돌린 나폴레옹!

27) **너 역시 아들이다.** 브루투스의 칼에 찔려 죽은 카이사르가 마지막으로 한 말, 너 역시 내 아들이다.

28) 괴테, 《파우스트》.

29) 펠리스에게 보낸 편지 속에서(1897년 10월 31일) "내 문제의 특성까지 포함하여 나머지 모두 아직 어렴풋하다네. 그러나 필요한 때에 필요로 한 것을 꺼내려고 식료품 찬장에서 뒤지며 안심되는 느낌을 가졌다네."

30) 프로이트는 펠리스에게 보내는 편지에서 한니발을 인용한다. 여기서는 브레슬라우 역에서 지옥의 영혼과 불꽃이 문제가 된다. (지크문트가 존과 푸어에게서 멀어지는 것처럼.) 그는 외친다. "항상 입을 다물어야 한다는 것은 얼마나 유감스러운가!" 그리고 자신의 여행에 대한 공포를 인정한다. 그는 로마에 가려는 그의 욕망이 항상 헛되고, '극도의 신경증적이라고' 판단한다. 왜냐하면 그는 한니발에 대한 열정에 끌려 그 역시 로마에 있는 트라시메노 호로부터 방향을 바꾸기 때문이다. 그는 《꿈의 해석》에서 실수하여 주인공의 아버지에게 형제의 이름을 붙인다. 그리고 《정신병리학…》에서 이 실수를 존의 아버지인 엠마누엘에 대한 자신의 예측의 표시로 해석한다. 결국 그는 한니발을 나폴레옹에 연결한다. 아크로폴리스에

대해 프로이트가 유명한 '기억의 혼란'에 사로잡힐 때, 그는 조제프 쪽으로 몸을 돌린 나폴레옹을 생각했다.(236쪽 참고) 아테네는 바로 그의 아버지에게 접근할 수 없는 문화의 상징이다. 로마=아테네라는 상징과 마찬가지이다. 연상의 고리가 있다. 아테네 / 로마 / 외눈 한니발 / 푸어, 그리고 또한 아테네 / 로마 / 한니발 / 엠마누엘, 한니발의 아버지이자 형제 / 엠마누엘, 지그문트의 형, 존의 아버지 / 나폴레옹, 조제프의 형, 그리고 그의 아버지 ('만약 우리의 아버지가 우리를 보았다면') / 조제프, 푸어의 이름을 말한다. 아크로폴리스에서 특히 존과 푸어는 이와 같은 혼란한…… 기억에 사로잡힌다.

31) 예수가 사마리아 여인에게 줄 수 있는 '생명수'를 위해서 갈증을 해소시키지 못하는 물을 포기하도록 명할 때, 야곱이 요셉에게 준 밭, 야곱의 우물가에 앉은 예수와 같다.

32) 이 구절의 세 가지 꿈은 프로이트 환자들의 것이다.

33) 《프로이트 연구》, 제15 / 16호, 알랭 드 미졸라, 〈하나뿐인 내 요제프 아저씨〉.

34) 나는 앞에서 독일어를 모른다고 언급했다. 이 페이지들은 제임스 스트래치의 영어 번역이 기본이 된다. 비판적인 영어 번역은 감탄할 만하다. 간단한 사전으로 나는 어떤 음성적 결합, 혹은 어떤 의미를 검토할 수 있었다. 그러나 다른 의미들은 내게 확실히 파악되지 않았다.

35) 세부적인 사실: 슈어와 그의 가족은 프로이트와 함께 이민했던 것 같다. 의사의 출발은 지연되었다. 예리한 급성 맹장염 때문이다. 치료되기를 기다리면서 누가 대신하여 출발하는가! 젊은 박사, 그녀는…… 조제핀이다!

36) 괴테, 《제2의 파우스트》.

색 인

박은영
한국외국어대학교 불어과 졸업
한국외대대학원 석사 및 박사 과정 수료

현대신서
61

고요함의 폭력

초판발행: 2001년 8월 10일

지은이: 비비안느 포레스테
옮긴이: 박은영
펴낸이: 辛成大
펴낸곳: 東文選

제10-64호, 78. 12. 16 등록
100-300 서울 종로구 관훈동 74번지
전화: 737-2795
팩스: 723-4518

편집 설계: 韓智硯 / 李尙恩·劉泫兒

ISBN 89-8038-146-8 04330
ISBN 89-8038-050-X (현대신서)

▨ 라신에 관하여	R. 바르트 / 남수인	10,000원
▨ 說苑 (上·下)	林東錫 譯註	각권 30,000원
▨ 晏子春秋	林東錫 譯註	30,000원
▨ 西京雜記	林東錫 譯註	20,000원
▨ 搜神記 (上·下)	林東錫 譯註	각권 30,000원
■ 경제적 공포[메디시스賞 수상작]	V. 포레스테 / 김주경	7,000원
■ 古陶文字徵	高明·葛英會	20,000원
■ 古文字類編	高明	절판
■ 金文編	容庚	36,000원
■ 그리하여 어느날 사랑이여	이외수 편	6,500원
■ 딸에게 들려 주는 작은 지혜	N. 레흐레이트너 / 양영란	6,500원
■ 딸에게 들려 주는 작은 철학	R. 시몬 셰퍼 / 안상원	7,000원
■ 노력을 대신하는 것은 없다	R. 쉬이 / 유혜련	5,000원
■ 미래를 원한다	J. D. 로스네 / 문 선·김덕희	8,500원
■ 사랑의 존재	한용운	3,000원
■ 산이 높으면 마땅히 우러러볼 일이다	유향 / 임동석	5,000원
■ 서기 1000년과 서기 2000년 그 두려움의 흔적들	J. 뒤비 / 양영란	8,000원
■ 서비스는 유행을 타지 않는다	B. 바게트 / 정소영	5,000원
■ 선종이야기	홍희 편저	8,000원
■ 섬으로 흐르는 역사	김영희	10,000원
■ 세계사상	창간호~3호: 각권 10,000원 / 4호: 14,000원	
■ 십이속상도안집	편집부	8,000원
■ 어린이 수묵화의 첫걸음(전6권)	趙陽	42,000원
■ 오늘 다 못다한 말은	이외수 편	7,000원
■ 오블라디 오블라다, 인생은 브래지어 위를 흐른다	무라카미 하루키 / 김난주	7,000원
■ 인생은 앞유리를 통해서 보라	B. 바게트 / 박해순	5,000원
■ 잠수복과 나비	J. D. 보비 / 양영란	6,000원
■ 천연기념물이 된 바보	최병식	7,800원
■ 原本 武藝圖譜通志	正祖 命撰	60,000원
■ 隷字編	洪鈞陶	40,000원
■ 테오의 여행 (전5권)	C. 클레망 / 양영란	각권 6,000원
■ 한글 설원 (상·중·하)	임동석 옮김	각권 7,000원
■ 한글 안자춘추	임동석 옮김	8,000원
■ 한글 수신기 (상·하)	임동석 옮김	각권 8,000원

【조병화 작품집】

■ 공존의 이유	제11시점	5,000원
■ 그리운 사람이 있다는 것은	제45시집	5,000원
■ 길	애송시모음집	10,000원
■ 개구리의 명상	제40시집	3,000원
■ 꿈	고희기념자선시집	10,000원
■ 따뜻한 슬픔	제49시집	5,000원

■ 버리고 싶은 유산	제 1시집	3,000원
■ 사랑의 노숙	애송시집	4,000원
■ 사랑의 여백	애송시화집	5,000원
■ 사랑이 가기 전에	제 5시집	4,000원
■ 시와 그림	애장본시화집	30,000원
■ 아내의 방	제44시집	4,000원
■ 잠 잃은 밤에	제39시집	3,400원
■ 패각의 침실	제 3시집	3,000원
■ 하루만의 위안	제 2시집	3,000원

【이외수 작품집】

■ 겨울나기	창작소설	7,000원
■ 그대에게 던지는 사랑의 그물	에세이	7,000원
■ 꿈꾸는 식물	장편소설	6,000원
■ 내 잠 속에 비 내리는데	에세이	7,000원
■ 들 개	장편소설	7,000원
■ 말더듬이의 겨울수첩	에스프리모음집	7,000원
■ 벽오금학도	장편소설	7,000원
■ 장수하늘소	창작소설	7,000원
■ 칼	장편소설	7,000원
■ 풀꽃 술잔 나비	서정시집	4,000원
■ 황금비늘 (1 · 2)	장편소설	각권 7,000원

東文選 現代新書 80

무관심의 절정

장 보드리야르
이은민 옮김

현재 프랑스를 대표하는 철학자 중의 한 사람인 장 보드리야르와 철학 박사이자 기자인 필리프 프티와의 대담.

차이를 경험하는 모든 것은 무관심에 의해 사라질 것이다. 가치를 경험하는 모든 것은 등가성에 의해 소멸될 것이다. 의미를 경험하는 모든 것은 무의미에 의해 죽어 갈 것이다. 그리고 우리가 마지못해 모든 것을 비축하고, 모든 것을 기록하며, 모든 것을 보존하는 이유는 우리가 더이상 무엇이 참이고 무엇이 거짓인지를 모르기 때문에, 무엇이 옳고 무엇이 그른지 모르기 때문에, 무엇이 가치 있고 무엇이 무가치한지를 모르기 때문이다.

우리는 가치들의 변화를 변모와 교체했고, 가치들의 상호적 변모에 가치들 서로에 대한 무관심과 혼돈, 어떤 점에서는 이 가치들의 변이적 가치 하락과 교체했다. 가장 나쁜 것이 이 모든 가치들을 재평가하는, 그리고 이 가치들의 무관심한 변환을 재평가하는 현대의 상황이다. 가치들의 감염을 유발하는 지나친 기능성에 의한 유용성과 무용성의 구분 자체는 더 이상 제기될 수 없다──이것이 용도라는 가치의 종말이다. 진실은 진실보다 더한 진실 속에서, 진실한 것이 되기에는 너무나 지나친 진실 속에서 소멸된다──이것이 위장의 지배이다. 거짓은 거짓이 되기에는 너무나 지나친 거짓 속에 흡수된다──이것이 미학적 환상의 종말이다. 그리고 악의 파괴는 선의 파괴보다 훨씬 고통스럽고, 거짓의 파괴는 진실의 파괴보다 훨씬 더 고통스럽다.

東文選 文藝新書 118

죽음 앞에 선 인간

필리프 아리에스
유선자 옮김

아리에스 최후의 저작, 서구 종교·미술 속의 죽음의 이미지 탐구. 고대 로마 아피아 가도의 묘소로부터 현대 잉그마르 베리만의 영상에 이르기까지, 다양한 도상 표현을 구사한 프랑스 역사학파 최초의 영화적인 저작. 죽음이라는 한 가지 문제를 둘러싼 다양한 이미지의 변천과 그 해석을 통해서 역사를 이야기하려는 대담하고도 선구적인 시도.

죽음이라는 문제는 철학과 예술 속에서 끊임없이 제기되는 대명제들 중의 하나이다. 일반적으로 죽음이란 고통과 근심으로부터의 해방이라는 새로운 출발점으로서, 동시에 사랑하는 모든 것들과의 이별이라는 하나의 종착점으로서 두 개의 모순적인 감정현상을 내포한다. 죽음에 대한 이런 상반된 감정은 인간들이 죽음에 관해 본원적으로 품고 있는 어떤 감수성에 특정 지역의 후천적이며 환경적인 요인들, 다시 말해 문화적·지역적·시대적인 독특한 생활방식들, 혹은 삶에 대한 독자적인 인식의 틀이 부과됨으로써 그 방향을 달리하는 것이다. 그래서 죽음은 시간적인 차이나 문화적인 차이에 따라서, 그리고 사회적·역사적인 배경의 차이에 따라서 그 모습을 달리하고 있으며, 여기에서 우리는 인간들의 죽음에 대한 다양한 반응을 포착할 수 있는 것이다. 이런 의미에서 필리프 아리에스의 저서는 우리에게 시사해 주는 바가 크다고 말할 수 있다.

본문의 이미지 여행은 느긋한 페이스로 묘지를 방문하는 것으로 그 서두를 시작하고 있으며, 이윽고 우리들을 그의 페이스로 말려들게 하고, 그리고 현재의 삶에 대한 물음, 현재의 사랑의 가능성에 대한 물음으로 우리를 조용히 이끌어 감으로써 본서의 막을 내린다.

東文選 現代新書 1

21세기를 위한 새로운 엘리트

FORSEEN 연구소 (프)

김경현 옮김

우리 사회의 미래를 누르고 있는 경제적·사회적 그리고 도덕적 불확실성과 격변하는 세계에서 새로운 지표들을 찾는 어려움은 엘리트들의 역할과 책임에 대한 재고를 요구한다.

엘리트의 쇄신은 불가피하다. 미래의 지도자들은 어떠한 모습을 갖게 될 것인가? 그들은 어떠한 조건하의 위기 속에서 흔들린 그들의 신뢰도를 다시금 회복할 수 있을 것인가? 기업의 경영을 위해 어떠한 변화를 기대해야 할 것인가? 미래의 결정자들을 위해서 어떠한 교육이 필요한가? 다가오는 시대의 의사결정자들에게 필요한 자질들은 어떠한 것들일까?

이 한 권의 연구보고서는 21세기를 이끌어 나갈 엘리트들에 대한 기대와 조건분석을 시도하고 있으며, 구체적으로 그들이 담당할 역할과 반드시 갖추어야 될 미래에 대한 비전을 제시하고 있다.

본서는 프랑스의 세계적인 커뮤니케이션 그룹인 아바스 그룹 산하의 포르생 연구소에서 펴낸 《미래에 대한 예측총서》 중의 하나이다. 63개국에 걸친 연구원들의 활동을 바탕으로 세계적인 차원에서 우리 사회를 변화시키게 될 여러 가지 추세들을 깊숙이 파악하고 있다.

사회학적 추세를 연구하는 포르생 연구소의 이번 연구는 단순히 미래를 예측하는 데에 그치는 것이 아니라, 미래를 준비하는 자들로 하여금 보충적인 성찰의 요소들을 비롯해서, 그들을 에워싸고 있는 세계에 대한 보다 넓은 이해를 지닌 상태에서 행동하고 앞날을 맞이하게끔 하기 위해서 이 관찰을 활용하자는 것이다.

東文選 現代新書 22

이미지 폭력

올리비에 몽젱
이은민 옮김

영화와 폭력, 일찍이 폭력이 이처럼 미화된 적이 있었던가?
"가장 견디기 힘든 폭력은 가장 통증이 없는 폭력이다. 스크린 위에서는 폭력이 더 광적이 되는 반면 관객들은 무감각에 길들여지고 있다." 끝없는 폭력의 우물로 가라앉고 있는 현대인들 앞에 영화 속의 폭력은 어떤 유형으로 나타나고 있으며, 우리는 폭력으로부터 어떻게 벗어날 수 있는가.

화면의 폭력이 처참하고 잔인해질수록 오히려 관객들은 영화 속의 폭력세계를 자신과 무관한 환상의 세계로 착각하고 안도감을 갖게 된다는 데에서 저자의 폭력적 이미지에 대한 탐구는 시작된다. 그러나 역설적이게도 이 점이 바로 현대 사회가 폭력에 대해 매우 민감한 사회임을 증명한다고 저자는 강조한다.

영화와 텔레비전의 화면을 침범한 폭력은 서구 국가들에서 사회적인 논쟁을 일으켰다. 사람들이 모든 것을 드러낼 수 있는가? 그리고 만일 모든 것을 보여 줄 수 없다면, 비난해야 하는가? 보통 몇몇 민감한 질문들이 열렬한 입장들과 흔히 피상적인 입장들을 끌어낸다.

올리비에 몽젱은 반대로 사람들이 폭력적이라고 말하는 영화를 가까이에서 검토하는 입장에 섰다. 60년대 폭력이 나타나는 방식과, 오늘날 제시되는 방법 사이에 분명하게 변화한 것이 무엇인가에 대하여 심도 있는 질문을 던진다——현대의 폭력성은 폭력 자체로 내비쳐지지만 우리는 그것을 추월할 수도, 그것을 제거할 수도, 재생할 수도 없다. 폭력 장면들을 비난하는 대신, 이 책은 우리로 하여금 거기에서 벗어나는 길을 트려고 한다.

東文選 現代新書 9

텔레비전에 대하여

피에르 부르디외

현택수 옮김

텔레비전으로 방송된 이 두 개의 콜레주 드 프랑스에서의 강의는 명쾌하고 종합적인 형태로 텔레비전 분석을 소개하고 있다. 첫번째 강의는 텔레비전이라는 작은 화면에 가해지는 보이지 않는 검열의 메커니즘을 보여 주고, 텔레비전의 영상과 담론의 인위적 구조를 만드는 비밀들을 보여 주고 있다. 두번째 강의는 저널리즘계의 영상과 담론을 지배하고 있는 텔레비전이 어떻게 서로 다른 영역인 예술·문학·철학·정치·과학의 기능을 깊게 변화시키는지를 설명하고 있다. 이러한 현상은 시청률의 논리를 도입하여 상업성과 대중 선동적 여론의 요구에 복종한 결과이다.

이 책은 프랑스에서 출판되자마자 논쟁거리가 되면서, 1년도 채 안 되어 10만 부 이상 팔려 나가 베스트셀러 리스트에 오르고, 세계 각국에서 번역되어 읽혀지고 있는 피에르 부르디외의 최근 대표작 중 하나이다. 인문사회과학 서적으로서 보기 드문 이같은 성공은, 프랑스 및 세계 주요국의 지적 풍토를 말해 주고 있다. 이처럼 이 책이 독자 대중의 폭발적인 반응과 기자 및 지식인들의 지속적인 반향을 불러일으키는 이유는, 세계적으로 잘 알려진 그의 학자적·사회적 명성 때문이기도 하지만 무엇보다도 언론계 기자·지식인·교양 대중들 모두가 관심을 가질 만한 논쟁적인 내용을 담고 있기 때문이다.

東文選 現代新書 24

프랑스 [메디시스賞] 수상작

순진함의 유혹

파스칼 브뤼크네르
김웅권 옮김

아무것도 당신을 슬프게 하지 않을 때 불행을 흉내내는 것이 왜 눈살을 찌푸리게 하는가? 그 이유는, 그럼으로써 진정 아무런 혜택도 받지 못한 자들의 위치를 빼앗는 것이기 때문이다. 그런데 후자의 박복한 사람들이 요구하는 것은 제도의 위반도 특권도 아니다. 그것은 단지 다른 사람들처럼 남자이고 여자일 수 있는 권리이다. 바로 여기에 모든 차이가 있는 것이다. 거짓 절망한 사람들은 자신들이 구별되기를 원하고, 평범한 인간과 혼동되지 않기 위해 특권을 요구한다. 그런데 다른 사람들은 단지 인간이 되기 위해 정의를 요구한다. 이것이 바로 그토록 많은 범죄자들이 전혀 양심에 거리낌 없이 범죄를 저지르기 위해, 그리고 더럽지만 무고한 놈이 되기 위해 사형수의 옷을 걸치는 이유이다.

고통을 많이 받는 사람들이 우리 시대에 정통파적으로 생각하는 새로운 사람들일까? 그렇다면 자유와 변덕을 더 이상 혼동해서는 안 될 때가 아닌가? 두려움과 허약함은 우리가 성숙을 거부하기 위해 지불해야 하는 대가인가? 끝으로 다수의 시민들이, 진정으로 혜택받지 못한 자들의 목소리를 덮어 버릴 위험을 무릅쓰고 희생자의 지위를 갈망한다면, 어떻게 민주주의를 유지할 수 있겠는가?

東文選 現代新書 35

여성적 가치의 선택

포르셍 연구소
문신원 옮김

　여성적인 가치들은 어떤 것인가? 그 가치들은 남성적인 가치들의 평가절하를 의미하는가, 아니면 반대로 새로운 공유 가치체계의 도래를 의미하는가? 이 새로운 가치체계는 정치적인 태도를 심오하게 변형시킬 것인가? 남성적인 가치들이 강하게 침투해 있는 기업에서는 어떤 문화적 혁명을 겪게 될 것인가?

　여기에서 말하는 여성적 가치들이란 남자 혹은 여자라는 구체적인 개인들을 가리키는 것이 아니라 원리들, 사회적 혹은 개인적인 기능의 모델들과 구조들, 판단과 결정의 기준들, 우리가 '남성적인' 혹은 '여성적인'이라고 규정지을 수 있는 행동들과 행위들을 말하는 것이다.

　본서는 169년의 전통을 자랑하는 프랑스 유수의 커뮤니케이션 그룹인 아바스(Havas)의 포르셍 연구소에서 21세기를 대비해 펴낸 미래 예측보고서 중의 하나이다. 전세계 63개국에 걸친 연구원들의 활동을 바탕으로 현재 우리 사회에서 태동하여 미래에 결정적인 역할을 하게 될 사회학적 움직임들을 세계적인 차원에서 깊숙이 파악하고 있다.

　본서는 권력 행사, 기업 경영, 과학, 기술 마케팅, 커뮤니케이션에 관한 여성적 가치의 실제적 파급효과에 관한 매우 중요한 지표들을 제공하고 있어, 각계의 지도자들은 물론 방면의 종사자들에게 반드시 일독을 권할 만한 책이다.

東文選 文藝新書 136

중세의 지식인들

자크 르 고프 / 최애리 옮김

　중세의 문사(文士)는 성직자가 되기 위한
교육을 받기는 했으나 수사와는 구별되어야 할 인물이다. 서양 중세의
도시라는 일터에, 여러 가지 직업인들 가운데 한 직업인으로 등장한
그들은 '지식인'의 독창적인 계보를 이룬다. '지식인'이라는 이 현대
적인 말은 그를 생각하고 가르치는 것을 생업으로 삼은 자로 정의함
으로써, 그의 본령을 확실히 드러내 준다.

　그러나 저자는 중세의 '지식인'을 단순히 '교육받는 자'가 아니라
'노동의 분화가 이루어지는 도시에 정착하는 직업인들 중 하나'로, 글
을 쓰거나 가르치는 것을 직업으로 삼아 '일하는 자'로 정의한다. 즉
수도원이나 성당 부설학교에서 교육을 받기는 했으되, 성직으로 나아
가지 않고 학문 그 자체를 생업으로 추구하는 집단이 등장했다는 말
이다. 물론 개중에는 성직이나 관직에 오르는 이들도 적지않았고, 또
중세말로 갈수록 그러한 경향이 짙어진다는 것도 본서의 주요한 논지
들 가운데 하나이지만, 어떻든 저자가 애초에 '지식인'으로 정의하는
집단은, 말하자면 유식무산(有識無産)──농민계급 혹은 군소 기사계
급 출신이라도 장자로 태어나 가문의 '명예'를 잇지 못하고 성직에도
돌려지는 작은아들들은 무산자였으니까──의 지적 노동자들이다. 그
리하여 중세에는 철학자·성직자·교사 등으로 지칭되던 막연한 집단
이 '지식인'이라는 이름으로 비로소 그 모습을 드러내게 된다.

　자크 르 고프의 이 저서는, 말하자면 '서양 지식인에 관한 역사사회
학 입문'에 해당한다. 그러나 그것은 또한 다양하고 개별적인 세부들
에도 조명하여, 수세기에 걸친 군상들을 파노라마처럼 그려내고 있다.
일찍이 1957년에 발표된 이래 수많은 연구들에 영감을 제공해 온 이
저서는, 서양 중세사는 물론이고 지식인 연구의 고전으로 꼽힌다.

東文選 文藝新書 170

비정상인들

1974-1975, 콜레주 드 프랑스에서의 강의

미셸 푸코

박정자 옮김

비정상이란 도대체 무엇일까? 하나의 사회는 자신의 구성원 중에서 밀쳐내고, 무시하고, 잊어버리고 싶은 부분이 있다. 그것이 어느 때는 나환자나 페스트 환자였고, 또 어느 때는 광인이나 부랑자였다.

《비정상인들》은 역사 속에서 모습을 보인 모든 비정상인들에 대한 고고학적 작업이며, 또 이들을 이용해 의학 권력이 된 정신의학의 계보학이다.

콜레주 드 프랑스에서 1975년 1월부터 3월까지 행해진 강의 《비정상인들》은 미셸 푸코가 1970년 이래, 특히 《사회를 보호해야 한다》에서 앎과 권력의 문제에 바쳤던 분석들을 집중적으로 추구하고 있다. 앎과 권력의 문제란 규율 권력, 규격화 권력, 그리고 생체-권력이다. 푸코가 소위 19세기에 '비정상인들'로 불리었던 '위험한' 개인들의 문제에 접근한 것은 수많은 신학적·법률적·의학적 자료들에서부터였다. 이 자료들에서 그는 중요한 세 인물을 끌어냈는데, 그것은 괴물, 교정(矯正) 불가능자, 자위 행위자였다. 괴물은 사회적 규범과 자연의 법칙에 대한 참조에서 나왔고, 교정 불가능자는 새로운 육체 훈련 장치가 떠맡았으며, 자위 행위자는 18세기 이래 근대 가정의 규율화를 겨냥한 대대적인 캠페인의 근거가 되었다. 푸코의 분석들은 1950년대까지 시행되던 법-의학감정서를 출발점으로 삼고 있다. 이어서 그는 고백 성사와 양심 지도 기술(技術)에서부터 욕망과 충동의 고고학을 시작했다. 이렇게 해서 그는 그후의 콜레주 드 프랑스 강의 또는 저서에서 다시 선택되고, 수정되고, 다듬어질 작업의 이론적·역사적 전제들을 마련했다. 이 강의는 그러니까 푸코의 연구가 형성되고, 확장되고, 전개되는 과정을 추적하는 데 있어서 결코 빼놓을 수 없는 필수 불가결의 자료이다.

東文選 現代新書 3

사유의 패배

알랭 핑켈크로트
주태환 옮김

문화 속에서 우리는 거북스러움을 느낀다. 왜냐하면 문화란, 사유(思惟)하면서 살아가는 일이기 때문이다. 그리고 오늘날 사유가 아무런 역할도 하지 못하는 제반행위를 흔히 문화적인 것으로 규정해 버리는 조류가 확인되고 있다. 정신의 위대한 창조에 필수적인 동작들, 이 모두가 이렇게 문화적인 것으로 잘못 여겨지고 있다. 무슨 이유로 소비와 광고, 혹은 역사 속에 뿌리박은 모든 자동성이 가져다 주는 달콤함을 탐닉하기보다는 참된 문화를 선택해야 하는 것일까?

87,88년 프랑스 최고의 베스트셀러로서 프랑스 지성계에 커다란 파문을 일으킨 본서는, 오늘날 프랑스 대중들에게 가장 영향력 있는 철학자 중의 한 사람인 핑켈크로트의 대표작이다. 그는 현재 많은 저작과 방송매체를 통해 사회문제에 관해 적극적인 발언을 펼치고 있다.

그는 오늘날의 거대한 야망이 문화를 손아귀에 움켜쥐고 있다고 결론짓고, 문화라는 거창한 이름 아래 소아병적 증상과 더불어 비관용적 분위기가 확대되어 왔으며, 이제는 기술시대가 낳은 레저산업이 인간 정신이 이루어 놓은 문화적 유산을 싸구려 유희거리로 전락시키고 있으며, 그리하여 정신이 주도하던 인간 삶은 마침내 집단의 배타적 가치에 광분하는 인간과 흐느적거리는 무골인간, 이둘 사이의 무시무시하고도 우스꽝스런 만남에 자기 자리를 내주고 있다고 통박하고 있다.

그는 본서를 통해 정신적 의미가 구체적 역사 속에서 부상하고 함몰하는 과정을 그려내면서, 우리가 어떻게 해서 여기에까지 도달하게 되었는지를 일관된 논리로 비판하고 있다.

東文選 現代新書 14

사랑의 지혜

알랭 핑켈크로트
권유현 옮김

　수많은 말들 중에서 주는 행위와 받는 행위, 자비와 탐욕, 자선과 소유욕을 동시에 의미하는 낱말이 하나 있다. 사랑이라는 말이다. 그러나 누가 아직도 무사무욕을 믿고 있는가? 누가 무상의 행위를 진짜로 존재한다고 생각하는가? '근대'의 동이 터오면서부터 도덕을 논하는 모든 계파들은 어느것을 막론하고 무상은 탐욕에서, 또 숭고한 행위는 획득하고 싶은 욕망에서 유래한다는 설명을 하고 있다.

　이 책에서 묘사하는 사랑의 이야기는 타자와 나 사이의 불공평에서 출발한다. 즉 사랑이란 타자가 언제나 나보다 우위에 놓이는 것이며, 끊임없이 나에게서 도망가는 타자로부터 나는 도망가지 못하는 것이다. 그리고 사랑의 지혜란 이 알 수 없고 환원되지 않는 타자의 얼굴에 다가가기 위해 애쓰는 것이다. 저자는 이 책에서 남녀간의 사랑의 감정에서 출발하여 타자의 존재론적인 문제로, 이어서 근대사의 비극으로 그의 철학적 성찰을 이끌어 가기 때문이다. 그러나 우리가 이웃에 대한 사랑을 이상적인 영역으로 내쫓는다고 해서, 현실을 더 잘 생각한다는 법은 없다. 오히려 우리는 타인과의 원초적 관계를 이해하기 위해서, 또 그것에서 출발하여 사랑의 감정뿐 아니라 다른 사람에 대한 미움의 감정까지도 이해하기 위해서, 유행에 뒤진 이 개념, 소유의 이야기와는 또 다른 이야기를 필요로 할 수 있다.

　알랭 핑켈크로트는 엠마뉴엘 레비나스의 작품에 영향을 받아서 근대가 겪은 엄청난 집단 체험과 각 개인이 살아가면서 맺는 '타자'와의 관계에 대해서 계속해서 질문을 던진다. 이것은 철학임에 틀림없다. 그렇기는 하지만 구체적인 인물에 의해 이야기로 꾸민 철학이다. 이 책은 인간에 대한 인식의 수단으로 플로베르 · 제임스, 특히 프루스트를 다루며, 이들의 현존하는 문학작품에 의해 철학을 이야기로 꾸며 나간다.